读客文化

沈从文讲文物

沈从文 著

江苏凤凰文艺出版社
JIANGSU PHOENIX LITERATURE AND
ART PUBLISHING

图书在版编目（CIP）数据

沈从文讲文物 / 沈从文著 . — 南京：江苏凤凰文
艺出版社，2022.11（2023.4 重印）
ISBN 978-7-5594-6580-1

Ⅰ.①沈… Ⅱ.①沈… Ⅲ.①历史文物－研究－中国
Ⅳ.①K870.4

中国版本图书馆 CIP 数据核字 (2022) 第 170657 号

沈从文讲文物

沈从文　著

责任编辑	丁小卉
特约编辑	徐　成
封面设计	张王珏
内文设计	徐　瑾
责任印制	刘　巍
出版发行	江苏凤凰文艺出版社
	南京市中央路 165 号，邮编：210009
网　址	http://www.jswenyi.com
印　刷	天津联城印刷有限公司
开　本	880 毫米 ×1230 毫米 1/32
印　张	11.75
字　数	284 千字
版　次	2022 年 11 月第 1 版
印　次	2023 年 4 月第 4 次印刷
标准书号	ISBN 978-7-5594-6580-1
定　价	89.90 元

江苏凤凰文艺版图书凡印刷、装订错误可向出版社调换，联系电话：010-87681002。

我是一个很迷信文物的人

——在湖南省博物馆的讲话[1]

各位先生，同志，朋友：

我习惯了，我做说明员做久了，我得站起来讲。

我是一个在历史博物馆[2]工作了三十年的，我们同行吧！还是个不及格的说明员，我的目标也就是做个及格的说明员。但事实上东西越来越多，我的底子又很差，实在说做到现在还不及格呢。

我们这次来主要是来向各位学习，特别是湖南省博物馆是全国有名的，又是我的老乡。我是湖南湘西苗族自治州凤凰县的，离开家乡已经六十年了，可是我的情感，我的兴趣，多半还是集中在家乡的一切。

1　1981年，沈从文先生去广州校对《中国古代服饰研究》，返京时路过长沙，应邀访问湖南省博物馆（现已更名为湖南博物院），并发表了本次讲话。——编者注（本书脚注如无说明均为编者注）

2　中国国家博物馆的前身，其历史可追溯至1912年成立的"国立历史博物馆筹备处"。

我始终是一个不及格的说明员

我十五岁就离开了家乡，到本地的破烂军队里面当一个小兵，前前后后转了五六年，大概屈原作品中提到的沅水流域，我差不多都来来去去经过不知道多少次，屈原还没有到的地方，大概我也到过了，那就是乡下。所以我对沅水的乡情，感情是很深的。后来有机会到北京去学习的时候呢，能够写的多半也就是家乡的事情。

我对家乡新的事情知道的还是少，比较少，知道的还是过去的。关于比较下层的生活，划船的船夫、纤手，小码头上的人事我比较熟悉。但是我的写作应该说是失败了，前前后后写了三十年。我的思想比较落后，也许是严重落后吧！所以到了一九四九年以后我就离开了写作，又不能做空头作家呀！因为没有生活，思想又比较保守，一下子适应不来了，就转到历史博物馆工作。

当时历史博物馆大约有十三个教授级的，我们在一块。我清清楚楚记得，大家谈到学习时都坐下来学习，我一天就泡在陈列馆，什么原因呢？因为我对文物没有一点儿知识，有兴趣没知识，我只觉得这个东西应当好好地学。因此有个很好的机会，每一次历史博物馆的展览，我都要参加，从开始展览一直到关门，我都参加。什么辉县的、郑州二里岗的展览，安阳的展览，麦积山、炳灵寺的展览，楚文物展览，全国文物展览，我都参加了。特别是敦煌艺术展览，我待得特别久，前后差不多一年。我的基本常识就这么点儿。所以刚才讲我是专家，绝对不能相信的。我始终是一个不及格的说明员，主要原因就是东西越来越多，来不及了，人也老了，所以到了快八十岁了，又转业了，转到社会科学院历史所。

怎么是历史所呢？我历史又没有底子，我主要是文物的常识，所以到这里很显然也做不出什么东西。但是得到领导和各方面的支持，得到大家的帮忙，特别是在座的大家都知道的王予同志的帮忙，才起始把六四年着手的一本通俗性的、关于服装发展同衍进的图录勉强完成。

我们这次来，主要是学习和补充我们没有的知识。到这里以后，得到侯局长、高馆长及各位领导热心的支持，更重要的是两位老师——高先生同熊先生十分耐心地陪着我来看，一件一件来学习，我这里深深表示感谢。

离开文物就没法子说懂历史

我要谈的不是服装，服装大家比我知道得多，我要谈的是一个工作方法。很多工作都是要靠方法，方法对头了，那么说服力就强；方法不对头呢，就不容易解决问题。

服装这个问题，是个最麻烦的问题。因为历史久、时间长、民族多，搞这个东西是很难的。我们做的现在也只是个开端，是个试验性的。这个试验的方法，大概同日本的专家原田淑人相比呢，有一点儿不同。

外国学者多是从《舆服志》着手，《舆服志》有它的好处，就是它都写清楚了，但是有它的弱点，都是写上层社会的。而且像《唐六典》、杜佑《通典》提到绸缎，但是绸缎究竟是个什么东西呢？我相信你让一些学历史的具体地谈一下呢，他又不知道了。我记得一个故事，前不久，十多年前一个朋友，是国内的历史专家，写了一部战国史，大家公认写得很好，但是到选插图的时候，他临时到历史博物馆来找几个不太相关的插图，原因是什么呢？学历史的按照习惯呢，是不大看得起文物。

对我们学文物的人来说，要懂历史，离开文物就没法子说懂历史。假定中国有二十五史就够了，那我们知道这些年地下埋的不止二十五史，二百五十个史。很多历史上说不准的，都从地下得到解决，提出新的解释。历史上讲得模糊的，我们都可以得到很新的启发。不管是哪一方面吧，现在越来越多地，把我们文化史的时间提前了，延长了。

以楚国为例，按照金石释家来说呢，好像都是衣衫褴褛，贫穷得一塌糊涂；吴、越嘛，就是断发文身，野蛮得可观。按照现在挖的结果呢，我们可以那么说，商代以后，最能够接受楚文化的可能是湖南。这个提法当然历史学家是不承认的，但是搞文物的呢，一大堆东西摆在那儿，你不能不承认。至少是我们商朝的发展，从文物上看来呢，楚国地下出的东西最能填补空缺。

博物馆的工作者有新的责任

我也可以说是一个很迷信文物的人。因为我学了几十年这个东西，现在有机会得到党的鼓励。周总理提到每次出国访问，都有人请他去参观服装博物馆。他就问王冶秋同志，还有齐燕铭同志，是不是我们也可以搞一个。人家都是十六到十八世纪的，我们是不是也可以搞一套东西，拿去送点儿礼？王冶秋听到就讲，这个容易办。

据我们估计大概是不容易办的。从商朝出土的人俑就有好几十个了，西周的比较少点儿，战国是一大堆。当时秦墓的俑还没有出来，但是楚墓的俑已经可以提出许许多多新问题。加上许多铜器中间，有水陆战争的、采桑的、跳舞的，铜器上刻的不断地出来，提出许多新的问题。我们可以有许多印象，特别是信阳二号楚墓，他们刚刚挖的时候我去参加，同陈大章他们去参加。看乐器的清理，就晓得一些很新的问题。所以说博物馆的工作者有新的责任，有新的工作可以做了。

但是因为这几十年社会变化太大，这个工作远远达不到我们的要求，远远地落后。再一个原因，我是一九二八年就混到大学教我这一行，教散文，那也是骗人了，教散文习作，一直到一九四九年我才离开学校。离开学校以后，我就直接到历史博物馆，名分上是做研究员，实际上我是甘心情愿做说明员。

我深深觉得这几十年生命没有白过，就是做说明员。因为说明员，就具体要知识了。一到上面去，任何陈列室，我就曾一点儿不知道，什么仰天湖的竹简，二里岗的新的黑色陶器……我也有机会跑北京最著名的琉璃厂，我记得是"三反""五反"的时候，参加"三反""五反"反关于古董业的问题清点。当时北京有正式挂牌的一百二十八个古董铺，我大约前四十天就看了八十多个古董铺，就是珠宝、皮毛我没有资格看，其他的关于杂文物类的东西我几乎都看到了。这个时候我长了不少的常识，我就总觉得——我有那么一个偏见吧，就是要理解文物文化史的问题，恐怕要重新来，重新着手。按照旧的方式，以文献为主来研究文化史，恐怕能做的很有限。放下这个东西，从文物制度来搞问题，可搞的恐怕就特别多了。

我们对于锦缎稍微有点儿知识

有个机会凑巧，当时的庙里有大量的大藏经[1]出来。严重到什么程度，多半是织金锦做面子，早的早到永乐三年，晚的晚到雍

1　佛教典籍的丛书，略称为藏经或大藏。凡以经、律、论为中心的大规模佛典集成，皆可称为"大藏经"。

正十三年，一般多半是万历二十五年。我曾经做过记载，谈到织金锦的年代问题和它的用途。我们知道，元朝大概前后一个世纪中间，大量织"纳石矢"，就是波斯的金锦。但元朝被消灭了以后，这个名词也消灭了，都不知道"纳石矢"是个什么东西。我相信这个东西应该有机会去理一理，特别是近代这个东西是忘不了的。

我们读《马可·波罗游记》，他曾经提到一个问题很有趣味，说他们内部打仗的时候，七十万人打仗，用织金做锦缎，延长了好几里路。还没打仗以前，大家弹二弦琴唱歌，到交锋的时候，每一个人射六十支箭，射完了再动手，一天工夫就解决战争。我看这么大的场面，不会是完全虚空的，就是小说家一定也还有些证据可以探索的。

结果我就有机会看了几部明朝大藏经，一般多是五千多本，六千总编号的。恰好北京有个习惯，一些很小的庙里，凡是敕建的，差不多都有大藏经，像潭柘寺、戒台寺这种地方，就更多。所以我就用这些机会，看了几部藏经。最近外面传说我看完了多少藏经，其实我只看了藏经的封面，内容我没有机会看到。也不是没有机会，因为我看不懂。除了写经的故事，像《本生经》啊，《九色鹿经》……这些我看过，其他非故事性的，纯理论性的我看不懂。但是我有机会从大藏经里得到许多有关锦缎的知识，我才初步地理解，我们凡是没有的，从上下四方去求索，可能得到一些东西，做些比较材料。

按照习惯，比如说波斯金锦应当是捻金的。我们知道锦缎上加金的是两个方面：一个是切片、切丝丝，康熙时代切得像头发丝似的；再一个是裹在线外的，叫做捻金。按照织的来说，论捻金的数量来说，清朝它叫纽，切片子织金的叫明金、片金、缕金，花纹不全面的叫间金，中间夹杂金，全名叫浑金。

记载上提到，宋朝关于用金的技术有十八种，《燕翼诒谋录》同宋朝纪史上面一共提到十八种。到了明，胡侍撰《真珠船》，提到中国用金有三十八种。所以我们知道金工的发展是相当广阔的。但是金子在首饰方面不易保存，因为它变成了货币价值的。织金织物按照佛教的习惯保存得非常之好，完完整整的。比如定陵发掘的时候，一百七十件衣服，一百七十多匹完完整整的锦缎。这个锦缎太重要了，为什么呢？凡是刘若愚《酌中志》上提到的当时锦缎样子，上面都有。而且是用元朝的制度方法，讲不是多少尺，而是多少派[1]，现在苗乡还在用，就是两手向外拉开。定陵锦缎的名称，用的全名称，什么什么八宝云，很长的名字。上面还有每个织工的名字、多少尺寸、哪一年进贡的，每一个都有一个黄棍棍，让人方便可以拿来核对《天水冰山录》严嵩抄家的那批锦缎。现在我们谈到锦缎，总是这两个材料。因此我们向上去推，就知道我们所见到的这几万锦缎，中间有许多花纹，不仅有唐、宋的，还有更早的，这是我们从大量的实物中间得到的小小的结论。

尽管得到的很少，但是提给我们一个新的问题，研究方法我们也可以从许多方面去解决。所以这几年的结果，我们对于锦缎稍微有点儿知识，特别是考古工作者在全国范围里新的发现，给我们的帮助更大。比如说，湖南这批锦绣出土了，它不是一个孤立的东西。一般都只晓得美丽、精细，超过我们所想象的以外，其实提到许多另外的问题，这是我们过去不知道的。我们过去只估计到，印染的问题，大概是秦汉之间出现的，这次就帮我们证实了。

---

1 也写作"排"，一种长度单位。两臂左右平伸，两中指尖之间的距离为一排。西南官话。

一般还不注意的是锦缎的改良

另外一个更深的，一般还不注意的是锦缎的改良。按现在的说法，多半以为是三国时的马钧[1]，多半是根据《扶风马先生传》提到的他改良织机。从实物上看不大可能，因为这是个锦缎衰落期。凡是锦缎生产衰落的时候，就同经济特别有关。由于战乱、经济关系，这个时候不可能发明，没有需要发明，不可能参与。这个东西在《后汉书》里放到《方术列传》，属于传说，像华佗。

但从另外一个方面说，锦缎改良大概应当是从规矩的花纹，转到不规矩的花纹，从比较有规矩的套色提花方式，转到五彩缤纷的方式。结合文献说，应当是在汉武帝时代。因为现在我们从西北发现最著名的锦缎，它上面有"登高明望四海"，还有"长乐未央""长乐明光"。我们知道"长乐""未央""明光"都是秦汉宫殿的名称，就很容易知道，这个东西上限不会出秦始皇，下限不会过汉武帝，就产生了。

更重要的是"登高明望四海"这个锦，更能够证明我们推测的可能性——不是可靠性，是可能性。为什么呢？他讲"登高明望四海"，很明显就是皇帝做了真命天子，上泰山封禅的结果，登高明望四海嘛。

现在呢，长沙出土的这批锦缎，特别值得注意。花纹还没有自由到刺绣的效果，规矩花占的比较重要，这就可以排除了秦始皇时代改的。汉朝设了"织室"，由东、西织室合并成一个，有一万个官奴婢参加生产，而且每年大量到西北送给匈奴君长，动不动一万多匹。丝绸之路一通，出去的更多了。所以说锦缎很可能是在汉武

---

1 马钧，字德衡，三国时期魏国扶风（今陕西兴平）人，生卒年代不详，是中国古代科技史上最负盛名的机械发明家之一。

帝时代改的。

而且锦缎反映的也是这个时代。因为在上面看到花纹有羽人、鸟兽在山林树间奔跑。这个很明显受了两个影响：一个是游猎影响，《长杨赋》《上林赋》的影响；一个是《封禅书》"海上三山"[1]的影响。特别是把这个东西，结合西汉汉武帝时代前后的出土博山炉的花纹，比较起来看，大概也可看出织锦改良，大概是汉武帝时代占多数，大概不会太错。

再有一个新问题就出来了，长沙马王堆刺绣超过了锦缎，刺绣活泼的地方超过锦缎。但现在得到西北的刺绣，到东汉反而掉下来了。锦缎上升了，刺绣下降了，它有个联系。因为刺绣历来说齐国衣履天下，锦是出自襄邑。锦缎的提高，使刺绣下降，乍一说来这是有点儿荒唐，不大可信，可是知道得多了，这是必然的问题。因为刺绣加工非常复杂，到锦缎能够代替复杂的刺绣加工，形成五色斑斓的效果时，刺绣一般被当成商品生产，必然是掉下来了。等于机器工业一起来，印花布一起来，我们的土花布就掉下来一样。现在从比较上看，这个提法大概是可信的。我们就用这一点儿知识，来试把服装的问题探索一下。

单纯地谈服装不容易

单纯地谈服装不容易，《舆服志》说得太简单。《舆服志》只能解决一半的问题，就是统治者在某种技术上的事，按照图像是看不

1　指蓬莱、方丈、瀛洲三座仙山。据《史记·封禅书》记载，海上三山为仙人居住，有长生不老药，相传位于渤海中，可以望见，但乘船前往，临近时就会被风吹开，始终无人能到。

出来的。

比如说汉石刻，现在我们一切从比较上看，才能知道东汉石刻反映的，确是东汉的。比如梁冠的问题，都是上冲后再下来两收为止，里面有"平巾"，没有第二个冠。这个大家都不太注意，有的都写到西汉去了。原来很少人注意这个问题，西汉和东汉头上的问题完全是两个样子。最主要的是西汉时没有这个包头，冠就在头上，约发而不裹头。东汉才加巾，巾帻。记载上其实写得很清楚：有的讲汉文帝、汉成帝头发多，壮发，因此用巾先约发再加冠；有的说王莽没有头发，是秃头，因此加巾再加冠产生梁冠。从这个材料上看，大概在王莽时代以后，东汉才有了这种梁冠约发而加巾。

但是，是不是埋坟的问题就都能解决了？我们从大量的石刻上又提出了新的问题。坟里头，以为墓葬应当是很可靠的，但也是相对的。比如说西晋的——到北朝时，挖的俑，奏乐的以为是北朝的，其实北朝没这个东西，从头发看没有这东西。这个时候按政治上的情景，埋坟照例是把前一代的贵族拿来当伎乐使用。从西晋上不大看得出来，所以我们从东晋上看，就看得出来。东晋正史提到，加假发越来越多，后来感到头上重量都不能戴了，平时都放在架子上，这个时候叫"解头"。根据《晋书·舆服志》，比较有相对或绝对的可靠性。最近发现南朝的头发，两边大，甚至把耳朵都包着。

最近朱檀墓[1]的出土，一大堆俑，大家说，这可是明朝的了，没有什么问题了。实际上从服饰上稍稍注意一下，才晓得最主要的是那个牵马的，原来是个宋朝的样子，还是平翅幞头，元朝都不用了。

还有辽墓出了许多问题，写报告的大概是愿意发现眼见的情

---

1 朱檀（1370—1390），明太祖朱元璋第十子，死后葬于今山东省邹城市九龙山麓，墓被称为鲁荒王陵，1970 年被发掘。

况，中间有许多穿汉人装束的官僚在桌子边服务的样子，说这是民族团结。实际上虽然有些南官的制度，但这些都是当差的，在那儿侍奉统治者。正像《宣和遗事》上提到，把宋朝宗室全部掳到北京以后，平时让他们到民政司烤火、绣花。到了他们喝酒的时候，金朝这些将帅，就叫宋朝宗室的这些妇女呀，来唱歌侍宴。这是从政治上来处理问题。所以我们搞这个东西从这方面来研究，有些头绪就比较清楚。

从制度上提出新的怀疑

特别像唐朝，现在我们在画上，也有许多有问题的。过去我们不清楚，人云亦云，现在我们要从另外一个角度，从制度上提出新的怀疑。有些画可以做些新的肯定，或者提出新的怀疑，可供绘画的专家作参考。最出名的就是《韩熙载夜宴图》，都以为是南唐，韩熙载政治上不满，他就在家庭荒宴，李后主就派顾闳中悄悄地跑到他家里，观察他的情况，画出来了。

都指《夜宴图》是五代的，这好像是众口一词的。特别是我们兴的办法，凡是权威定了的，或是出国了的，或是国家收藏为一等品的，谁都不能否认。等于乾隆写个诗在上面，宋徽宗题个字在上面，那就谁都不敢否了。

这个画我前后看了六个不同的本子，现在故宫这个应该叫做清洁本，就是把那些猥亵的地方都清掉了。而且这个画从制度上看来，画的年代稍微晚一点儿，至早到南朝投降以后，宋太宗时画的。因为淳化二年（公元九九一年），元年，有一个命令，《宋大诏令集》正式提到南唐降官，一律服绿，即南唐投降的官一律只准穿绿色，其他颜色不可。淳化时按规矩恢复，这个宋王栐撰《燕翼诒谋录》上也提到。现在我们看看这个画，所有的男的都穿绿的。所以从制度上我们做个新解，从制度上来看这个画，可能是北宋初期画的比较合乎实际。

特别是从另外一个资料上看，按照宋朝新立的制度，凡是闲者诸人，即不做事的人，都要"叉手示敬"。《事林广记》中提到，什么叫"叉手示敬"呢？离开胸前三寸，凡是闲着的、晚一辈的、低一级的、没有事做的，都要用这个方式表示恭敬。所有闲着的人都这样，这是宋朝的方式，一直到元朝还流行。这里面还有一个和尚也不忘这个规矩，更增加了这画是宋太祖至宋太宗时期产生的可能性，尽管他们不承认。我们的专家是最怕用另外一个唯物的形式来解决问题，总是把矛盾上交，会以名家留传有序、乾隆作诗等方式不通过，反对这种唯物主义的论证，这是不大妥的。

还有第三个材料也证明这个画是拼凑起来的，甚至于是不大懂这个制度以后拼起来的，就是男人的衣着。我们知道唐朝"马周典仪"，还有长孙无忌，他们定服制以后，皇帝及各等级衣服，除朝服以外都穿圆领衫子，无例外，宋朝也还穿圆领衫子。朝服穿大袖宽衫，上下都一样。最低级当差有不同，是开衩，做事方便，把衣服提起来。但谁也没注意到唐、宋的圆领完全不同。不仅是幞头的式样不同，唐初是前倾，五代是方正，慢慢地宋朝丿变成平翅幞头，这个过渡期就在五代。另外一个问题就是唐朝圆领即是圆领，没有别的。但是宋朝到元朝都有个衬衫，从大量的壁画上都可以证明这是宋朝制度，这个衣服在宋朝是普通的。再一个东西更重要，证明他这个画是拼来的，就是身上悬一个"帛鱼"，这是唐朝初年的制度，同蹀躞七事混在一块的。张鷟在《朝野金载》中提到，帛鱼是用手巾结成一个鱼形，象征鲤强，李氏王朝强盛。到了武则天时又取消了。武则天过去了以后又恢复。但开元以后又失踪了。又，这个画上，到了五代虽然讲明是李家也是"唐"，但这个方面没提到：凡是元和以后的画，从来没有发现过。特别是敦煌给我们的帮助很大。当然也有例外，那就是兄弟民族，到西夏，到元朝，还用蹀躞七事，打火镰、算袋、算码子等七件。用到了封堂镇所，或者是正统派统治这里。

大概我们搞这个，就是探索、试验，从这些穿的戴的各方面比较探索来看问题的。

按照周总理的要求是编十本

这本书[1]我们得到社科院支援，各方面朋友，各方面同行来帮助，已初步试印。不能说是成功的，更不宜相信是什么了不得的专著，就是一个常识性的图录，充满试验的、探索的方法，提出些问题，解决些问题，主要是有待各方面的专家帮助我们把这工作搞得更好。

原来计划，按照周总理的要求是编十本。拿到材料呢，编二十本也有条件，有大量的宋、元壁画在山西出来，辽金的壁画在西北、宣化、辽源也很多，秦俑出来，西汉初年俑出来，启发我们太多了，材料是用不胜用啊！

但是我个人快八十岁了，明年即八十岁了。看样子按照文物法令，好像到了八十就不能出国了。我到了八十不是不能出国，工作恐怕时间少了，很希望给以后的朋友抛砖引玉嘛，及时地把这项工作用唯物的方法，做一些新的试探。我相信一定会得到新的进展。

这本书我们最先是试验排（比）材料的材料，解决问题。不按《舆服志》中的提法。

---

1 指《中国古代服饰研究》。

有些材料又证明我们推测的对了

商朝有多少玉人，眼前是最多的，有二十多种。新出的妇好墓[1]有五个玉人，是崭新的材料。但有些材料又证明我们推测的对了。它没出土以前，我们发现很多玉人，头上包一个帕子系个纽纽，后头结个小辫子，疑心它这东西恐怕是通用的东西。故宫有两个玉人好像是王子、公主形象，特别地庄严，男女都戴。妇好墓出土的两个小玉人，虽然小，但是解决问题，果然是通用的帽子形象。

还有马王堆新出的材料，发现曲裾衣，盘绕而下的，啊，大家都认为是崭新的，是楚国人专用的。其实这个东西我们早就注意到了，说的"绕衿谓之裙"，这个"衿"字总以为是领子，注解上一再讲是衣领的领，我们也想这个领子怎么绕法呢？现在所知道的领子合领，是曲裾衣下来的，像琵琶襟的样子，绕下来就不同了。我早就因为这个问题和王予同志比较所有的战国材料，像金村玉人，三个玉人，还有其他的一些；特别像现在新出土的西周的，注意车上人衣服的处理，所有的衣服都是绕襟而下的。有的是不同的从这样绕下来，有的是绕到背后下来，其实绕就是通常现象。就知道：历来文字学家注这个字的时候，是领啊？是襟啊？以为是"衣"字旁加个命令的令，恐怕还是"衿"字，衣襟的"衿"。为什么绕呢？有的说是楚国的制度，也打破了。我们从汉朝的材料看，像西安出土的、山西出土的、山东济南出土的杂技俑——因为原物在历史博物馆——看那两个跳舞的女人，也是这么绕法，七个男俑在两旁都不同的直接下来的。也证明比较早

1　妇好，商王武丁的妻子，中国历史上有据可查的第一位女性军事统帅。妇好墓位于安阳市殷墟宫殿宗庙区丙组基址西南，1976年被发掘。

介绍楚俑的蒋玄佁所摹绘的是相当正确的，他把两种衣服全画下来了。

因此，我们理解古代另外一个问题"衣作绣，锦为缘"，衣是绣花，织锦作为衣缘。这个问题解释较单纯，现在因为这个材料被发现多了，我们才进一步知道，绣衣底料经常是在轻容绡上，薄纱绣，薄极了。这个衣服旋转下来，如果没有一个厚重的边缘作骨架，它就不能走路，走路就裹起来了。你看印度人走路，不就是裹起来吗？包括鞋子的式样，早先是双歧履，后来是两歧履，最后是兀头履，圆的。到了唐代变成高墙履、重台履，这都是同应用有关系。衣服长了，像永泰公主墓壁画那人，走路才不摔跤，不被衣服套住，都有一定的用处。

从绸缎出发也可以理出些问题

我们从这个方面得到一些新的看法，有待于各位专家同行特别指教。一方面从绸缎出发也可以理出些问题。

总觉得商朝白陶上面纹样，及几个玉石人衣宽带，多半用连锁矩纹。这花纹在商代铜鼎上有同样的。白陶上有，白陶上还有间条子、栏杆花的。我们怀疑这不是凭空的。这花纹的来源，可能和纺织物有关系。特别是看到春秋战国时候，所有的车器，特别是中原部分的这些车器，多半是这些花纹，我们初步认为这是古代最原始的锦纹。

这后头发展双矩锦，唐朝就像镜子上说的山字镜的花纹，到了宋朝就变成了"青绿靛纹锦"，一直下来到康熙特别欢喜的"青绿靛纹锦"，就出现各式各样的上百种。

看到了各式各样的装裱及坐垫，我们说得夸张一点儿，也许这种织锦花纹也是从楚国来的，也有这个可能。锦纹是和织席有关哎！它就不能离开竹子编织生产。现在我们知道许多花纹都和竹子的编织有关系，从那里花纹得到启发来的。这个提法可能好像很少同意的，太孤立了，冒险了。凡是衣领，边缘都是这个花纹，这个规矩花纹是织出来的。不规矩花纹往往是刺绣、绘画。但现在我们新的妇好墓上，上面已经发现刺绣，不一定是这个花纹，但是有刺绣的痕迹，附在铜器上面。新的材料帮我们证明了，侯马出土的那五个陶范，就进一步证明。特别发现商白陶上有一条子新花纹出现了，完全证明它是衣服上的纹样。要假定说白陶可靠呢，商朝白陶上已经出现了。这种条子锦的花纹，将来在商朝的丝绸上也可能发现，就是相对的云纹——两个三角形的。

再下来更具体了，唐朝花纹尽管是植物性花纹，但是多半是图案的效果。一直到宋朝，花纹多是生色折枝花，出现了仿生的花卉，一朵一朵的。宋朝绸缎这种花多。

又需要我们从文物上来提问题了

特别是帽子的问题，做些探索，很有趣的一些探索，得到一个结论，就是帷帽的问题。过去一直以为是幂篱，记载相传以为是白狄，或者是东胡，胡人像。这是笼统而言，一直到现在为止。到北齐北周，没有发现全身障蔽这种，发现的并不障蔽眼睛，像戴孝一样，像观音渡戴这么个东西，仅在俑上，在敦煌画上都没发现。

帷帽正式发现是唐初。有的是比较尖的笠子，下垂裙，大家不知是什么东西。原来汉朝以来，裙边我们现在讲团鱼的，那时凡是下垂边缘的都叫裙，裙是个统称。现在新疆正式出个俑，戴着斗笠有网。按记载上说说不行了，说流行于开元、天宝间，因为杨贵妃欢喜漂亮，她们姊妹靓妆露面才把它取消，其实没有，一直下来元朝还有。

以后我们知道"透额罗"，"透"是穿透的透，"额"是额头的额。这个根据元正史上提到：窦彩春漫过常州透额罗。但是透额罗什么样子，谁也不知道。这名词变成一个抽象的了。这就又需要我们从文物上来提问题了。原来敦煌壁画上《乐廷瓌夫人行香图》，开元、天宝间的，典型的两夫妇都穿的唐朝一品命官命妇的有诰封的礼服，命妇大抱鬓，花花朵朵，一切同唐代的点批制度相合。这后面几个家属，中间一群家属，中间有三个人头上有网子在额头，恰好就是这三个人能说明问题。好像是孤立的，但是不孤立，为什么呢？这个透额罗啊，很快就变了，到宋朝就变成了"渔婆勒子"，这是元朝人戏剧上用的。上头提到渔婆戴的，等级下降了，渔婆用的，一直用下来。到清朝又提高了，至少是康熙皇帝妃子，乾隆皇后，雍正十二个妃子，一大半都用。可能我的妈妈，可能在座各位同志的妈妈，都戴过，叫"勒子"，老太婆戴的，上面加个寿星，加两片玉佛顶。不追究便罢，一追究就言之话长了，原来如此。有些没有了，有些又存在，各种不同的原因，后来变成了实用的装饰。清朝老太婆将它变成一个实际的装饰品。特别像《金瓶梅》插图，《燕寝怡情图》，很多戴起。不但是普通的戴，现在新看到的雍正的十二个妃子也戴，样子就跟《红楼梦》中十二金钗样子一样。因此传到我们母亲这一代，现在西南的乡下可能还戴。但是谁也不知道，这是从帷帽变成透额罗发展下来的，主要原因是没有好事的人来从这问题上追究探索。

我们也可以提出异议

帷帽到宋代另外一个发展更有趣味。宋代讲究相生的花。唐代的花冠同宋朝的花冠是根本不同的。同样是花冠，唐代、宋代就大不相同，可帮助我们解决问题。比如《簪花仕女图》大家都说是周昉，没问题，至少是官定啊！专家定的。我们也可以提出异议：不是，这花是假的，稿子可能是《贵妃纳凉图》这类旧图稿画的，头上戴的花是画蛇添足。因为画画的人，很明显是不懂这个制度，是根据唐朝《贵妃纳凉图》这类旧图稿画的。上面这个花是宋朝人的罗帛花，因为他不知道，唐朝没有这种花冠，宋朝才有这种花冠。唐朝根据《宫中图》《听筝图》《纨扇仕女图》《倦绣图》，上头都是元和时代的。《会乐图》都是元和时代的。花冠是崔莺莺时代花冠，都是小花朵套到头上的。到宋朝讲究罗帛花，生色花，男的戴，女的也戴，出行也戴。特别是《东京梦华录》提到戴花的问题，各种的，多半是插一把。看宋人杂剧图也好，《大驾卤簿图》也好，看到许多生色花都是一把杂花，戴到头上。按照记载，上有等级，看这花上看不出。

总而言之，这个画[1]这一点上不是唐的。因为头上的装饰，前面还加一个玉步摇，已经是完整，还画着蛾翅眉，是典型的开元、天宝装扮是没有问题的。同敦煌出土的绘画，接引菩萨上面有个女孩子，是一个样子。也同《乐廷瓌夫人行香图》中一女人一个样。蛾翅眉，像飞蛾翅膀的样子，加上义髻那么大抵就完整了，上面不应，再不能着花了。着花就画蛇添足了。

上面还有一个，证明更不是唐朝的了。唐朝的项圈是套在里面贴肉的，很少套到衣服外面。这个图上有一个女人，项圈不但是套

---

1 指《簪花仕女图》。

到衣服外面，还是个扁项圈，这个项圈到什么地方才能发现？只有到《大清会典》图上，特别是历史博物馆藏一个《皇朝礼器图》，就是皇亲国戚的女性有爵位才戴这个东西，套到衣服外面。所以这个画呢，甚至可说晚一点儿，提到它加工的地方，甚至是清朝乾隆好事加上去的。

还有一个问题，这个衣服画得非常之好的，看去即如唐朝的"轻容"，轻容纱的。但是衣服画得很好，花纹却都是平铺的。衣服有转折，唐朝人不可能这么画，他们非常懂曲折的。

从这几个问题看，这画稿子也可能是唐朝开元、天宝，或稍晚周昉时代画的《贵妃纳凉图》的旧稿。但实际上这个画肯定是不懂唐朝制度的人画的。已经够完整的画，画蛇添足地再加一朵花，而且花画得很写实也是假花，唐朝不常见。所以我们从制度上看来，也可能对当前相传有名的画提出新的问题。

按照专家来看呢，特别是美术史专家，他的习惯，或者一下子不同意。说皇帝有字嘛，有题的诗呀！还有有名的收藏有皇帝的御宝在上面。实际上我在故宫别的不说，在丝绣组看，有许多相传是宋朝的刺绣，都不是。基本上全一个模式。最容易看，看穿衣服不是。所以从衣服上搞问题，有很多的问题。不仅光是画的问题，还有俑上的问题，现在没有人从这方面探索。

我们不但从这里可以知道马镫

像外国人一讲到马镫的问题，我相信中国人许多还是相信他这个话。讲马镫是《世说新语》上提到的，谢玄有玉铁镫，还有封氏墓挖的有两个木制的马镫。

马镫产生于晋朝，实际上可能还要早。有三个材料可以把它时间提前。一个是湖南省博物馆藏的西晋的青釉俑，上面两个马都有马镫，和我们推测的一样。早期的马镫是皮圈圈，皮制的，马踏镫。再者是石寨山，大家一般提到说是王莽时代的，上面一个武士骑匹马，站在一个贮贝器上，一群牛在底下，这个武士脚下分分明明踏的是一个镀金的马镫。再上去点儿，一个战国的镜子，一个刺虎的镜子，错金银的上面虽然看不太清楚，看到上面有一个圈圈下面飘着三条带子，这个有可能也是马镫。所以马镫提得晚一些也是西汉末就有，比英国专家在科技史上提到东晋才有马镫，早几百年。

而且他的另外一种说法我们也有不同看法，提到马镫是草原民族的发明，这也同事实有距离。马镫这东西一定是为骑马方便，怕摔下来，上马方便才有的。特别是马镫一个变成两个，更是因山地的需要。至于草原民族，到现在为止，蒙古民族小孩子也能抓住马鬃，顺势一爬就上去了。就像玩马技的，一下就上去了。我记得一个外国人画的一个元朝的骑士，在《世界美术全集》上，元代篇上，他画的马镫就是用皮打个疙瘩，这是元朝起始的马，这是相合的。所以提到这种问题，我们不但从这里可以知道马镫，也可以知道别的问题。

关心这些小事物

之所以我们研究服装，不是为了好看搞，也不是为了演戏搞，意思是可以探索许多，互相来证它。特别是我们去学习文物工作的同志，对这方面要充满了兴趣。关心这些小事物，可以解决许多一般的或是专家不能解决的问题。我们可轻而易举地解决，因为提的都是证据，一切实事求是，唯物嘛！一方面可以补充历史文献所不够的，一方面可以丰富历史文献的内容。

因为《舆服志》这个东西它是死的；《画论》按照旧的习惯，太旧了。但新的方法——比如，《画论》最大的问题是南北宗，那都是根据董香光[1]提的，把山水画放到王维、李思训时代，以至"荆关"——荆浩、关仝这个时代。按照我们现在得到的材料说，最晚把它放到西汉，很有道理。而且博山炉就是个证明。

博山炉一来就晓得，博山炉发展下来，很快变成南北朝青石做的棺材，像宁万寿孝子棺、北齐的孝子棺……博山炉发展下来，变成充分地反映保存在孝子棺上的北派山水，是什么原因呢？北派山水，它是由博山炉的千奇古怪来的。也不是凭空的东西，是从《封禅书》来的，"海上三山"来的。说它是早期反映到砖刻上，石刻上，甚至于绸缎上。现在从金银错上，从博山炉上看。从金银错上还可以增加我们新的理解，这一派山水就包括我们金碧山水在里面。因为它错金，所以现在提到金碧山水是从这方面来的。专家会摇头笑话我们。但是我们拿材料摊出来，可能慢慢地会相信：还有一点儿道理。

南派的呢，也有的是。我们记得东汉晚期博山炉就简化了，没那么讲究了。历史博物馆存有许多博山炉，其实都是化缘的，做起来方便，画点草儿在上面。所以过去南北宗呢，最需要推翻，其实是最容易推翻的。单从《画论》上看，看不出来；你从诗歌上看，早就推翻了。余致山谈到屏风画，讲到渡小桥、骑马……就是山水画，而且都是描写山水画的。至少比董香光的提法早。

现在还有《明皇幸蜀图》，都讲是宋朝人画的，大家也提到这是故宫博物院定的，按照山水来定的，其实也可以提出不同的意见

1　即董其昌（1555—1636），字玄宰，号香光居士。明朝书画家，尤其擅画山水，其画及画论对明末清初画坛影响甚大。

作参考。因为题的这个人，不管他是徽宗也好，乾隆也好，他就不知道这个时候就没有这个帷帽。这个画上所有的女人戴的都是帷帽。他可能在开元、天宝以前，而且绝对不是《明皇幸蜀图》。我们读白居易的《长恨歌》都知道，"六军不发无奈何，婉转蛾眉马前死"。他一个六军，这个上面都是商人，实际上本来就是《蜀道图》或《蜀道行旅图》，绝对不是《明皇幸蜀图》。是无知的妄人题法，后人题的不管他是皇帝还是无知的大专家，总而言之，它不是《明皇幸蜀图》，是可以肯定的。从这方面看来，我们从文物、从制度出发作一些新的探索研究，不仅可以解决服装的问题，还可以解决一系列文物的制度、古代的绘画的问题。

（这时大家请沈先生休息。）

我这好像是卖膏药了。我这样不三不四地说些空话，很希望大家指教。你们看我做说明员做惯了，有职业病，拉拉杂杂的，一说话就没完。

谈谈我到美国得到的印象

很对不起，我这湘西话呢，我到了北京六十年，湘西话还没改，一句官话都不会说。而且这种事啰啰唆唆的太多了，谈不完的。尽管与各位的工作都有一定关系，但是谈得太多也不好。我现在用差不多二十分钟的时间，谈谈我到美国得到的印象。

这次去美国是十月二十七日到的，是二月十七日回来的，前后有一百天。我去呢也不懂外国问题，主要是看人家的博物馆怎么样。因为我们经常搞这个问题，不免要用材料，尽管这些材料都是偷中国的，盗出国外。清朝末年重要文物大量流出国外，现在我们堵住了这个缺口。所以有了这个机会，又得到党领导的同意，我出去看一看。本意是看一看他怎样保存这些重要文物，还有处理问题是怎么做的。拿日本来说，重要材料离开中国，研究就说不上了，他没法子，话说尽了，而且也说不透。

我们拿出去展览的新东西，比方马王堆吧，出土一两千件东西，拿五十件去展览，他们就根据这五十件猜谜儿了，做一大堆文章，几十公斤，出个广告把马王堆的一件袍子印那么大，用七百万。更可观的是，我听人说日本那几年是马王堆热，几乎所有的卖品不光是绸缎，其他商品也是马王堆的，他赚了一大笔钱。但是一过就过去了。他做文章也是如此，很快。尽管他印得非常之好，很堂皇的，很快也不行了。为什么呢？掌握不住材料。

美国好像差一点儿，按藏品来说呢，我特别的注意。我先后到了十四所大学，前后做了二十次左右谈话。最先是到耶鲁大学，有一个艺术馆，中国东西不灵，它是新建的，但是有很多罗马镶嵌的东西，意大利的庞贝火山挖的那些东西，还有文艺复兴时的东西就多了，十八世纪很讲究的。甚至于到现代派，谁都看不懂的，一个大红日头，底下一个黑的，或是什么都没有，就是一片黑，也是现代画，看不懂。我问他们，也有中国人，学艺术的，都是在那儿教书的，问他们懂不懂。也不懂。但是他按着习惯又非用不可。

特别是到旧金山，在大学里看到一个雕刻在一个房子角上，不重要的地方，在那儿摆着，那么大的一个石柱子，上面拿着一个铁皮子折两下，画两只大眼睛一百万美金，是毕加索的。我问她——管艺术品的是个女人——这个好到什么程度，能解释解释吗？她的解释是"很有名"。他按着规矩每一个新建筑前，都要花一部分钱做一个雕塑，这个雕塑是整个建筑的一个部分，所以雕塑家知名。

新画家也有，任何地方都有这个东西。所以到华盛顿要去看一个现代派的艺术馆，我就不去了。就有机会看一个新的，真正是新的上月球的航天博物馆。按照习惯每个人都可以摸摸那从月球上带下来的石头，其实并不大，上天回收下来的。看起来很简单，吃的东西就像牙膏一样，挤着吃的。

其中有一个很有趣味的笑话，就是一个上天最出成绩、最好的一个人，他看到天地之大，太大了，结果相信宗教，做牧师去了。由极大的科学转到牧师，这就证明他的思想动摇得厉害。最大动摇的一个情况，就是当牧师去了。

打拳用另外一种打法

这个地方——美国，总的来说思想是相当混乱，在学校这些方面迷信钱啊，简直是无以复加了！馆子里到处贴了恭喜发财，到处都画着钱的样子，这就是唯钱是问。但是仅限于钱也不一定，研究还是相当出色的。

我就想知道他们研究的博士论文写什么，本来更详细的了解应当去国会图书馆去看材料。研究中国文化，不一定有中文系，但都有一个东亚文化系，照例有一个中文专业。

他们做的论文照例都有一些很奇怪的，比如前不久到北京开中美史学会的人——我有机会参加啦，就听到副秘书长谈到，他们的论文啊，没法子称赞，没法子对话。比如说"《金瓶梅》同荀子的关系"，这个太荒谬了，这题目还是向中国方面提出来的，中国专家没法子对手，就好像打拳用另外一种方法打。还有人问我，他想研究"袁中郎"，我说我不懂没办法。

博士论文还是很庄严的，外国人对博士论文还是蛮尊重的，他要有一篇博士论文才能当教授，这个学位还是挺重要的。也有人做杜甫《秋兴八首》做了多少年。我有个亲戚的学生，文章太多谁也看不下去，也得不到学位，指导他的教授看了以后，还请了好多大学教授分辨，并不是不认真。

我们中国人好几个人都做了《金瓶梅》研究，现在《红楼梦》一起来，又做《红楼梦》研究。这是永远不可能碰头的，都可以说空的，都不太明白这个问题。后来才明白，原来是搞比较近三百年才有出路，所以也有做康熙皇帝的研究的，也有做陈独秀的研究的，做西南联大的博士论文也有。

他总在那里猜谜子

有些东西我们是不可想象的，认真是认真，搞材料也很方便。读书那儿的条件是太好了，一个不是研究生的在看书，有那么大的一个位子，都有微型的看书的放大镜，灯，还有打字机，要复印什么材料，外面的廊子上有很多复印机，投个五分的镚儿，书摆在上面立刻就印出来了，要多少材料有多少材料。所以我去了，他们把我当一个作家看的，其实我这个落后作家早就没有资格了，承蒙他们的好意，也还有专门研究我的。我的很多文章他们都知道，不但知道，还知道是哪年哪月的；不是他知道，是图书馆知道。图书馆不一定是入了名人录的，不一定是名人。知名人士和比较知名的，按照他的习惯，都很详细把他哪年做什么，哪年做什么……所以他们讲笑话，钱伟长出去，人家知道他哪年写检讨。所以人家要问到我，我也同样不知道，但是他们知道。所以很多外国朋友、中国朋友，充满了好意，一定要我谈写作，我说这个我没有资格说话，只能够说二十年代我怎么初学习用笔，到三十年代这一段的社会背景，和它的文学运动的情况。尽管谈这个，我还要争取时间，达到我另外一个目标。所以幸好我还带来一些服装的幻灯片，和另外一个专题的幻灯片。谈一谈，他们倒相当有兴趣，完全出于他们的意外，有些问题太新了。他们是按着规矩，因为别人都是用转手材料谈中国问题，所以隔得很远。

也有学考古的，都有考古系。他们的材料太少了，哈佛大学的中国东西算是最多的，我看了一个外国人捐的古玉，那就可观了，恐怕科学院、故宫啦都不及了。单是错金银柄的玉矛头就一大堆。玉人从商朝到汉朝的又是一大堆。玉戈，各种的玉戈不是磨的，敲打出来的，这些真是可观的。

但是也有很多可笑的地方，有一个民俗博物馆，他把最好的长沙出土的那块笭床——国内没有了，放到干了，摆在那里，怪可怜的油漆了，再加上一些不相干的战国坛子罐子。他弄不清楚这个东西，从这个陈列法就看出他没有发言权。特别可笑的是他把商朝的玉鱼——玉雕的鱼可以做切割工具用的，上面有个眼儿，他把它用塑料丝悬挂起了，叮叮当当的，让人又担心又难过，完全不解决问题。证明他们一般情况，特别是民俗部分，东西是应有尽有，那锡蜡台、烘炉、马桶，几乎财神菩萨都有，因为我有机会到他库房去看了。但是不行，谈到研究他们好像也不懂。这些有待于我们中国怎样更大量地把这些材料整理，想法子印出来。

我们这个材料特别同日本比，日本虽然没有材料，但是他翻来覆去，翻来覆去，印的大型东西可多了。别人说笑话，日本就一个富士山，他们转来转去照相，照相总离不开富士山。离开这个东西就是中国东西。中国东西新的他也缺，主要原因就是我们拿的东西很少，他总在那里猜谜子，猜不出所以然。

配合展览一定要有个图录

这让我想到一个问题，近两年，我们经常从经济出发，常常把这些文物送出去。比如前不久听说，美国有五件龙袍展览，是和故宫租的，是次等品。过去我经手买过，当时五十年代也就值四十块钱，拿出五件出去展览三个月，值五万美元。这样好像我们赚钱了，赚小钱，他们赚大钱。

依我个人想呢，我们拿点儿这种零零散散的文物出去不是办法，对他们不能提高，只是提起他们的好奇，更不了解中国。用什么办法呢？比如长沙去些小件，把漆器加以整理，解释。如我们介绍屈原，研究屈原的就非要不可。屈原生活的时代背景写什么，物质文化写什么东西。这样的搞，我们至少印四个图录，左左右右。

但是问题就是怎么个印法，特别是有机会出去展览。配合展览，不必什么东西都是干烧辣椒，什么都有。你就拿关于生活的，比如屈原时代的生活，错金银的棺材板，剑，车——模型的，镜子，这拿出去，从生活出发。他们就从民俗方面、艺术方面来看是否能够欣赏，能够接受。特别是对学人有用处，读书人。不单是这些，还有很多，甚至台湾的。因为台湾没有材料，台湾报来报去也就是那一堆材料，但是读书的人多，印了不少图录。当然日本人印得更多。图录比较上我们是处于劣势的，这个劣势应该挽救它。

要外出搞展览，有两个方面我们保定会成功，一个就是我说的楚时代。要有简要的说明，例如介绍屈原的背景，生活、社会背景，从这个方面出发来解释大家的见解。要出去讲演也不妨采取这个方式。选一百个彩图，效果好极了，非常之有区别的重要的问题，用几个图就可以说明了。这方面李方桂先生年龄同我一样大啦，也是语言学专家，他就提到："假如你再来，最好是多配一点图，最好是有个简要说明，你先翻译好了。你自己不翻，我来帮你翻。这样效果会更好。"这就是展览如何单纯从赚钱出发，等于叫人家看三脚猫、三脚蟾、绿毛龟一般，只是好奇嘛！

不单是东欧国家博物馆专家，我记得过去我同他们打交道，多半认为那些奇奇怪怪的东西，就是中国的。其实哪是那回事呀！其实接近人情的，适当地恢复点儿东西，像衣服之类的。其次就是如民族刺绣这些。我们湖南苗族的挑花摆在那里，摆得很大的很重要的，但另外一方面，他又把京剧，最丑的京剧场面摆在上面。希望另外一个国家而且是那么复杂的国家，有多少人对你有了解，只能让他们这么搞。试探让那些有头脑的学人对你有好感，恐怕宣传方面要变一变。普通的，这样拿几件精粹的东西摆一摆不展览，就是谈谈学术；配合展览一定要有个图录。图录不一定多，这个方面国家花钱太多，到处都花钱。这方面国家应有新的看法，赔一点儿钱，所得到的好感啊很多。

按照习惯呢，美国校长没有多大权力，他是管行政的；系主任呢，是个办事的也没有多大权力；教授还是占主要位置。教授他要不断地指导博士论文，他照例是勤勤恳恳的。像我有个亲戚上次跟美国文化代表团来中国，团长是余英时，三十多岁就做香港中文大学校长，现在在耶鲁做特别讲座，搞汉唐文化的。我那个连襟呢是副团长，他是搞中国乐府诗的，每年到处去讲学，懂中国问题。他总感觉我们这方面的宣传，要是真正有效果的宣传，要争取这个阶层的好感，还是值得做的。方法不是这里选一个精品，那里选一个好的，那他没有印象。不如光搞一个湖南的、湖北的楚国文化展。配四个讲演，不同的讲演，介绍文物，从艺术出发，这是我个人想的。

实际上对中国非常关心

一个是兄弟民族的。兄弟民族的有个好处，现在他们喜欢波斯地毯，我听到一个管中国地毯出口的讲到这个问题，很难搞，我们中国已经尽力了，每年七十万米地毯出口。但是波斯地毯七百万米，你看伊朗这个水平。我们中国这方面还是吃点力，努力要靠新的设计。别出心裁搞些未来派的画就可以上去，肯定是没前途的，走不通的。是不是在民族文化中找点儿比较好的图案，织成地毯，拿去展出？好的只一件不能拿出去，做点复制品，这样对别人印象深。因为学美术的多，爱好美术的多。特别是中国人，不管他是从中国台湾去的也好，从中国香港去的也好，实际上对中国非常关心，充满了感情，特别是这部分知识分子。

至于裱中国画不行，他们到中国台湾去裱，到中国香港去裱，到日本去裱。日本裱的不好，一看，小里小气的。至于对中国绘画的理解呢，比日本还差，停留到八大山人[1]、石涛这个阶段。我看过的多了，怎么凭空飞来那么多，尽是假的。我问他们："怎么研究石涛、八大山人的那么多呢？"他们说再往上，他们就吃不消了。因为涉及制度各方面，鉴赏能力就不行了。等于日本研究的往前一点的水平，停留在对梁楷等人研究的阶段。

我们哪年哪月能够做到啊

教中国文学的也碰到这个问题，研究明清小说，"三言二拍"，也做博士论文。《红楼梦》有，陈独秀有……再上去的古代

1　八大山人（1626—1705），即朱耷，清初画家。

的没有。但他有一个好处，图书馆好，这是太值得我们学习了。陈列方面，看书的便利不能够设想，一个人吃饭也可以看书，看书的条件实在太好了。一般的中国人在那里教书，都是四十岁左右，二十多岁就已经是博士了。有好几个最出名的，如钟开莱是我的老朋友，是世界上七个最著名的数学家之一；还有一个叫王浩，也是西南联大的学生，也是权威；还有一个被大家称为神童的叫丘成桐，他在香港中文大学没毕业，转到美国才一年就念了一个数学博士。这方面得到外国人好评、赞美。

美国一面又重视钱财，一面又尊重知识。里根在竞选的时候，人家漫画上把他画出来，让他督促衬衫的情况，画在漫画上。但是也麻烦，美国也有麻烦，他外来人口太多了，太杂。国家生活比较严重，这个英雄主义恐怕将来要吃亏的。目前科技方面有好多成果，生产方面是试点，粮食很多。但情绪方面，某些方面的不安的情绪，是失业。反映到读书人身上更容易见出来，资本家方面不消说。但是他的学校在社会上虽然有充分的自由，但还是在学校的圈里。他特别的现象很奇怪，我们可以说很不如中国。比如说每个人到六十五岁都要退休，退休也惨，没几个钱。现在有的就像杨振宁他们，吴健雄，还有我的一些朋友，都是第一流的科学人才，一年也就五万美金，也是自己开车，自己做饭，生活都是平等化了。

另外关税重重，就像原来的四川情况，到处买东西都加百分之八的税，多得可怕。我那个亲戚一年是五万美金的，平均每个月可以支配的大概也就一千多，因为他的各种的账，动不动还要请律师来帮他算，我应当纳多少税，怎么样子，复杂到这种程度。

还有一个问题很有趣味，就是为什么博物馆的东西，收藏那么多中国的书啊，整理得真好。你到博物馆的图书室里就感觉到，我们哪年哪月能够做到啊！这不是钱的问题，基本上都把书处理好，任何一个像我们都不大知道的杂志，他都整理研究的。放到那里，你复印东西五分钱一张。

一个大家认为是研究我的专家叫金介甫[1]，他搞了一千多个卡片，连我自己都不知道啦！这是做学问的方面。但是现在我是有点儿幻想，从我们同行这方面出发，我们的文物是值得介绍的，影响他们美术界，雕刻方面，我们还有不断的材料。图案在世界上，我们还是占主要位置。有苗族的、各兄弟民族的，刺绣呀，一直到古典的雕刻，还是占第一位。你看到埃及，埃及就是那么一段，只有中国奇怪，是一直下来的，而且文化面积是那么宽。充实文化史的写作，简明文化史的介绍，还是值得写的或值得合作写的，特别是楚文物，值得出几大本，怎么样把它印出来，对世界是很大的贡献。

我说的话啊特别乱，占到各位很多宝贵时间，随随便便说这么几句，也没什么准备。很对不起大家。谢谢！

一九八一年四月八日

1　金介甫（Jeffrey C.Kinkley），美国汉学家，美国纽约圣若望大学历史系教授，被誉为"海外沈从文研究第一人"，著有《他从凤凰来：沈从文传》。

目　录

玉

玉的应用，是从石器应用挑选而来，所以一面保留石器的实用的种种，一面也就因为难得，很早即转到象征方面去。如圭，就是由石斧变化的；璋，是由石刀变化的；璧，是由圆石斧变的……

玉的出产 [1]

中国美术史有一个项目，和中国文化史问题分不开，从石器时代生产工具流传下来，转而为权威、尊重、品德，以及性的象征，即玉的问题。由于和政治上的礼法制度、宗教仪式，以至于男女服饰应用，都分不开，玉和玉工艺问题也就比较复杂。因为它贯串了封建文化的全程，联系到许多方面。可是直到如今，还没有人对于这个项目加以较新的清算、认识。它可能也随封建而衰落、灭亡，成为历史上一个名词，一种遗物。但它在美术史上的种种关系，我们还是值得多知道一些，具体知道一些。

提起玉出产较古较多的书，应数《山海经》。这部书根据旧说，相传是随大禹治水的一个大臣伯益记叙的，自然不可靠。经近人研究考证，认为是战国或以前一部古书。一部分有汉或汉以后地名，是后人补充的。这部书提到产玉的山有数十处，都产良玉。又有些玉出水中，名璇玉、藻玉、珚玉。

《山海经》因为多载古代禳祝方术，所以有认为是古巫书的。因为说起山的情形多，又认为古地志书。因为荒唐不经，和汉以来人的地理知识不合，又认为小说。玉和神话有关，从这部书起始。

第二是《穆天子传》，记周穆王驾八骏马，游猎西方，到昆仑和西王母相会，相互饮酒唱诗故事。这是战国时人一部杂传记，即世传

---

1 本文写于 20 世纪 50 年代前期，为"中国玉工艺"讲稿之一。

晋代咸宁时河南汲郡发现战国时魏襄王（一作魏安釐王）古坟中得来的一堆古代竹简书，经束晳校勘整理出几部书中一部。书中提起悬圃玉和群玉山，用它和《庄子》文中所说，《列子》文中所说昆仑情形，可见正是战国时一般士大夫的话题，也反映古代中国人向西方寻玉，及战国时人对于玉的兴趣，以及对于西方的种种传说。《穆天子传》说："春山之泽，清水出泉，温和无风，飞鸟百兽之所饮食，先王所谓悬圃，天子于是得玉荣枝斯之英。"又说："天子北征，东还，乃循黑水。癸巳，至于群玉之山。"那么一个欢喜远游的封建主，除猎取了许许多多獐鹿鸟兽，最重要一件事情，即见西王母。当时和西王母相互送礼用玉，献河宗用玉。玉代表最高货币价值。

《管子》也是战国时一部旧书，曾一再提及禺氏玉，属于北方。《管子》说："禺氏边山之玉，一荚也。"又："尧舜之王所以化海内者，北用禺氏之玉，南贵江汉之珠。"

《淮南子》虽出于西汉时淮南王刘安门客所编辑，多辑录战国时杂说，也说及昆仑玉："譬若钟山之玉，炊以炉炭，三日三夜而色泽不变，则至德天地之精也。"

《史记》则说"昆山玉"。

《周礼·职方氏》称雍州其利玉石，或本于《尚书·禹贡》：雍州，其贡惟球、琳、琅玕（说蓝田出美玉，且指蓝田为陕西长安，似本于《汉书·地理志》，因《搜神记》故事而益著）。

《尚书疏》称：夷玉，南北之珣玗琪。

玉的生产在国内，多以为出蓝田；在塞外，则出于昆仑和阗[1]，换言之，即中国古代用玉，大半来自新疆。到明朝，后人大致再不能从蓝田偶然得玉，也不相信蓝田会产玉。宋应星著《天工开物》叙录中国工艺时，所以说：

---

1 1959年，和阗更名为"和田"。

凡玉入中国，贵重用者，尽出于阗葱岭。所谓蓝田，
即葱岭出玉别地名，而后世误以为西安之蓝田也。

解释自然有些不全面。日本人滨田耕作[1]论及这一点时，却说，陕西蓝田古代可能也产过玉，蕴藏量不甚多，已经采尽，因此中国玉大部分还是来自新疆。近人章鸿钊作《石雅》，则从岩石学知识判断，认为蓝田无玉，大致是当时玉的集中地。

中国古代用玉出于新疆，这是从文献、从近代地下实物玉的品质判断，都可以证明的。

古代玉如何来到中国，到今为止，还是一个待解决的问题。或如一部分史前学者所作的推测，是随彩陶而南来，那么上古玉的范围，也必和彩陶分布范围相去不多。或如文献所说推测，黄帝以玉为兵，和以铜为兵的蚩尤兄弟大战于涿鹿之野，并大败蚩尤。换言之，中国华北及黄河流域本有一个种族，族长蚩尤兄弟，当时已经能冶铜铸造兵器。西方另有一支民族，却善于用玉器石作兵器。这个用玉石作兵器的民族，五千年前大举南来把蚩尤战败；新来的文化进步些，到黄河流域及华北扎下个根基后，就教人民耕田，养蚕，和种种新的生产，作成古中国社会奴隶时代的开始。这种推测有多少可靠，是考古学者一个待解决的问题。我们应当明白的，即玉由西方南来，可能和中国文化史有那么重要的关联。

玉这个东西，必然是从石器时代即特别受尊重的。但新石器

---

1 滨田耕作（1881—1938），日本著名的考古学家，被称为"日本考古学之父"。著有《东亚文明之黎明》《通论考古学》《东亚考古学研究》等。

中的细石器¹多玉髓质（玛瑙）各色打剥器物，可少有玉质的，由于玉并不合于作细石器。玉斧（图1）可能曾作过生产工具，由生产工具的致用，慢慢地，方转成象征权威尊严和品德纯粹的一种考古学重要遗物。它所反映的问题，在史前一部分，和彩陶应当有联系，比铜器时代还早些。到有史时代，又和铜器同是古代由商到汉——由奴隶时代

图1　良渚文化　玉斧
美国弗利尔美术馆藏

到封建时代——汉民族生活思想意识形态反映极丰富的遗物。铜器时代到汉末已结束，发展到中古唐宋，玉这种东西，它还是一面和封建文化极紧密结合，另一面却又在工艺美术中占了一个特别位置，重要性不下于中古时代的文字和绘画。直到二百五十年前的清代乾隆，因山材大玉的获得，又还占那个时代封建工艺美术一个重要部门。至于用它到人身上作装饰品，应用范围之广、

1　指用打击法打出的细石核、细石叶及其加工品，长度一般在2—3厘米，常见器形有石叶、石镞、小石刀、石片等，可用作石钻或刮削器，也可镶嵌在骨梗、木柄上用作复合工具。

数量之多，除丝织物和金银，实无物可以比拟。从二千七百年前起，直到二十世纪人民时代，还不能完全废除。所以说，它的用处实贯串了中国文化史全程，也即贯串了中国社会发展史全程。对于玉工艺的理解，也应从这一点基础上来认识、来发现，方有意义。

　　玉的生产地出于新疆，新旧著录极多，《古玉概说》作者因综合前人意见，用斯坦因[1]的《西域考古记》所绘地图作参考，认为出玉地点实包括了昆仑山系和阗河，在横贯沙漠的和阗河上游。一玉陇哈什河，即古人所谓白玉河；一哈拉哈什河，即古人所谓黑玉河，都出于昆仑山，证明前人所记不误。的确出于昆仑山，的确有二河产玉，且修正了三河之说。

　　关于玉的西来，如何由和阗进玉门关，文献实物有价值材料，应当数斯坦因在一九〇六年第二次到新疆探险，在古于阗（即和阗）附近尼耶河边得到的汉晋木简。从这些木简记载中，得知当时居住的（或者是戍卒屯田的小官吏）男女赠送礼物，就大多用的是玉石。这种礼物赠遗或者是成品，是玉璞，不得而知。因为这还是普通的馈送礼品，只是一件两件。如国家大规模采取，照致用上作推测，当在战国时。汉代则必然在武帝时，因为建章宫、玉堂殿等建筑，如史书可靠，则那时节即已用到大件玉，也即是明代人所说，重逾千斤，生长于高山上，必用牦牛爬上半山凿取得来"山材"的。如当时采用的方式，不尽是从征服奴役纳贡的方式，即可能和丝织物交换大有关系。古代中国丝织物的出

1　全名为马克·奥里尔·斯坦因（Mark Aurel Stein, 1862—1943），英国人，原籍匈牙利。他曾以中国新疆和甘肃为重点，在中亚地区进行过多次考察，并用欺骗手段掠走敦煌莫高窟中遗书、文物一万多件。

口，在西方，除换军事上用的马匹，很可能即换玉。出玉的地方必然同时对于玉的处理知识也进步得多。因此中国古代玉的工艺技术，尤其是盘车割玉碾玉法，可能是西来的（滨田耕作以为中国治玉法和古叙利亚治玉法相合）。远古玉有些纹饰，也很可能一部分是外来的。

照汉代木简的记载，那个时代边疆送礼，表示尊敬和表示情爱都送玉，也正是古已有之，和《左传》《诗经》记春秋时代用玉相合。或以玉为两国报聘信物，如《左传》《国语》常提起的；或以玉作男女悦爱赠送，如《诗经》所说报之以琼瑶，报之以琼玖。

  王母谨以琅玕一致问（背面）王
  臣承德叩头谨以玫瑰一再拜致问（背面）大王
  奉谨以琅玕一致问（背面）春君幸毋相忘
  苏且谨以黄琅玕一致问（背面）春君[1]

又斯坦因曾记和阗附近白玉河口采玉实际情形说：

  在河漂之砂土，穿一椭圆或方形之竖穴，深十来尺，可达圆石层。玉璞即介在流下之河水中。大玉发现不多。和阗及新疆各处来寻玉的，多雇请附近贫农十人至二十人为一组，从事发掘，衣食由商人供给。每天约合二卢布工钱。发现大块玉另有奖赏。这种穴深到二十尺后，即有水出。

---

1 记载于上文提到的斯坦因所获木简上。

这是五十年前和阗采玉法。从文献比较，可以知道或因水道变化，古今采玉情形已大不相同。明代采玉还是多从河中捞摸，现代已就砂滩挖掘。

《汉书·西域传》只说于阗多玉石，晋代高居诲《使于阗记》方报道：

> 于阗河可分为三，东曰白玉河，西为绿玉河，又西为乌玉河。

五代时，张匡邺的《西域行程记》，则更详细地说：

> 玉河在于阗城外，源出昆仑山，西流一千三百里，名牛头山，乃疏为三河。一曰白玉河，在城东三十里。二曰绿玉河，在城西二十里。三曰乌玉河，（去）绿玉河七里。其源虽一，而其玉随地而变，故其色不同。
>
> 每岁五六月，大水暴涨，则玉随流而至。玉之多寡，由水之大小。七八月水退乃可取。彼人谓之"捞玉"。

明末宋应星著中国工艺书《天工开物》，卷末《珠玉篇》，提到捞玉事（图2），即认为只有两河流，并无乌玉河。并提及采玉过程及入国情形，比一般为详悉。

> 玉璞不藏深土，源泉峻急激映而生。然取者不于所生处，以急湍无着手。俟其夏月水涨，璞随湍流徙或百里或二三百里，取之河中。凡玉映月精光而生，故国人沿河取玉者多于秋间。明月夜望河候视，玉璞堆聚处，其月色倍明亮。凡璞随水流，仍错杂乱石浅流之中，提

出辨认而后知也。白玉河流向东南,绿玉河流向西北,亦力把力地。其地有名望野者,流水多聚玉。其俗以女人赤身没水而取,云阴气相召,则玉留不逝,易于捞取。

凡玉唯白与绿二色,绿者中国名菜玉。其赤玉黄玉之说,皆奇石琅玕之类,价即不下于玉,然非玉也。

凡玉璞根系山石,流水未推出位时,璞中玉软如棉絮,推出位时则已硬,入尘见风则愈硬。谓世间琢磨有软玉,则又非也。

凡璞藏玉,其外者曰玉皮。

璞中之玉有纵横尺余无瑕玷者,古者帝王取以为玺。所谓连城之璧,亦不易得。其纵横五六寸无瑕者,治以为杯斝(jiǎ),此亦当世重宝也。

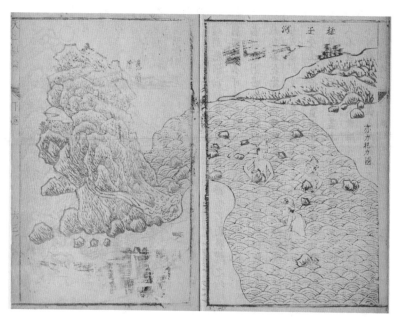

图 2 《天工开物》中的捞玉图

凡玉由彼地缠头回或溯河舟，或驾橐舵，经庄浪，入嘉峪至于甘州，与肃州中国贩玉者，至此互市而得之，东入中华，卸萃燕京（明时代事）玉工辨璞高下定价而后琢之。（良工虽集京师，工巧则推苏郡。）

清代是向新疆大规模取玉的时代，因此对于采玉事也特别详悉。特别是采大件玉材，徐松之《西域水道记》曾有记载。说玉山名密尔岱山[1]：

山峻三十许里，四时积雪。谷深六十余里。山三成：下成者麓，上成者巅，皆石也。中一成则琼瑶幽之，弥望无际，故曰玉山，采者乘牦牛至其巇凿之，坠而后取，往往重千万斤……玉色黝而质坚，声清越以长。

又《西域闻见录》也说到这种大件山材采取法：

去叶尔羌二百三十里，有山曰米尔台搭班，遍山皆玉，五色不同。然石夹玉，玉夹石，欲求纯玉无瑕，大至千万斤者，则在绝高峻峰之上，人不能到。土产牦牛，惯于登陟。回子携具乘牛，攀援锤凿，任其自落而取焉。俗谓之礤子石，又曰山石。

清代嘉庆四年叶尔羌办事疏奏，曾提及和阗计五处可以采玉，其中惟玉陇哈什河产玉最良。其余四处名：哈喇哈什、桑谷树、雅

---

1 位于新疆喀什地区叶城县棋盘乡，是古代开采时间最早、开采规模最大的玉矿山，以屡产数千斤、上万斤重的巨型玉石而闻名于世。

哈朗、归山。当时即已停工（乾隆时大致都曾采过玉）。至于捞玉法，《西域闻见录》记得较详细，可以补充《天工开物》不曾提到处，或者这是当时公家采玉制度。

　　其地有河，产玉石子，大者如盘、如斗，小者如拳、如栗。有重三四百斤者，各色不同。如雪之白，翠之青，蜡之黄，丹之赤，墨之黑者，皆上品（用古玉符语）。一种羊脂朱斑，一种碧如波斯菜；而全片透湿者，尤难得（用明人语）。

　　河底大小石错落平铺，玉子杂生其间。采之之法，达岸官一员守之，近河岸营官，行截河，并肩赤脚踏石而步，遇有玉子，回子即脚踏，一员守之。派熟练回或三十人行，或二十人，一知之，鞠躬拾起，岸上兵击锣一棒，官即过朱一点。回民出水，按点索其石子。

这可见一般捞玉还是采于河中。

又《西域图志》四十三称：

　　准噶尔部玉名哈司，色多青碧，不如和阗远甚。回部玉名哈什，产和阗南山者最良。河出山中为玉河。有绀、黄、青、碧、玄、白数色。小者如拳，大者如枕。因名其河为哈什库勒。

姚元之《竹叶亭杂记》卷三也说：

　　和阗产玉之地有五：曰
玉陇哈什

哈喇哈什

桑谷树雅

哈琅圭

塔克

其水皆出南山，东西夹和阗城而下。和阗古于阗，《汉书》所谓"于阗在南山下，其河北流"是也。西曰哈喇哈什河，哈什译言玉，哈喇译言黑，故玉色黯。东曰玉陇哈什河。玉陇译言视察之辞，其玉尤佳。其叶尔羌之玉，则采于泽普勒善河。采恒以秋分后为期。

清陈性《玉纪》稍有补充：

玉多产西方，惟西北隅之和阗叶尔羌（古莎车国，今回疆）所出为最。其玉体如凝脂，精光内蕴，质厚温润，脉理坚密，声音洪亮。产水底者名子儿玉；产山上者名宝盖玉，次之。

据《西域闻见录》著者说，水中玉重到三四百斤的已极难得。但明、清以来大件玉实多，且就故宫所藏乾隆时代玉器看来，如菜绿玉和白玉器物，大多是从大件玉材切割下来琢成的，明、清二代玉工艺也因之受了影响。清初谷应泰提及山材以为近出，可见不太久：

西域近出大块劈片玉，谓之山材，从山中槌击取用。色白质干，内多绺裂。此类不若水材为宝。

《西域闻见录》以为有大至千斤、万斤者，必于绝高峻峰之上凿取。《西域水道记》卷一说：

> 嘉庆四年有采进密尔岱山玉三：首者青，重万斤。次者葱白，重八千斤。小者白，重三千斤。辇至哈喇沙尔，以其劳人，罢之。

故宫有大玉如山，刻大禹治水图（图3），高及一丈。团城有玉高七尺，比故宫玉材尤大，相传是元时玉工琢成。这种大玉可见

图3　清乾隆 大禹治水图玉山
故宫博物院藏

输入中国还不是明代起始。当时封建主不惜浪费人民劳力，运这种无实用之物到宫中来，它的运输方法，清人黎谦亭《素轩诗集》中的《瓮玉行》诗及序曾提及一点点：

于阗贡大三，大者重二万三千余斤，小者亦数千斤，役人畜挽拽以千计。至哈密有期矣，嘉庆四年奉诏免贡。

于阗飞檄至京都，大车小车大小图。轴长三丈五尺呎，堑山导水淹泥涂。大乃百马力，次乃百十逾。就中瓮玉大第一，千蹄万引行踌躇。日行五里七八里，四轮生角千人扶。

至于故宫青玉，可能有部分是准噶尔出的哈司，如《西域图志》所说的。也可能是于阗山材。

就前代文献和近人记述，我们可以知道如下几件事：玉的来源实远在新疆，实如何通过了劳动人民的手足血汗，才能由昆仑上的高峰峻岭上或深水中采取，运入玉门关，集中在古代的长安和近古的北京。产玉根源在昆仑山，一般多从两条河中取来，有时也从山中凿取。从水中取出有黄色石络的玉子，名玉璞；从山中凿来的，名山材。到十九世末，河中玉或已不甚多，照斯坦因说的，采玉已更改方法，方从河滩砂土中挖取。可知如不是河中已少玉，就是原产玉河道已有变化，或水量减少，污泥增多。玉以和阗叶尔羌河——玉陇哈什河品质较好。这河在历史上即以出白玉著名。

又古称黄玉如蒸栗，明人称珅黄玉最贵重，和阗玉似少黄色。《石雅》引一八八一年俄国地质学者报告，甘肃、青海南山之间，曾发现过浅绿、乳白、琉黄色的软玉。中国是否在这些区域采过玉，不得而知。（明代曾因需用黄玉，从和阗得不到，求于阿丹。阿丹是否即俄人所说南山部落？未能悉。）

又商周剑饰上已用过翡翠绿硬玉。一般言来这种硬绿玉多出于中国腾越和缅甸密支那的接界地方，也是从土中挖出玉璞，运到云南大理和昆明处理的。"翡翠"本古代鸟名，"翡"指红色鸟，"翠"指绿色鸟（俗名打鱼郎），后来通用到这种捕鱼小鸟。因羽毛翠蓝闪光，多用作妇女首饰。明、清二代用处特别多。玉中翡翠多指绿色硬玉，普通约有四种：一种色翠绿，性稍干，如孔雀绿石颜色的；一种透亮碧绿的（名玻璃翠）；一种绿白相混的；一种白中泛微红的。大规模用到首饰上，似从明、清二代起，尤其是清代封建妇女，两手和头上，用到十件二十件大小玉器，是极常见的。男子则佩服用羊脂玉的似较多，玩古汉玉也重羊脂玉，属新疆产软玉。清代封建官僚用翎管，贵重的多用翡翠。

玉的应用 [1]

　　玉的应用，是从石器应用挑选而来，所以一面保留石器的实用的种种，一面也就因为难得，很早即转到象征方面去。如圭（图1），就是由石斧变化的；璋（图2），是由石刀变化的；璧，是由圆石斧变的。照现代地面知识，河南安阳殷墟，即发现过铜、玉工作地，已分开。又商代玉雕琢已和牙骨铜器媲美，所以最低可以说，至少在三千二百年前，这个部门的雕刻美术生产品，已经用到分工的方式，为奴隶主大量生产。

　　玉的应用照中国文献记载，应当是从黄帝起始。提到这个问题，多引《越绝书·宝剑篇》，说轩辕神农以石为兵，黄帝以玉为兵。《越绝书》出世晚，对于中国史说明不可靠。但是这种传说和近代推论却相合。《中国通史简编》即用这个意见，认为黄帝是一个西方民族，用玉作兵器侵入黄河流域。大致商代，奴隶主对于玉的应用已极广泛，所以《逸周书·克殷篇》，说武王伐纣，纣自焚于鹿台，简直是用玉包裹一身。

　　玉的质度既坚硬，所以玉的雕刻术的发达，必和铜的应用有关。那就是说，玉的加工，大致是在商代。比较古的玉，必和石器差不多，只钻孔、磨光、刻镂少。

　　现在对于古玉的时代判断，比如玉斧类，一般方式即从花纹决

1　本文写于20世纪50年代前期，为"中国玉工艺"讲稿之一。

图 1　新石器时代晚期　玉圭
美国弗利尔美术馆藏

图 2　新石器时代晚期　玉璋
美国弗利尔美术馆藏

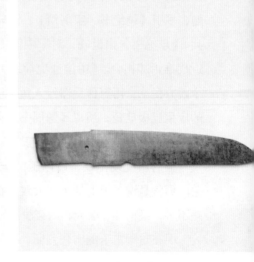

图 3　良渚文化　玉钺（yuè）
美国芝加哥美术馆藏

图 4　夏　玉戈
美国弗利尔美术馆藏

定时代。作斧铲式，无花纹，打孔眼一面大、一面小，或两面大、中间小，孔圆而精，是古玉。大小一律是后作。这是一种判断。必须看玉材，作为补充知识。

玉材知识必从比较经验得来，图录不甚可靠。

到商代，玉纹饰多了些，有极精细的，如罗振玉藏的大玉刀，上面刻字多而精。但大多数重器，刻镂还少。可以作两种解释，如圭、璋多朴素，所谓大器不琢，作为天子权威象征，不必有过多花纹。玉器过于坚硬，难刻花纹。

在应用上，照周代人记载，是那么处理，把它和奴隶社会制度作紧密结合。《周礼·考工记》"玉人"条说：

镇圭，天子守之；信圭，侯守之；躬圭，伯守之。

这就是这些变相的石刀，是归奴隶封建主掌握的且居多用来镇压奴隶的。

璋，是天子巡狩时候祭山川的东西。巡狩是打猎，也是打仗。玉戚、玉钺（图3）都是斧类，武王伐纣砍这个奴隶主和当时宠姬妲己的头，就用的是玄钺、素钺，即是黑玉斧和白玉斧式武器。

圆形石斧到玉器上发展为三种，即璧、环、瑗（yuàn）。

这是日本人滨田耕作的说法，或不尽可靠。因为中国细石器中发现的环状石器，即战国时的环或瑗，和石斧条件不合，倒像是古代货币代用品。璧、环等的说明多根据《尔雅正义》。它的区别是：孔小边大，名叫璧；孔大边小，名叫瑗；孔和边相等，名叫环。[1]

---

1 先秦两汉时，圆形玉器的器名纷杂。有学者主张将剖面呈长方形者统称为"璧"，比例上孔大者称为"大孔璧"，剖面近圆形者称为"环"。

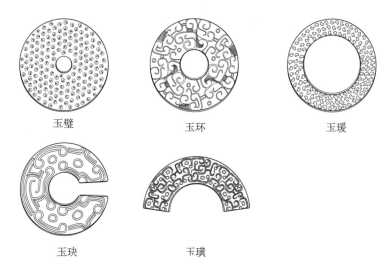

图5 玉璧、玉环、玉瑗、玉玦、玉璜的示意图

璧到后来是重要东西，礼天、祭河、聘问都用它，象征最重礼物。璧由礼器又转为佩饰，比较小，就名叫系璧，意思是悬挂佩的。这个制度从周代起始。上刻半浮雕子母夔（kuí）[1]，大致是汉代才用到。普通常见三五种，多汉式。

朝鲜汉代古坟的发现，又让我们知道大璧用到殉葬，是放在胸前。比较后一些时代用的青铜镜，也放在胸前，可能就是这个方式的遗留转变。

系璧中一种佩饰玉，有个缺口的叫玦（图9）。《广韵》说："佩如环而有缺，逐臣待命于境，赐环则返，赐玦则绝。"

其他史传上也常有提到，著名的如《史记》记项羽和刘邦鸿门宴时，项羽伏下甲士想害刘邦，范增累举玦给项羽看，表示要下决心，羽不忍，因此刘得借故逃脱。"环"则有"还"意思，也

---

1 夔，中国神话传说中的一条腿的怪物，形象多为无角、一足、口张开、尾上卷，在钟鼎彝器等青铜器上经常会饰有夔纹。

图6 龙山-齐家文化 玉璧
台北"故宫博物院"藏

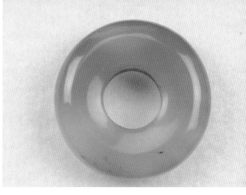

图7 玉环
美国弗利尔美术馆藏

图8 大汶口文化中晚期 玉瑗
台北"故宫博物院"藏

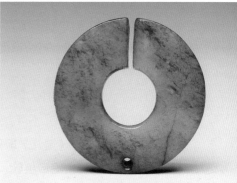

图9 良渚文化早期 玉玦
台北"故宫博物院"藏

图10 新石器时代晚期 玉璜
美国弗利尔美术馆藏

图11 战国 玉珩（héng）
台北"故宫博物院"藏

用到封建君臣、男女关系象征上。后来一般用到衣衻上，直到唐、宋和尚还用。

瑗和环用处同，荀子说"召人以瑗"[1]，象征还。

又射箭时右手拇指扮弓弦用的和搬指相差不多的玉，也叫做玦，有玉和骨牙做的，吴大澂以为不是一物。这个或者名叫做鞢。

半璧名叫璜（图10）。《周礼》称大宗伯以玄璜礼北方，即祀地用的玉器。后来成为佩玉，由朴素到浮雕、透雕花纹，还有半圆雕双兽头的，是胸前装饰。

又有叫做珩（图11）的，式样相差不多。以为起源是模仿兽牙做成的。是蠹挂的。古诗常提起，大约是周代封建主和士大夫普通装饰。

古代祭天祭地是一件大事。因为社会生产力主要是农耕和蚕桑。地下生产又非靠雨露阳光不可。祭天用璧，祭地则用琮（图12）；琮是方柱形中空的玉。《周礼》即提起黄琮礼地之说。注为八方所宗，像地德。用祭地。由王后主管。诸侯献天子也用它。有好几种，常见的是分段形、刻纹和素的。内圆外方。有象征，解说不大清楚。有的说和井田制有关系。有说是从商周之际祭家庭的中溜来的（影响到瓷器，广窑的琮瓶即模仿而成）。也用殉葬。和璋、璧、圭、琥（图13）同。按照《周礼正义》说，是圭在左，璋在右，琥在足，璧在背，琮在腹。不大可信。和琮一样极短的，俗称车釭头，一般以为是封建主车轴的镶嵌装饰。似可疑。因从实物证明，有些极小，不适用。有些白玉质过精，不像车饰。可能用到人身上。

和琮同样不易理解的是璇玑（图14）。如一个齿轮，照例有三圭角，不雕花纹。因《尚书》有"璇玑玉衡，以齐七政"，后人解释作天文用仪器。也即是汉代浑天仪。是看星宿用的。用法已

1　古时凡天子召见诸侯，诸侯召见卿大夫，使者会持瑗作为凭证。

图 12　龙山 - 齐家文化　玉琮
台北"故宫博物院"藏

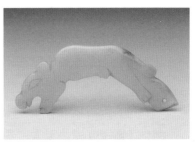

图 13　新石器时代　玉琥
台北"故宫博物院"藏

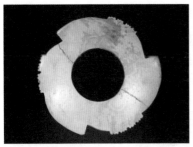

图 14　龙山文化　璇玑
滕州博物馆藏

图 15　清　玉磬
美国大都会艺术博物馆藏

不明白。也可能是石斧衍变下来的。这种玉多素朴不琢，时代旧。

磬（图 15）本来是石质乐器，重在发音。商代发现过玉磬。是玉制乐器较古的。古乐器八音中之一种。

有名瑅（qí）的，如大钮扣，古代皮帽上用装饰。

有玉笄（jī）（图 16），插头上的，后变作簪。直到唐代贯发还用得着。明、清二代道士贯发也还用它，即圆柱簪。

珥、瑱，或以为是耳环，或以为葬时放耳朵内，说的不

图 16　石家河文化晚期　玉笄
台北"故宫博物院"藏

一。后代耳环从这个产生。罗振玉以为是挂在耳朵上。

封建时代用玉，一切有象征，这个也有象征，封建主不乱听杂声。正如冠冕上下垂的珠和勾玉，挂在眼前，防止乱看。

有刚卯（图17），是四方或六方小玉柱，上刻符咒，是王莽时方士造作的，说可以辟兵，也就是后来符牌意思。

翁仲（图18）是小玉人，多刻作老头子形，刻法简单，多汉或以前物。大都有孔可穿，可能是仿秦始皇时南海出的长人，孩子们佩戴易于长大，如后时符牌厌胜物。

瑑（图19），玉坠式佩玉，有圆雕，形短，多琮式。有琚，是玉佩间的东西，说明不大详。有觿（xī），仿兽牙作成，即解结的椎。《礼》称"童子佩觿"[1]，是小孩子用的。

图17　汉　　　　　　图18　东汉　　　　　　图19　春秋
青玉刚卯严卯　　　　翁仲人形玉　　　　　　　玉勒
天津博物馆藏　　　　上海博物馆藏　　　台北"故宫博物院"藏

1　该说法出自《诗经·卫风·芃兰》，此处疑为作者误记。

玉既从石器发展下来，独立成一个系列。商、周两代用玉的多，一面可见出西方交通和商业交换制度，这也是一个主要东西。就文献所载和杂史材料，中国送出去的是丝绸或粮食（晚些日子才有茶叶），拿回来最有用的是马，最无用的就是玉。玉虽由应用石器转成象征东西，在璧、璜、圭、璋形态上还可看出。玉的加工精制，必是用铜器来处理材料时，到这时玉自然已完全脱离了应用，成为装饰。这个从铜器上也可看出变化。商代兵器玉钺、玉戈，还兼用铜、玉在一器上。刃用玉，用铜镶嵌。又有以铜为主的兵器，镶一点玉。再后是剑鞘、靶、托的玉的装饰，也即是古书上常提到宝剑值千金的玉具剑。剑不一定值钱，价值大半在玉装饰雕工上。由战国到三国，成为一种风气。这从现存的遗物可知。

剑鞘中段名叫璏（zhì）、璲（大多刻作云兽对称花纹，也有浮刻蟠夔的。时间晚些）。剑托名叫琫（běng）。又或作璏。剑柄部分叫琫。剑鞘下端叫珌。

汉代又讲究带钩（图25），所谓视钩而异，意思是人人不同，很发展了小件浮刻圆雕设计。洛阳金村遗宝中有镶玉的。又另外有全玉的。《石玉概说》作者以为因胡服马上应用，带钩因此不用玉用铜，是一种推测，不甚可信。因用

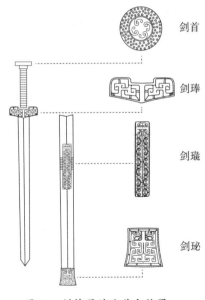

剑首

剑琫

剑璏

剑珌

图20　剑饰器的名称和位置

铜，中国兵车战也会自用，春秋时即有了，不必学来的。带钩虽

图 21　战国　玉剑首
台北"故宫博物院"藏

图 22　战国　玉剑璏
台北"故宫博物院"藏

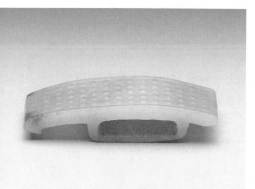

图 23　战国　玉剑璲
台北"故宫博物院"藏

图 24　南宋　玉剑珌
台北"故宫博物院"藏

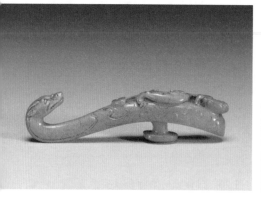

图 25　西汉中晚期　玉带钩
台北"故宫博物院"藏

图 26　西汉中期至东汉　玉鸠
台北"故宫博物院"藏

已少用玉，玉带制度[1]却一直到唐宋明，十分贵重。这时玉多是方片镶嵌，有的十二片成一围。清代复改制，一种是复古，盘龙盘螭（chī）[2]；一种是刻龙。刻龙镶到金或鎏金的，制度容易认识。比较简略具体的区别，即明以前多圆刻，纹较简，清代多刻龙云，细密繁复，工虽多，并不美。

汉代既特别重玉饰，佩玉刻龙凤云是主体，式样特别多。另外还有玉鸠（图26），是手杖头上用的，封建主尊敬老年，用这个作赏赐。因相传鸠不噎食，老年健康意。玩玉的也因此保存鸠杖头比较常见。

还有玉刻女人像，玉刻禽兽二十四肖，大多是一般佩件。为玩玉的所重视。又有方柱玉串，俗称十八了，十八枚形式不同，有人形、鸟形，和其他状式，多汉代或以前出土。（图28—30）

玉既贵重难得，所以封建奴隶主和公侯士大夫统治阶级，直到死后还把它殉葬。纣王用玉裹身而死，只知道名"天智玉"的，火焚不毁。周、汉两代殉葬玉，一部分是日用的，一部分是特别的。特别为死人用的有二种极重要：有玉豚（图31），有的说握手用，有的说塞肛门用。象征意义已不明白。

有琀，刻成蝉形（图32），放口内，象征如蝉蜕化而升天，或根据方士黄帝成仙说而来。刻法都极简古，如翁仲，是刻玉法最简的，只用八刀。从何而来已不明白。

汉代王公大臣死，赏赐葬物有玉衣（图33—35），多用小片玉、金银丝穿成如甲状，汉墓中发现过。

---

1 玉带指用玉装饰的皮革制的腰带。玉带制度是唐、宋时期舆服制度的重要组成部分，是等级、地位的象征，皇帝常常用玉带颁赐卓有功勋的大臣。臣之间亦以玉带相赠。

2 螭，中国上古传说中的一种没有角的龙。盘螭即两两盘卷的螭。

图 27　西周　玉龙凤纹饰件
台北"故宫博物院"藏

图 28　春秋晚期　玉龙佩
台北"故宫博物院"藏

图 29　战国　玉兽佩
台北"故宫博物院"藏

图 30　西汉　玉舞人佩
台北"故宫博物院"藏

图 31　汉　玉豚
台北"故宫博物院"藏

图 32　战国　玉蝉
台北"故宫博物院"藏

图 33　西汉　金镂玉衣
河北博物院藏

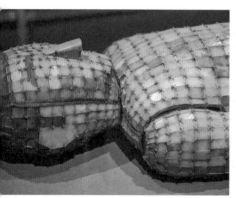

图 34　金镂玉衣头部

图 35　金镂玉衣手部

　　玉鼎类容器，和铜器相同，多战国时和汉代器物。到后来只有香炉还保存。

　　玉碗玉杯，记载多，实物不多。玉杯多刻云夔纹，作筒形。饮器多用玉，斝、爵、角、觚、斗、觯。玉斗是方杯，双耳。觯作兽形，大器。爵如鹤，高足。

　　洛阳金村遗宝里面，玉觯特别好。也有素的。形制和周、汉漆陶觯式相同，长圆双翅，本来是象征鸟翅，后来通称双耳。所以到汉时叫耳杯。是漆器上写的。晋代王羲之著名的墨迹《兰亭序》"曲水流觯"，就是把这种有耳朵的船式喝酒器皿（大体还是用漆的）浮到水里，大家坐在溪边喝酒事。这故事据记称是周公经营洛邑发明的方法。到现在为止，我们还不曾发现这个时代的漆觞。玉觞多战国时制，到现在为止，应数金村所发现玉觞足代表当时最高成就。

还有一种东西和历史关系极大，即封建主用的即位玉玺。所谓传国宝。最著名的玉玺是相传秦始皇时李斯写字"受命于天，天禄永昌"八字玺。作皇帝得不到它，就不能骗人。从此二千年封建，封建头子的印信总是用玉刻的。

图 36　西汉早中期　玉杯　　　　　　图 37　明　小玉觚
　台北"故宫博物院"藏　　　　　　　台北"故宫博物院"藏

战国到汉代普通官人也用小玉印（图 38），战国多平坛式、桥式，汉多有浮刻点龟兽纽头。字体易区别。制作上也易区别，战国制精美过于汉代。

还有一种玉镜，战国和汉代，和铜镜式同。到后代似只在武装的甲上作装饰。汉代有琉璃镜，即人造玉镜，可以说是后代玻璃镜的祖先。此外玉珠串簪环约指，直到现代还用。其中珠串用的最久，因从石器时代最初用起，到现代，女人永远少不了；和人发生关系，且恰恰是从锁链而来。到现代，应当和《共产党宣言》所说，无产阶级革命是去掉锁链，女人也应当把这个放弃了。

图 38　汉　玉印
台北"故宫博物院"藏

图 39　南宋　鹿纽玉印
台北"故宫博物院"藏

　　玉乐器的箫管，大多是唐代东西。记载上称盗发敦煌太守张骏墓，得玉箫管，等等。就文献说来，温峤用玉镜台一枚作聘礼，已是稀礼。晋代□豪门士恺、石崇斗富，比赛珊瑚大小，一用丝步嶂，一用锦嶂，提玉器不多。《水经注》提昆仑山下西王母神祠用玉做成，都说明晋人已对于这部门工艺不常用，成为传说。所以外国贡玉佛，到东昏侯[1]时且被改作钗环，如玉多，哪用得着玉佛？所以晋六朝玉我们对它极少知识。如为唐代玉，比较容易辨识，即花纹。除仿古，花纹和唐代其他工艺美术必有相联系处。唐代已重玉带，多用玉片镶嵌而成。

1　即萧宝卷（483—501），南朝齐的第六位皇帝。

玉的处理 [1]

他山之石，可以攻错。

他山之石，可以攻玉。

碾磋治玉。

玉的硬度既相当高，处理方法也必然相当费事。尤其是在古代，工具极简单，想在这种生产品上刻镂花纹或作各种不同方法的圆雕、浮雕、半浮雕、透雕、线刻、碾，不是一件简单事情。古称攻玉、碾玉、琢玉，照《考工记·玉人》分部，说来是分门各有专司的。并且另有玉师，即相玉专家，明白玉好坏，如何剖割。用的方法，和其他工艺大不相同。古有《相鹤经》《相贝经》，玉书或即为相玉而作。古史记载刻玉必用"昆吾刀"，一说即金刚石。但从现在说来，金刚石刻玉是不合用的。因为颗粒状金刚石，无从完成处理玉的任务。汉末曹操的儿子曹丕，著有一部大书名《典论》，内中有不相信切玉刀和火浣布两件事。到他儿子明帝时，西域忽然献切玉刀和火浣布，曹丕著的《典论》，因此不传。这种切玉刀不知究竟是何物。西汉是个玉工艺全盛时代，对于玉如何处理，技术当然十分熟习。但到汉末，照历史说的，因战争打了许久，封建制度中的玉佩制度大家已不明

1　本文写于20世纪50年代前期，为"中国玉工艺"讲稿之一。

白；还亏当时文人王粲一说，才能恢复玉佩制度。那时玉的时代已成故事，所以花花公子曹丕，平时以博学喜弄见称，也就不知玉是如何刻琢的了。（《十洲记》等称切玉如泥之刀，都证明这书比较晚出；因如果是西汉时用玉极多时候，即不会把切玉刀特别提出。）

晋代人有煮白石法，属于神仙家言，和服玉有关，和刻玉实无关。

明代人笔记，才又说用癩虾蟆的油[1]涂到玉上，即可把玉变软，用刀刻方便。惟从古代玉作所发现残玉看来，古代治玉方法，大致还是和现代相差不会太多。最先应当是打孔法；其次即琢磨法，主要工具还是用脚踏盘车，也就是原始牛床盘车方法解决的。

最先工具必然是用石磨石，较后才用铜圆刃，汉以后或者才是铁器。明代人说用镔铁刀，来自西番。不论用的是什么工具，处理这个器材时，总离不了另外一种东西，即解玉砂。

第一步用无齿铁锯割玉时，就得用它。随后切片、打眼、雕花、磨光，无不靠解玉砂。这种砂有的放到油里，有的放到水里。近人章鸿钊著《石雅》（上编一二八页），说及解玉砂的出处，相当详细：

解玉砂都市常用的约有两种：

一红砂，颜色赤褐，出直隶邢台县。即石榴子石，玉人常用治玉。

1　一说蟾酥，即蟾蜍耳后腺及表皮腺体的分泌物，白色乳状液体或浅黄色浆液，有毒。

二紫砂，又称紫口砂，颜色暗青，出直隶灵寿县和平山县。即刚玉（李学清有平山县刚玉调查文）。

治玉工人刻翡翠和宝石，都少不了它。通名解玉砂，用处不大相同，因翡翠和宝石硬度不同。用等级分别，金刚石硬度为第十，刚玉为第九，翡翠为第七，宝石或较高。石榴子石也是第七。玉是六度半。所以石榴子石和刚玉作成细末都能治玉。

古代如《考工记》所说玉人治玉，方法和器材和现代既差不多，至于解玉砂从何处来，可不明白。关于玉器，唐人诗文中极多形容，最著名的故事是《霍小玉传》，因为是霍王小女，因穷出卖紫玉钗，说是土府玉工琢的。惟晚唐诗人李商隐诗有"玉集胡沙割"句，得知玉出于阗，解玉砂也从外来。到宋代，邢台已出解玉砂。《宋史·地理志》即说信德府土贡解玉砂。又《元丰九域志》也说：邢州土贡解玉砂一百斤。又见《太平寰宇记》，作者乐史，宋初人，可知唐以来即用邢州解玉砂。邢州本来是春秋时邢国，隋置州，宋曰信德府，即今邢台县。也即是唐代中国北方著名白瓷生产地的邢州。周密《齐东野语》说：玉人攻玉，必以邢河之沙，其镂镂之具，必用金刚钻。

杜佑《通典》说唐代设冶署，有令、丞各一人，专掌琉璃玉作等事。说冶署，可知当时用琉璃、璎珞之多。《唐书·地理志》说，邢台土贡文石，或者宋代说的解玉砂，唐时名叫文石。或者这种文石只是作烧料用的。

解玉砂又出忻州。《宋史·地理志》：忻州贡解玉砂。《元丰九域志》则说：忻州贡解玉砂五十斤。

《金史》称大同府出碾玉砂；《元史·百官志》还说设采砂所，用一百零六户工，每年采夏水沙二百石备用。采砂到二百石，也可见元代治玉需要之多。（元代玉作特点我们不易举例，佩饰似乎只有从元画中或可得到一些比较可以参考的知识。玉带似尚承唐制。且余无实物可证元代玉特点。惟明承元后，如用明代玉，比如说用《天水冰山录》所载玉器名目，大致可以看出一点东西。因这部门工艺传统作风容易保存。但这也只是一种推想。）

明末宋应星，著了一部工艺书名《天工开物》，提到解玉砂，说出顺天玉田和真定邢台二处。并提及砂的来源，非出河中。是随泉流出，精粹如面，藉以攻玉，永无耗折。章鸿钊就北京玉作调查，说玉田砂属石英，北方玉工已不用。惟清初苏州工似尚用到。现代治玉用白砂，出涞水县，章氏以为不是刚玉即是水晶。

波西尔[1]五十年前就北京廊坊头条土作坊实地调查时，也就提到解玉砂，且说及用法。

用时先用槌把它击成粉末，再放在臼内磨碎，更用密筛滤过，然后和水备用。北平用的解玉砂有四种：一为黄砂，石英所制成；二为红砂，石榴石所制成，供圆锯剖玉时用；三为黑砂，为金刚砂的一种，旋盘琢玉时用；四称珍珠砂，为云南、西藏所产的红宝石制成，最后磨玉打光用。

又提起用的方法时说：

锯玉法，把砂浆蘸在锯痕上。锯无齿。两人对拉。（日本人割玉法则用一盆，上横一板，搁玉板上，板两头有一木架，锯搁架上，工作者一面拉锯，一面从盆中卤水中解玉砂浇到锯和玉石间，反复拖拉，玉即慢慢切开，见《考古讲座·玉工篇》。）

1　波西尔（Stephen Wootton Bushell，1844—1908），汉名卜士礼，英国医生、汉学家。居住北京长达三十余年，其间撰写了许多关于中国艺术、钱币学、地理、历史等方面的论文，并搜寻了大量中国文物。著有《中国美术》《中国瓷器》《中国陶瓷图说》等。

图 1　捣沙和研浆　　　　　图 2　锯玉
（李澄渊《玉作图说》）　　（李澄渊《玉作图说》）

　　割玉法，用附有利刃的圆铁锯装于辘轳的轴端，玉面蘸了沙浆后放在下面。（转动车盘）玉就可以照所需要的形状切割下来（见《天工开物》）。

　　钻孔法，中国人用的是一个圆铁管，旁有裂口两三个，可以装入金刚砂，以供最后的琢磨。

　　磨光法，另精细的木片或葫芦皮、牛皮蘸珍珠砂的薄浆摩擦之（见《中国美术》）。

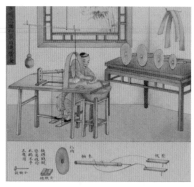

图 4　钻孔　　　　　　　图 3　割玉
（李澄渊《玉作图说》）　　（李澄渊《玉作图说》）

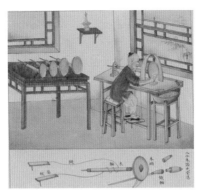

图 5　磨光
（李澄渊《玉作图说》）

日本人滨田耕作《古玉概说》，提起在北京廊坊二条玉作坊所见，大约相同。并说参照各国古代石制器及现代野蛮人的制玉石施工法，可知古代玉的加工情形，必相差不多。意思就是说这个方法可能还是古代传下来的。但有关战国和汉代雕玉法，似不用这种方式处理的。

闻北京老玉作铁先生说，解玉砂多用外国货，说的不甚明白。北京玉工多回人，是否明代保留下来，还是乾隆时从新疆迁移来的玉工，也不得而知。

明人说玉作多称苏、杭、京三地，又说云南大理、昆明有玉工，这个时代这些地方用的玉砂来源自然不尽相同。照推想，云南可能是另有玉砂可用的。

现代治玉可以分作三处，即除北京外，还有广东、苏州。广东玉工特别长于治翡翠绿玉，用的砂是北方的还是外国货，也不得而知。云南接近缅甸，入中国玉过去由腾冲人贩卖，带至昆明雕琢；近代已衰落，比较名贵材料多运广东处理。玉工艺在云南已完全衰落。

至于造假古玉，据《古玉辨》作者说，应数长安、洛阳、苏杭二州，山东掖县、潍县及北京。因玩玉的士大夫已日少，出土古玉日多，从考古学作玉器研究的多重本来出土古玉，重品质、琢工和形态，不再重色彩。因此这几个地方的假古董工艺，恐必然也要受淘汰，无法存在（自然也得用解玉砂，原料从何处来，不能明白）。至于北京玉作，对象多是国外交易，新的仿作大多用乾隆时代作标准，保留的技术也是清代工艺传统，能雕大件，透空雕有些长处，至于小件从设计上见巧见精，已不如古人。能繁复不能简单。正和乾隆时代别的工艺一样，过于繁复琐碎，因此也堕落了玉工艺。

但有一点应当明白，而且是较重要的一点，即大件玉既然可以因当时封建主势力得到，玉的技术处理，也有了一种发展，即不受材料限制，得到完全的自由。这从故宫所藏菜绿玉和白玉仿古铜大器可以见出。又装饰玉用途范围也广大，且得高价。男人用翎管和搬指（图6、图7）、鼻烟壶，便帽冠玉，及仿古佩玉，是常见的。女人则钗、簪（图8、图9）、环、镯、戒指、挖耳、帽勒上玉花玉蝶；一封建官僚妇女，小件玉可能用到十多件。这个风气一直到晚清。由于旧社会需要，玉工细作，也竞奇争巧。小片玉材作细雕，比前代为发达，不可不知。

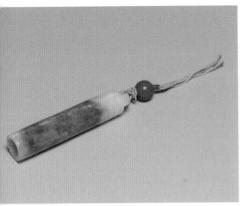

图 6　清　玉翎管
台北"故宫博物院"藏

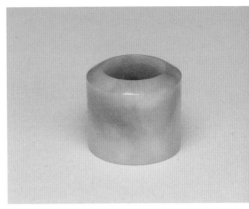

图 7　清　翠玉搬指
台北"故宫博物院"藏

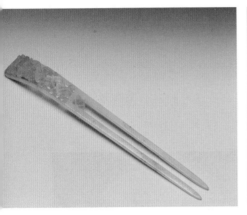

图 8　清乾隆　玉钗
台北"故宫博物院"藏

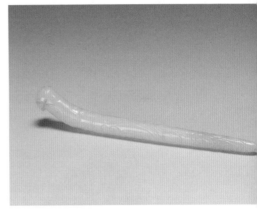

图 9　清　玉簪
台北"故宫博物院"藏

玉的价值判断色泽问题 [1]

王逸《正部》论：

> 或问"玉符"。曰："赤如鸡冠，黄如蒸栗，白如猪肪，黑如淳漆，玉之符也。"

《魏略》称：

> 窃见玉书，称美玉白如截肪，黑譬纯漆，赤似鸡冠，黄似蒸栗。

图 1 红玉

图 2 黄玉玦

---

1 本文写于 20 世纪 50 年代前期，为"中国玉工艺"讲稿之一。

这种红玉古名琼，黑玉名玒，名瑌。《诗经》上即尝提及。黄色有的说如蒸栗，后名玬黄。白的即羊脂玉。这种白色名瑳。玉的价值和色泽有关，时代各有不同。到明代高濂著《遵生八笺》，以为：玉以甘黄为上，羊脂色次之；黄为中色，白为偏色。

又说今人贱黄而贵白，以少见也。所说多本于《格古要论》。以黄玉为重，可能起于唐代，因唐、宋封建帝王多尚黄，牡丹也以黄为贵，是封建主色。白色则自古以来即重视，说美玉无瑕，多指羊脂玉或白玉而言。

明末宋应星著《天工开物》，则以为白、绿两种玉是真玉，其余红、黄应归入奇石琅玕一类。

明张应文《清秘藏》，又以为红色最贵。

大体说来，玉的价值从四方面决定：一、纯洁光润，从品质定；二、色彩，因时代习惯而定；三、奇色，以稀少为贵；四、刻工，设计奇巧精美为贵。惟自明代起始，玩玉的风气一起，到清代直到民国，小件佩玉价值忽然增高，每件到千百两银子。玉色的价值，又以殉葬玉受色沁、出土经由人工盘摩现出的颜色决定。纯黑

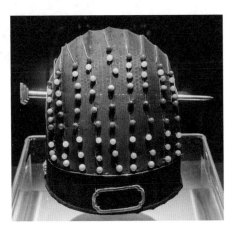

图 3　皮弁上的五色珠玉
湖南博物院藏

名水银浸，和玖玉的本色已大不相同。所谓五色玉，即一玉五色，价值特别高。完全是好古争奇结果。

如从汉代木简记载看来，说琅玕，说玫瑰，似所送的大都已琢成器，不是玉璞。也可能指明色泽，也可能只是文雅一点称呼。

又妇女用首饰，头上帽勒、耳环，手镯，戒指，翡翠绿玉的小小件头，动不动千百银子，而且直到现在，还是一种高价装饰品。市场大致以华南华侨及外国比较多。翡翠来源是缅甸腊戍边上，因此云南大理和昆明也保留治玉工艺，近几十年已大衰落，较重大器物多运香港、广州处理矣。

翡翠有结晶如晶片闪光的。绿而透明的名玻璃翠，极贵。也有白色和浅红的。

翡翠本鸟名，翡色即赤红色。但一般翡翠玉，多指绿色硬玉而言。绿玉也有极不值钱的，即菜绿玉。和所谓碧玉又有区别。

图 4　清　翠绿色玉碗　　　　　图 5　明晚期　深绿色玉碗
美国大都会艺术博物馆藏　　　　美国大都会艺术博物馆藏

明代以前菜绿玉琢器似不多，重要器多碧玉、白玉二色。

清代玉大多从新疆和阗来，器物用菜绿玉的较多。故宫所藏可见，似乎多从大片山材玉而来。这多指本色玉言。汉王逸称古玉，所说四种美玉，和《诗经》上常用到的对于美玉的形容，可知赵国的和氏璧、楚国的白珩等不离乎四种色泽。战国时和氏璧价值十五城，《战国策》上形容美玉且以为有一看也值十城的。说的虽嫌夸张，惟玉价之贵，也可想见。

桓谭是西汉末时人，《新论》即说，见一玉检，有人给价至三万，还不出售，应值十余万的。十余万钱在王莽时实不是一个小数目，比当时奴隶价就高多了的。古诗常说宝剑值千金，其所以值千金，一部分或在玉的装饰上，所谓玉具剑，即在剑鞘、剑鼻、剑护手、剑柄的装饰玉上。

清代人袭明人旧习气，封建士大夫多玩玉。玉价因之特别提高，但爱重的已不在器物大件；供手中把玩的旧玉，似乎特别容易受重视。因此玉价在色泽上应分别为文字学上的和玩古董的两类。如称玉有九色：元如澄水曰瑿，蓝如靛淀曰碧，青如藓苔曰瑂，绿如翠羽曰瓐，黄如蒸栗曰玵，赤如丹砂曰琼，紫如凝血曰璊，黑如墨光曰瑎，白如割肪曰璒。白色又分

图6　不同颜色的玉器
金沙遗址博物馆藏

九等，赤白斑花曰瑛。此新玉、古玉自然之本色。

至于旧玉从玩古出发，则又分别外浸、内沁色泽，各因接触浸

染不同而作各种颜色。玩古的以为各种颜色多随地下水银沁入。受黄土沁名玵黄，受松香则名老玵黄，更好。受靛青沁色即蓝，色如青天，名玵青。受石灰沁色红，色如碧桃，名孩儿面（注称酷似碧瑺。也即和石榴子同色）。受水银沁，色黑，色如乌金名曰纯漆古。受血沁的色赤，有浓淡分别，名枣皮红。受铜沁色绿，名鹦哥绿。

此外还有朱砂红，鸡血红，棕毛紫，茄皮紫，松花绿，白果绿，秋葵黄，老酒黄，鱼肚白，糙米白，虾子青，鼻涕青，雨过天青，澄潭水苍……总名十三彩。

图7　不同颜色的玉
金沙遗址博物馆藏

另有虾蟆皮，洒珠点，翠磁文，牛毛文，唐斓斑，等等名目。

把玩玉多从受热摩挲而得。这些颜色究竟是在地下如何形成，玩古的说法可能有所根据，实不易考。上面所说各色，多从明人记载，为清代玩玉专家陈性，在清末著的书中提及。另一刘心白，补充《玉纪》，为加上鱼肚白、鸡骨白、米点白、糙米白，青有蟹壳青、竹叶青，酱瓣紫，墨有纯漆黑、陈墨黑……这种种不同颜色，多是在出土玉经过盘功盘出的。凡是古玉，红色牛毛纹是共通性。《玉纪》补作者，以为这是人的精神沁入玉之腠理，血丝如毛，铺满玉上，而玉色润泽无土斑才是真的。由玩古出发，清代特重红玉，红色名目也就分外多。计有宝石红、鸡血红、朱砂红、樱桃红、洒金红、枣皮红、膏药红，等等。大多出古董商人说出的，但积因成习，早代替了文字学上对于玉的色泽称呼，为玩古的所熟习。一般最贵重鸡骨白和水银浸。鸡骨白如象牙，玩玉的以为受地火所炙变成。多汉代以前玉。鸡骨白或者以商玉为多。特点是镂刻简，制度严。微黄又名象牙白，泛青又名鱼骨白。这种色泽的旧玉，虽加工也不能再复原。水银浸有夹土斑的，纯黑中见朱砂点，加工复原时淡黑色成深青色，朱砂点变黄色。如本来是白玉，结果见五彩。不夹土斑的纯黑如漆，在日光下照，赤如鸡冠。又有水银古，在水中映照，有银星闪闪的真。这种种都出于玩玉者的说法。这种颜色必加工而成。加工方法计两种，一藏身上俟热用布摩挲，二在水中煮。因大多出土古玉，所谓生坑玉，和土壤石块相近，已失去玉的本来，不经人工是看不出的。

近代玩玉者之一，刘大同著《古玉辨》，对于这一点又总结前人经验补充新知，有些发挥。

红如血曰血古，微红曰尸古，水银沁曰黑漆古，纯白曰鸡骨白，微黄曰象牙白，微青曰鱼骨白。且以为受色沁不止九种，多到十多种，和瓷器中的窑变相同。由于玩玉而起，因此还有许多不同名称，如：两色的，称"黑白分明"，又名"天地玄黄"；三色为"三光照耀"，又作"三元及第"，广东南洋名"桃园结义"；四色名"四维生辉"，又名"福禄

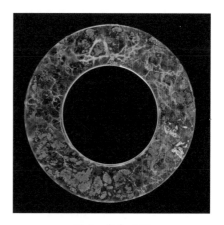

图8　多色玉璧
金沙遗址博物馆藏

寿喜";五色为"五星聚魁",又名"五福呈祥",通称"清五彩";杂色到十五六种名"群仙上寿"或"万福攸同",通称"混五彩"。

另有铁莲青、桃花红、雪白、栗黄,等等。另外尚有"秋葵西向""孤雁宿滩""银湾浮萍"等名目,都载于《古玉辨》中;从名目看,就可知这是玩玉的和无多知识的商贾定下的名称,大致清代风气作成的。古称"良玉无价",又谚语说"玉得五色沁,胜过十万金",都可见出一种封建的病态嗜好,发展到极端时情形。和玉工艺已无多关系。这种嗜好是一直延长到现代一部分封建遗老还未放弃的。由于这种嗜好影响到石印章,由明到清——到民国后,印章中的田黄、鸡血红、芙蓉白、苹果青,价值有时竟超过玉价百倍。

惟对于玉的颜色尊重,来源其实也就很古。玉书所举四色,至少是汉代一般认识。最先或者还是和宗教仪式有关,受阴阳家、儒家、阴阳五行说放到封建制度上去应用结果。《周礼》即说得很清楚:

> 苍璧礼天（古璧多青玉可证）,黄琮礼地（琮多黄白玉）,青圭礼东方,赤璋礼南方,白琥礼西方。

多和五行说相通,颜色必有所象征。和后代玩玉的对于颜色爱好是两件事。《吕氏春秋》称封建帝王按时季服用青、赤、黄、白、玄、玉。如服指的是食玉,也即是古方士骗帝王用的方法。如《抱朴子》一书所说的把玉碾末和天上天然露水服下,那么封建主当时如吃玉,还是按四季用不同色泽的。

明、清二代既因玩玉的把玉价抬高到比金子数倍或十数倍,因此自然即有伪造的杂色玉。这种作伪方法,几种玩玉专书都提到,

《古玉辨》把它归纳成如下几项：

用虹光草加脑砂染玉，用竹枝火烤炙，即成红玉，名老提油。用乌木屑煨炙，玉即黑，名新提油。用红木屑煨，色即红。近代玉工多用这个方法。

又把羊腿割开，把玉放羊肉中，埋地下三五年，即取出一盘，即如古玉，名羊玉。

又杀狗乘热把玉放狗腹中，埋地下三五年，也可成土古，名狗玉。

用乌梅水煮玉，也可成水坑古。

造鸡骨白多用火烧玉，淬入水中或用水泼玉上即成。

用玉在乌梅水中煮，乘热放风雪中，或冰箱中，即可成伪牛毛纹。

又用毛坯玉器，用铁屑拌和，用热醋淬玉，埋地下几个月，就可成铁锈。起橘皮纹，铁锈作深红色，煮煮即变黑。且有土斑，不容易盘出。

总之，用碙砂、红木、乌木、紫檀、蓝靛，作成细末，把玉搁到里面，用火煨烤，都能染玉变色。想一部分变，一部分不变，就用石膏粉贴一部分，这部分即保留本色。

作伪地方照《古玉辨》计七处，长安为最，其次是苏州、杭州、河南洛阳、山东掖县、潍县及北京。长安、洛阳、潍县、北京多同时是造伪铜器、石刻、泥俑地方，既有高度商业价值，因之作伪也相当精。所以玩玉的对于这些地方的假古董，也不易于鉴别。

玉生产地在新疆，分白玉河、绿玉河、乌玉河，出玉多不同。经近人考查，以为不可尽信。惟新疆产玉和缅甸产玉，性质似易区别。翡翠绿玉大多出于缅甸。

古玉出土以陕西、甘肃多而好，冀、鲁、豫、晋、皖北、徐、扬较次。其余不受称道。这也可见玉的大规模应用，是在封建初期和铜器文化相并行，到汉末已成尾声。封建初期文化在黄河流域，淮河以南不大发现美玉，道理易明。惟近三十年古坟古墓发掘日多，如朝鲜汉墓的发掘，因此明白璧殉葬用在胸部，玉豚用在掌握中，并明白古称玉具剑几种装饰。既多明白了些古代用玉的方法，也说明玉的流动性，实随封建社会而存在。《玉雅》并称广东发汉墓，也发现玉具剑上的玉饰件璲或瑹。可以证明古玉的分布，不限于淮北。生产地虽来自西方，封建制度所到的地方，都可能发现的。这种玉饰件就现在见到的说来，用的多是白玉，讲究的大体是白玉。碾和刻纹较多，浮雕较少。云龙兽夔纹多，盘螭少。最讲究部分在剑护手。战国或以前琢磨制度似比汉代精致。浮刻方法可以和铜器比较，但巧艺过之。因铜器从泥砂范铸成，下手易。玉为琢磨而成，施工难。所以当时玉具剑之所以贵重，既重在玉质，又重在工艺。正如带钩，从方寸材料间可以见出种种不同作风。

玩玉的贡献 [1]

我们知道，玉的受重视和封建关系密切。玉工艺技术的高度发展，则在封建第一期分化时（春秋末）。玉工艺是随封建而发展。封建社会有个特点，即制度进行。凡事都有一定限制。儒家所说的礼、乐、兵、刑，无不十分严格。封建社会得以维持，即依赖这个严格制度。

打仗本是一种野蛮事情，照《春秋左传》记载，即对阵两军主将还得免胄行礼，按一定制度进行。打仗用的武器制度也极严。刑法更明白彰著，赏罚不可紊乱。乐则封建主和小诸侯绝对不同。不仅仅乐章不同，用的乐器也不同。最重要的礼制——婚丧，冠笄[2]，以及封建主祭山川、天地和生产诸神用的礼制，更分明不苟。玉的应用和礼制既不可分，因此也就有个一定制度。形制有一定，花纹也可能有一定。圭、璋、璜、璧，由原始生产工具衍变的，照例少刻镂，重品质，重打磨，这是必然的。工艺中的奇技淫巧，虽随封建社会生产力而发展，随封建主的滥用劳动力而发展，但到礼制上用玉，三千年封建，可能的变化大约只有四五期：一上古（商代）；二中古（西周和战国）；三汉代；四唐、宋；五清代。而且

---

1 本文写于 20 世纪 50 年代前期，为"中国玉工艺"讲稿之一。
2 冠礼和笄礼是古代汉族的成人仪礼，男子二十岁行冠礼，女子十五岁行笄礼。

有些或者就根本毫无变化。比如说，用苍璧礼天，到清代乾隆时，用的制度不是周制的素质，即是汉制的云夔，即是宋制的瑞草嘉禾。为什么？为的是礼必有根据，照旧物和旧图如法仿制。我说的这个意思，即是我们对于玉的认识，固然从纹饰制度，可以决定时代，但不能完全用这个孤证来决定礼器用的玉。其次即用器玉，一部分也是仿古而作，如清代玉用器一部分仿商周铜器。不可不知。清代玉用器特别多，又因大件山材玉来的多有关系。但是另一方面，这种高度技术的工艺生产，又必然和时代发生一些联系，不可分割。如商代玉纹饰和那时铜器纹饰有个共同形式，这从所见玉戈类简单夔目纹可知。春秋战国也如此，唐、宋也如此。就由于这个复杂和错综，我们认识它、研究它，另外有一部知识，不能不理解。

这部分知识即由玩玉而来的知识，即古玉出土后加工得来的知识。玩玉的贡献这种知识，有一部分出于经验，也就是说还近乎科学，值得注意较多。有一部分出于传说和推想，值得注意较少。但同样还是知识，因除此以外，我们对于理解这部分实物，实无门径可得。应当用这部分知识，进而来认识现存的器物时代和其他问题。对于玉形制、色泽，也有一部分要用到这种知识来参考判断的。

关于玩古玉兴趣，前面说过，应当起于魏晋之际。那时官吏且有公开盗掘无主坟墓为发财门径的。对古玉知识增加，当然也是这个时节。其次是宋代，北宋的《宣和博古图》，南宋的《古玉图谱》（图1、图2），都搜罗了许多旧玉，真伪不分，刻成图录，流传了一千年。但真正玩玉的知识，照现在所知说来，实在明代。明代人的几种著作，《格古要论》《夷门广牍》……直到清初《博物要览》，都从玉工艺谈玉，也就提到玉的鉴赏价值，新旧真伪的分别。《天工开物》且叙述了玉的生产技术、过程。由此发展，综合

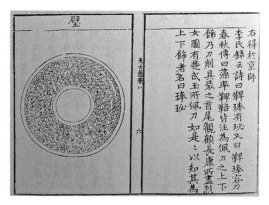

图1　玉璧（吕大临《古玉图谱》）

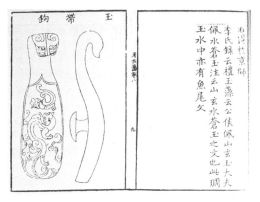

图2　玉带钩（吕大临《古玉图谱》）

这些知识，和古董商、近世玩玉者知识，直到晚清，才有一种专书，即《玉纪》。我们曾说过，论玉的制度书，就中国作品说来，一般还是推重清末吴大澂的《古玉图考》；因为用实在器物解决了许多问题，也修正了八百年来宋代古玉图的错误，更为新的美术考古有关玉的知识，有些新的启发。其实吴大澂能用实物考订旧制，对于实物如何知道它是旧玉？如何知道它是真玉？一部分知识就根据玩玉的知识。如缺少玩玉知识，从出土实物中还是不能得到充分认识的。尤其是有关玉的变质，色泽变化的倏忽，和加工与未加工玉的不同情形，如没有玩玉知识，是根本得不到要领，且会引入神秘怪诞的。尤其是对于古玉色泽的变化，不易把握。

提及玩玉知识，最先应数陈原心的《玉纪》。这书作于太平天国时期，为同治三年杜文澜刻的。杜在本书序上说：陈是江阴人，喜舞剑谈兵，更好玉。在京极穷困，往往穷得不能举火，讨了个哑姨太太，对于玉爱不去身，大约在咸丰时死于武昌。杜因从李裴山医生处得《玉纪》抄本付刻。时同治三年（公元一八六四年），作者死去已十年了。又过二十多年，到光绪十三年（公元一八八七年）为金昊澜刻于苏州。这本小书在当时大致是玩玉人认为极重要的。光绪十五年，江阴金武祥重刻序上即提及。金说，近代爱旧玉，真假难认识，加工方法多，可并无一种专书详细说到。且特别推重本书辨伪一章，认为是行家话，非有眼力办不到。又对加工方法中的盘玉，也十分推重。因为古玉土沁后色泽黯然，必需有复原知识，才能把本来光泽见出的。

照陈原心自叙，则知识还是世代传授的。因家中人爱玉，藏玉，积累了不少知识。所著《玉纪》也还是根据先一辈人的传说和经验而成，但个人经验实较多。

本书分部门为出产、名目、玉色、辨伪、质地、制作、认水银、地土、盘功、养损璺（wèn）、忌油污，共计十一章。

一出产，多用明人旧说，少特见。二名目，无知识。三玉色，将前人意见归纳，尤其明、清二代人玩玉所定名色归纳，对于加工玉的色泽，提供了我们许多知识。四辨伪，也提出了些知识，使我们明白明、清以来作殉葬玉的几种基本方法。对于小件汉玉真伪的认识大有帮助。五质地，说有得失，不可尽信，说玉性有可参考处。六制作，无知识。因近代地下材料多，证明作者少历史知识。七认水银，玉和水银问题，是玩玉的最重要部分，说法虽近于臆想，但根据它辨古玉，有可参证处。

....

但玉器全部必制度精确，因和当时封建主需要一套器物相称。即一小小玉饰，琢法必不苟（如馆藏鸡骨白须押）。有些又十分精确细致。如通常所见牙璋琰圭大器，打眼圆整决非后人所及，玩玉者对于这种玉器通称三代玉。礼器、小件玉、刀剑饰外，尚有些形式极别致的。又有刻字极精的，如罗振玉所藏玉磬、玉兵器。殉葬时部位分明，如须押、乳押；但是否可靠，尚待地下发掘知识补充证实。

周或战国，多变化幻异感的杂龙佩，具半浮雕的子母螭系璧、剑饰、带钩、用器、羽觞、薄片饰玉，和战国时代抽象及造型文化意识状态有个一致处。自由思想表现于文字为诸子学说，为楚辞；表现于造形美术，为漆器的朱墨彩绘，为铜器的楚系铜及秦系铜纹饰，陶器为燕下都各种印花刻纹，及形态多方的红灰陶。玉器也相通，有个时代特征，即纹案多无拘束的奔放。一面受器材制约，一面却在纹饰和形态上作成奔放自由效果。另一面则为由简到繁，由象征到写实。如《金村聚英》[1]玉觞及瓢形玉饮器，都可见出它是和战国思想有个大体一致关连处，并非孤立存在的。如刀割切的薄片玉也盛行于这个时代。玩玉者知识一般说半浮刻子母蟠螭多指为汉式玉特征。如把它和陶器、铜带钩上圆形守宫物比较，它应当是战国时即已盛行。但当时玉物既然还具有抽象货币价值，一切祭祀、一切聘问往还礼节全用得着它，因之出土玉璧类，有些是素质不琢，作法也见得草率的。

汉代玉。玩玉的知识，常把一般大小佩饰称为汉玉，或形体圆觚，具浑厚意不露圭角，如十八子手串管状玉，如翁仲人形玉，如

1　指日本考古学家梅原末治（1893—1983）著于1937年的《洛阳金村古墓聚英》。

錾，或刻法碾法细秀精准如馆藏大璧。

图片如《支那工艺图鉴》玉璧，如馆藏白玉琫及鸡骨白带饰，鸡骨白虬龙佩，乐浪王光墓胸上青玉璧……其实到目前为止，我们还少具体知识把这些东西的特征和战国或周代玉器特征分别明确。惟一部分玉器中如翁仲、刚卯，如熊式圆雕，鸠杖制……大抵和汉代制度不可分，把它列入汉代，或以后仿汉代作法，大致是不会错的。如系新出土玉，物极多，但无墓砖，又不能用其他相关器物可作旁证，即从玉的一方面说是汉代墓，也比较可靠。为的是汉代上层统治阶级，西汉或东汉，都有一个时期欢喜对死人表示好感，如王充《论衡》所说"破家尽业以充死棺"的。

魏晋之际的人，一方面从战乱中明白了多藏厚亡，天下无不发掘的古墓；一方面从汉代杨王孙提倡薄葬，到这时已为据高位的王公权臣士大夫拥护实行。且魏晋人的虚无主义中即充分含有现实主义的矛盾性。嵇、阮的为人洒脱，另一面却充分反映对政治上改朝换代缺少更深一点认识的拘泥。曹操用人不注意细行，但杀孔融、诛杨修，差不多都用的是一些语言讥刺小过失。谢安隐于东山，世传顾恺之作的《东山宴妓图》，却有乐舞侍奉，女妓百数十人，多艳服浓妆，即不如当时的石崇、王恺在家宴客的富贵豪华、骄奢淫逸，可是比起当时在朝的穷官说来，也就不可同日而语了。嵇康素号洒脱，自己即称性难偶俗。王羲之号称洒脱，我执性就特别强，辞职后的誓墓文充满愤懑不平，违背老庄达观之旨。士大夫都竞争谈解脱，以能持论的占上风。可是一到实践，就不免狼狈趔趄。大致在建安大疫之后，继以战乱连年，死亡过多，上层社会更形成一种及时行乐空气，对于方士所传说的服药求仙，一部分人虽尚有极浓厚兴味，但更重要处还是及时行乐。把现实的"生"看得重，而抽象的"心"看得轻。《古诗十九首》代表的就是一部分统治者的思想，虚无中有现实性。这种现实性的人生观，从三国鼎立中两个分割土地的封建头子对于死时遗嘱也可见出。极端现实的曹操，遗令即主薄葬，且葬毕即除服，不必用什么儒礼。刘备也主薄葬，不费民力。这也就是贤达如杨王孙、贡禹、刘向、桓宽、王充都提到由帝王起应节葬的意见，虽具体，在权臣贵戚中还没有多大效果。直到汉末战乱，社会现实的教训，凡是坟墓，都不免有被盗掘可能时，这些统治阶级的生死观，才在现实中有所改变。惟节葬也还有个区域性，随时间、地点条件而不同。中原风俗似已大变，边远如原属乐浪郡、未被战争所到的江南绍兴，墓葬制度，有的还是相当豪华。另有一点原因，即厚葬，用玉大致也有了限度。即西北或因交通断绝，运玉入关大不容易，玉是一种随庄园经济发展而落后的工艺，原料既缺少，制度也遗失，所以除久任敦煌太守、西北一霸的张骏，死后盗发其墓，有玉箫等件，中原坟墓似即不再有那么多玉器可殉了。

西晋豪门如石崇、王恺，家中用玉为饮食器，还是远不如汉代。温峤用玉镜台聘他的表亲，即流传为千年佳话。诗文中提及用玉虽多，实际上玉的时代已成过去。至于东晋渡江以后，政府和玉出产地为羌胡隔绝，用玉习惯自然也不能不变了。也即因此，到目前为止，谈到玉工艺衍变史时，晋六朝前一段时间，玉器的制作，我们不易具体举例。它的特点何在，有多少新的式样上承秦、汉，又下启隋、唐（如瓷器在这个时代过程中的摹仿，和新旧的关连，是明明白白的），都不清楚。只有一种推测可能性比较大，即晋代玉作或重素材而少雕饰。唐素玉带的方法，或由此而来。曾见白玉件数种，面极光润，土沁背部半透。每片在背部各钻有八小孔，一较长作圆圭头的钻十孔，一望而知必是用金银丝或熟丝线系缚于其他器物或衣甲上的殉葬玉。又一卵圆形带头，有土浸锈，背部作工精整有格致，极稀见，竟令人疑心非晋人制作不可。因在造形设计上，即类乎晋人风格，简而巧，有《世说》作风也。这自然只是一种比较片面的推测，定论实在还待他日地下材料多方面的新发现。

晋六朝一段时代，在社会发展史说来，虽然不是玉的工艺时代，也可说，由古到当时，玉工艺的全盛时代，比较上已成过去，成尾声。举例言，战国及汉代名位较高一点的士大夫，视为身边必备的玉具剑，到三国时，即已成比较少数人所专有。史称钟繇有一玉具剑送友人，友人不肯要，钟因知美玉可以灭瘢[1]，即捶碎玉具相赠。又曹丕有一玉具剑，即十分得意，向人夸夸其谈，少见多怪，自然之理。就目下知识，晋代墓葬最显著的是用陶器代替了铜器。漆器用的已极少，晋六朝漆器形制、花纹因此也少知识。玉器则难举例。除了一部分出土旧玉，因纹案有受印度佛教刻石影响，说它可能是这个时代产物。另外圭、璧等，如圭中刻北斗七星近于受道教影响，可能是这个时代制作。又一部小件首饰玉，从《女史箴图》，敦煌画上女人首饰看，有些相同，可能是这个时代的东西。又素朴玉容器如杯、碗，可以和当时陶瓷器物比较，能假定它是否这时代作品。其他就只有从诗文上列举的玉物名目来说有些什么什么，实际材料未免太少了。也因此可说，这个时代的玉工艺所达到的标准，我们的知识是不够用的，且可以说无知。另外有一点可以推想，即隋代制作必有些打破传统处，且影响到唐代，这是从其他工艺发展知识而来的。

唐宋玉，唐人诗文小说涉及男女的，多提到装饰玉。涉及宫闱的——尤其是开元、天宝一段时代，用玉名目且转到许多较新应用器物上。玉乐器虽致用已久，如玉磬在周代即为天子之宝，玉律管

1　古时传说用美玉研成的屑末可以消除人体的瘢痕。例如，据《汉书·王莽传》记载，王莽初掌国政，见孔休面有瘢，就赠其琢玉以助其去瘢。

且传说由舜时即已用到。魏王冢中又有玉尺，束皙即根据它考定周尺长短。晋张骏墓中即发现许多玉乐器。晋豪门石崇家中，且有个特别会看玉色、听玉声（古佩玉必选玉质特别好、发声清越的）的老婢翾风。但真正大规模用到乐器上，大致还在唐代开元、天宝一个时代。在东北总领军事、后来作成唐代大乱的安禄山，曾贡献白玉乐器到数百件。当时最著名用马舞蹈的倾杯乐舞曲，几十个乐工在马旁奏乐时，就用白玉带围腰。玉的致用由政治和宗教仪式转到日常服用，也是这个时候。封建宫廷既为装点应用，特设冶作署机构，专管玉器制作和璎珞需用琉璃珠子。出解玉砂的地方，每年还特别贡献定量解玉砂。但这个时代，一般工艺都特殊发达，服用主要在丝织物的染色和织文刺绣，金银细工艺且成为妇女头上主要装饰；玉的应用即广，虽贵重却不占主要部分。又因北方邢州白瓷器和南方越州青瓷器，烧造技术都已得到高度发展，十分进步，高级消费社会把这种陶瓷称"假玉"，事实上却已代替了玉的位置而且有广泛用处。金银工艺也特别发达，尤其是银器应用，也是在贵族社会中代替玉器的必然原因。这时候的玉佩制，在诗文中虽常道及，在唐代女性画像上，却看不出重要性。作道家天女妆及舞女装的，不是佛教影响，璎珞杂串占主要地位（瑟瑟、明珠、玛瑙、孔雀石等等，玉只是这种圆形管形杂串中一小部门），即可能受业务限制，由于玉的品质和佩玉制式都和唐代从异域来新舞蹈需要不合。玉从镶嵌上一定得到了些新用途，但在女人身上需要缩小也是显然的。

在文献上显著的新用途是男用玉带制，用小片玉镶金或银，再著于革绦带上，照品级分多少，封建帝王为二十四片，侯王将相以下递减。有方式、圆式，及其他不定形式，多用白玉。有浮雕，花草或鸟兽透雕。这种玉带制并且一直延长到明代。有玉鞍辔，也多指用玉片镶嵌于鞍辔上而言。有玉乐器，特别是玉笛、玉方响，和唐代音乐故事不可分。古玉制似乎只保留环状制作，还通常用到男人佩饰上，和僧人禅衣纽结上，成为必需品。玉圭用于祀事，已成具文。史志记载曾有用珉石作的。一般塑像如道家天尊三官、菩萨等，和孔庙中的孔、孟塑像，还是端坐执圭——这种圭可能还得用玉制。又封建帝王仪仗，和武将中的武器靶手，还用得着玉制，如《古玉图谱》举例各种仪仗用玉器，瓜钺诸器，但用处已极少。封建主服饰用的着玉的，还有一定数量，玉依然已失去主要地位。

中国雕玉 [1]

　　中国的雕玉艺术，是从石器时代磨治石器发展下来的一种特殊艺术。它的初期作品，在形态和花纹上的成就，我们目下实在还不大明白。只知道至迟在公元前十二世纪前后，殷商时代古坟中出土的种种雕玉，就显示出它在艺术上已达成熟期。后来雕玉技术中的平面透雕、线刻、浮雕和圆雕，种种不同表现方法，都已具备。并且可以看出已经熟练运用旋轮车盘，利用高硬度的宝石末，和用高硬度金属工具，来切磋琢磨。艺术上的特征，即把严峻雄壮和秀美活泼几种美学上的矛盾，极巧妙地融化统一起来，表现于同一作品中，得到非常的成功。无论大型玉戈和玉刀，或是一件小佩玉，效果总是相同的。由于玉本质的光莹润泽，和制作设计上的巧慧，做工的精练与谨严，特别是治玉工人对于材料的深刻理解，使它在中国古代美术史中，占有一个特别重要的位置。

　　中国历史文献称商代最后一个帝王纣辛，因人民反抗他的残暴政治，自焚于鹿台时，身边还有宝玉一亿有余。统治者大量雕玉的占有，充分反映出中国奴隶社会的末期，奴隶主和奴隶之间的阶级对立，如何尖锐显明。当时一般人民进行生产、种植和狩猎，大都还使用石斧、石镰、蚌锯和石、骨、蚌箭头作生产工具，统治者却用精美玉器装饰他心爱的狗、马和本人一身。这时期的玉器制作，

1　本文写于 20 世纪 50 年代前期。

自然多出于有技术的奴隶双手。

大致可以分作两部分：

一、大型玉多属玉兵器和礼仪上用玉。兵器中有玉戈、玉矛头和玉斧钺等，有的还镶嵌在刻有非常精美花纹的青铜柄上。礼仪用玉有圆形玉璧，筒状玉琮，齿轮状玉璇玑，等等。

二、小件佩玉多从日用工具发展而来，大部分还不完全脱离实用范围，如玉鱼璜（图1）可作小刀，玉觿（图2）可以解结。一部分又反映古代社会风俗习惯，特别生物如玉龙凤，常见生物如玉牛、玉虎，和燕雀蛙兔。龙凤多用双线碾刻，制作异常精美；鸟兽虫鱼等生物，多用平面透雕，刻法简朴而生动。玉材大致可分白玉和灰青玉二系，还有比较少量的绿色硬玉。材料来源有从本土较近区域内取得的，也有从万里外西北和阗昆仑山下河谷中取得的。属于本土生产的，古称蓝田出美玉，或以为即陕西长安附近的蓝田。从和阗河谷中采取的，可以说明我国古代西北的交通，实远在三千年前。采玉必有专工，并且用的还是女工人（不过有关这种记载，是在公元后七世纪的唐代才发现的）。

图1 商 鱼形玉璜
美国弗利尔美术馆藏

图2 西周 玉觿
台北"故宫博物院"藏

雕玉必用金刚砂，别名"解玉砂"。唐代贡赋名目中，忻州每年就贡解玉砂六十斤。周代只知道玉作有工正专官，主持生产。从河中采取的名"子儿玉"，大小有一定限度；从山上凿取的名"山材玉"，有大过千斤的。汉代虽已见出使用山材玉的情形，但直到公元后十三世纪，才使用大件山材玉。

周代前后八百年间（公元前十二世纪到公元前五世纪）[1]，雕玉工艺随同时代有不断进一步发展。主要是雕玉和中国初期封建社会，发生了紧密的结合，成为封建制度一部分。周代初年，虽把从殷商政府得来的大量宝玉，分散于诸侯臣民，表示有道德的帝王，把人民看得比宝玉还重要。但在公元前十世纪间，却出了个好探险、喜游历的帝王，驾了八骏马的车子，往中国西方去寻玉，直到昆仑山下，留下了一个穆天子会西王母的故事，影响到中国文学艺术和宗教情感二千多年，成为一个美丽神话传说的主题。

周代大型雕玉，由戈、矛、斧、钺衍变而成的圭、璋、璜、琮、璧，和当时青铜器中的钟鼎，都是诸侯王国分封不可少的东西，政治权威的象征，同有无比尊贵地位的。这种大型雕玉，特别是陕西出土，有可能是商、周之际制作的薄质黑玉刀，一部分还依旧保持实用工具的作用，锋利坚刚，可以割切肉食。随后才成为种种仪式上的定型。器物中最重要的是圭、璧，既然是政治权威的象征，还兼具最高货币的意义。诸侯王分封，诸侯之间彼此聘问通好，此外祭祷名山大川、天地社稷诸神，婚丧庆吊诸事，都少不了要用到。后来加入由石庖丁衍变而成的玉璋、外方内圆近于机织衡木的琮、破璧而成半月形的璜，以及形制不甚明确的瑁，玉中"五瑞"或"六瑞"的说法，因之成立。当时国家用玉极多，还特别设立有典守玉器的专官，保管收藏。遇国有大事，就把具典型性的重

1　此处应为公元前十一世纪到公元前三世纪（公元前1046—前256年）。

器陈列出来，供人观看。玉的应用也起始逐渐扩大了范围，到士大夫生活各方面去。商、周之际，惟帝王诸侯才能赏玩的；晚周春秋以来，一个代表新兴阶级的知识分子，也有了用玉装饰身体的风气，因此有"君子无故玉不去身"的说法。并且认为玉有七种高尚的品德，恰和当时社会所要求于一个正人君子的品德相称，因之雕玉又具有一种人格的象征，社会更加普遍重视玉。这里说的还仅指男子佩玉。至于当时贵族女子，则成组列的雕玉环佩，已经有了一定制度。孔子删辑古诗时，诗中提起玉佩处就极多。花纹上的发展，则和同时青铜器纹饰的发展有密切的联系，大致可分作三个段落，即西周、春秋和战国。礼仪用玉如圭、璧，多素朴无纹饰，或仅具简单云纹。佩服用玉因金工具的进步，发展了成定型的回云纹和穀状凸起纹，和比较复杂有连续性的双线盘虯纹。佩服玉中如龙环、鱼璜和牺首兽面装饰镶嵌用玉，一部分犹保留商代雕玉作法，一部分特别发展了弯曲状云纹玉龙。玉的使用范围虽显明日益广大，一般作工却不如商代之精。大型璧在各种应用上，已有不同尺寸，代表不同等级和用途；但比较普通的璧，多具一定格式，以席纹、云纹为主要装饰。有一种用途不甚明确成对透雕玉龙，制作风格雄劲而浑朴，作风直影响到西汉，还不大变。这种薄片透雕青玉龙，过去人多以为是公元前二、前三世纪间制作的，近来才明白实

图3　春秋　玉环
台北"故宫博物院"藏

图4　玉环上的龙首纹

创始于周代，至晚在公元前六世纪，就已成定型。

中国雕玉和中国古代社会既有密切联系，玉工艺新的进步和旧形式的解放，也和社会发展矛盾蜕变同时，实在公元前五世纪的战国时代。那时社会旧封建制度已逐渐崩溃解体，由周初千余国并为百余国，再兼并为五霸七雄，一面解除了旧的王权政治制度上的束缚，另一面也解放了艺术思想上的因袭。更因商业资本的发达流转，促进了交通和贸易，虽古语有"白璧无价""美玉不鬻于市"的成规，雕玉艺术和玉材的选择，因此却得到空前的提高。相玉有了专工，雕玉有了专家，历史上著名的和氏连城璧，就产生于这个时代。韩非著述中叙卞和故事说，平民卞和，发现了一个玉璞后，就把它献给国王；相玉专工却以为是顽石，因此卞和被罚，一只脚去掉了膝盖骨。后又拿去呈献，玉工依然说是顽石，因此把两脚弄坏。断了脚的卞和，还深信自己见解正确，抱着那个玉璞哭泣，泪尽血出，悲伤世无识玉的人。后来玉经雕琢，果然成一个精美无比的玉璧。司马迁作《史记》，说璧归赵国所有，诸侯都非常歆羡。秦王自恃兵力强大，就派人来取玉，并诈说用十五个城市交换。赵王不得已，派蔺相如带璧入秦国，见秦王无意履行前约，因用计完璧归赵。故事流传二千余年，还十分动人。和氏璧真实情形已不得而知。至于同时代因诸侯好玉、社会重玉成为一种风气后，而提高了的雕玉艺术，则从近三十年在河南洛阳附近的金村和河南辉县地方发现的各种精美玉器，已经完全证实这个时代的雕玉风格和品质。花纹制作的精美，玉质的光莹明澈，以及对于每一件雕玉在造型和花纹相互关系上，所表现的高度艺术谐调性，都可以说是空前的。特别是金村玉中的玉奁、玉羽觞和几件小佩玉，故宫博物院收藏一件玉灯台（图5）和三四种中型白玉璧，科学院考古所在辉县发掘的一个白玉璜，一个错金银嵌小玉玦的带钩，无一不显明指示出，这个时代雕玉工艺无可比拟的成就。

图5　战国　勾连云纹玉灯
故宫博物院藏

　　在应用方面，这个时期又开辟了两个新用途，一是青铜兵器长短剑，柄部和剑鞘的装饰玉；二是玉带钩。这两方面更特别发展了小件玉的浮雕和半圆雕。至于技术风格上的特征，则纹饰中的小点云乳纹和连续方折云纹，已成通用格式。又线刻盘虺纹，有精细如发，花纹活泼而谨严，必借扩大镜方能看清楚花纹组织的。由于应用上的习惯，形成制作上的风格，最显著的是带钩上镶嵌用玉和成组列的佩服玉，特别发展了种种海马式的弯曲形透雕玉龙。极重要发现，是金村出土的一全份用金丝纽绳贯串起来的龙形玉佩（图6）。至于玉具剑上的装饰玉，又发展了浅浮细碾方折

图6　金链双舞人双龙玉组佩
美国弗利尔美术馆藏

云纹和半圆雕的变形龙纹（大小螭虎）。圆形玉璧也起始打破了本来格式，在边沿上著二奔龙和中心透雕盘夔。一般雕玉应用图案使用兽物对象，有由复杂趋于简化情形，远不如商代向自然界取材之丰富。但由于从旋曲规律中深刻掌握住了物象的生动姿态，和商代或周初玉比较，即更容易见出新的特征。换言之，雄秀与活泼，是战国时代一般工艺——如青铜器和漆器的特征，更是雕玉工艺的特征。雕玉重品质，选择极精，也数这个时期……近三十年这种种新的发现，不仅对于历史科学工作者是一种崭新的启示，也为世界古代美术史提示出一份重要新资料。

西汉继承了这个优秀传统，做多方面的发展，用玉风气日益普遍，但在技术上不免逐渐失去本来的精细、活泼，而见得日益呆板，因之比较简质的半圆雕辟邪，应用到各种雕玉上去，也起始用到玉璧类。汉武帝时，因西域大量玉材入关，配合政治上和宗教上的需要，仿古制雕玉，于是又成为一时风气。二尺长大玉刀，径尺大素玉璧和礼制上六瑞玉其他诸瑞，汉代都有制作。由武帝到王莽摄政一段时期，祀事上用玉格外多。大型青玉璧中刻云纹或蒲席纹，外沿刻夔凤虬龙，制作雄壮而浑朴。大型璜、玦也刻镂精工，然终不如周代自然。这时期社会崇尚玉色，照古玉书所称，贵重难得的玉计四种：黑玉必黑如点漆，黄玉必黄如蒸栗，赤玉必赤如鸡冠，白玉必白如截肪，才够得上美玉称呼。但汉坟中发现的却多白玉和青苍玉。所谓白如截肪，即后世的羊脂玉，汉代小件佩玉中的盾形佩，和玉具剑上的装饰玉，都常见到。礼仪、祀事用玉，则多用白、青和菜碧玉作成。又因大件重过百斤的山材玉起始入关，影响到汉代建筑装饰用玉也极多。政府工官尚方[1]制作有一定格式的大型青玉璧，已成为当时变形货币，诸

1　古代制办和掌管宫廷饮食器物的官署。

侯王朝觐就必需一个用白
鹿皮作垫的玉璧。诸侯王郡
守从尚方购置时，每璧得出
五铢钱四十万个。因之也成
了政府向下属聚敛一种制
度。宫廷中门屏、柱橑间，
则到处悬挂这种玉璧作为装
饰。玉具剑上的雕玉，更发
展了种种不同半圆雕和细碾
云文，风行一时。汉代重厚
葬，用玉种类也更具体，有
了一定制度。例如手中必握
二玉豚，口中必有一扁玉
蝉，此外眼、耳、鼻孔无不

图7　玉舞人
美国弗利尔美术馆藏

有小件雕玉填塞。胸肩之际必着一玉璧或数玉璧。贵族中有身份
的，还用玉片裹身作玉甲。此外平时一般厌胜用玉，如人形玉翁
仲、方柱形玉刚卯，在汉墓中都是常见之物。当时小件精美雕玉
是得到社会爱好，有个物质基础的。西汉末通人桓谭就提起过，
见一小小玉器，竟值钱二万。当时山东出的一匹上等细薄绸料和
绣类，还只值钱一万五千！

　　出土汉玉较多，后人玩玉，因难于掌握时代，于是都把它叫
做"汉玉"，式样古旧一些的又称"三代玉"。定名也大都无确
切根据。其实由商到汉，前后十三四个世纪，雕玉花纹和形制，
各代是不尽相同的。玉材也不相同。且因入土时间有长短，各地
土质又不一，时代性和区域性，因之显著明白。照历史时代可分
作殷商、西周、春秋战国和汉代。照风格分商和西周为一段，春
秋为一段，战国到西汉初为一段，东汉为一段。雕玉工艺虽有其

时代性，却由于工艺传统也有其连续性，严格的区别还是不可能的。

中国好玉风气，和雕玉艺术，同汉代政治一样，结束于公元后一世纪前后。文献上虽还叙述到汉末名人曹丕、吴质等人用玉具剑作礼物赠答，但古代玉佩制当时即已失传，幸得王粲从当时博学的蔡邕学习过，才恢复典礼中的玉佩制。近年山东发掘汉末著名诗人曹植坟墓，出土玉佩数种，制作简朴而无风格可言，也可以证实这个时代的确是中国古代雕玉艺术的衰落期。此后不久，到晋代，因鲜卑、东胡、西羌诸民族陆续入侵中原，致作成中国雕玉艺术中绝期四百余年；直到唐代，才又稍稍恢复，发展了第二期由唐到清代近一千年来的雕玉工艺。虽同是雕玉，它的方法基本上也还是相同的。但花纹的构成，和在社会上致用的意义，有些和前一期雕玉，就已大不相同了。这个区别是需要另作叙述的。

中国雕玉工艺发展的几个段落 [1]

中国的雕玉艺术，在工艺美术史上是一种奇迹。优秀技术和玉本质的温润粹美结合，所得到的艺术效果，给予世界美术鉴赏家和爱好者的深刻启示，是其他工艺无从比拟的。

中国雕玉艺术是由人类文明起始打磨石器发展下来的一个分支。至晚约在商代的末期，公元前一千三百年前在艺术上就已达到完全成熟。它的发展过程比铜器时期长得多，可是它的成熟期却和青铜器时代的成熟期相差不多。这是历史科学工作者，近三十年发掘商代古墓，已得到的确切证明。中国的青铜时代，结束于公元前四百年前后，玉的工艺却继续发展，和封建社会不可分。中国雕玉工艺的发展史，大致可以分作四个段落。

第一段落，商代（公元前一千三百年），这时期玉约可分作两大类：

1. 仪式玉，这类玉还完全保持石工具形式，一部分并且还具实用工具价值，是玉戈、玉刀和玉斧，当时或单独存在，或镶嵌于有精细花纹的青铜柄上，奴隶主用它来象征最高权威和富有。极重品质和色泽，磨治素朴，除打孔外还无多少纹饰。但在设计

1　本文估计写于 20 世纪 50 年代前期，原无题，当前标题沿用《沈从文全集》第 28 卷编者为本文所拟标题。

上实在已经十分讲究。玉戈类在锋刃棱弧线道间，和著柄部分，用简单纵横线纹，极巧妙的，把严峻和秀美结合而为一，是同时的青铜器艺术所达不到的。后来到封建社会的周代，这类器物就发展成为一定形制的圭、璋，为大小封建主用作权威象征，沿袭使用三千年不废。

2. 装饰品和小工具玉，如刮削用的鱼刀、解结用的觿和玉针、约发用的玉笄，可代表实用。如平透雕龙、虎、鸟兽，和管状、丸状玉，可代表装饰品。这类玉技术上处理不如前者谨严，大有自由创造作风，有立雕、平雕、透雕和浮雕。平雕线刻如双碾玉凤和夔龙；立雕如野猪头；浮雕如凤形玉笄，在方寸器材上，也充分可表

图 1　商　玉虎
美国弗利尔美术馆藏

图 2　商　玉鸟
美国弗利尔美术馆藏

图 3　商　玉龙
美国弗利尔美术馆藏

图 4　商　玉鹿
美国弗利尔美术馆藏

现古代工人智慧和巧思；透雕中多用常见生物作题材，老虎、野猪、兔子、燕雀，把握物象都非常活泼生动，而又十分准确。

第二段落，周至汉（公元前一千二百年到公元后）：

这段时期，玉的社会地位已被肯定，成为封建社会制度中一个不可缺少的东西。由玉戈、玉刀、玉斧及环状石斧、石纺轮等等衍变而成的圭、璋、璜、璧，都已有定形，和赋予一定意义。封建的符信，封建主间彼此的友好聘问，和封建主对于自然神的崇拜，例如对于天地、山川、河流的崇拜尊敬，都少不了要用到这种玉。玉的抽象和实际价值，也因此极高。又陕西出土的西周墓中玉，且常发现种种薄片玉刀，锋利异常。可见周代早期还使用它作割切工具。到春秋战国古墓中，即不再发现这类玉。小件佩玉则作工具用的鱼形刀，还有种种式样发展。且由种种不同式玉件组成一个配列，例如金村玉佩，在玉工艺史上是有代表性的。诸侯士大夫大都玉不去身，作为个人品德的象征。小鱼璜可能还兼有原始珍贵货币符契意义。在工艺成就上说，这时期玉也可说比商代稍稍显得退后一点；在应用面上说，却已大加推广。至于艺术上新的展开，则在春秋战国之际（公元前四五百年间）。这时期玉的社会地位，高到不可思议。封建诸侯对于玉的爱好，已

图5　战国　玉璜
台北"故宫博物院"藏

图6　战国早中期　玉鸟佩
台北"故宫博物院"藏

近于完全病态。周穆王到西方寻玉的神话传说，是当时最流行传说，影响到中国神话史、道教史都非常大。相玉有专书，雕玉有专工。历史传说上最著名的卞和因献玉被刖足故事，和秦、赵两国争和氏璧，蔺相如完璧归赵故事，成为中国二千年来一段动人戏剧主题。著名的和氏璧，被赵国得到后，强大秦国竟答应用十五个城市来交换。这种传说是有它的物质根据的。近年在河南洛阳金村和其他地方发现的战国雕玉，如玉奁、玉羽觞、玉龙、玉兽，和那个成组列的佩玉，和同时期出现的金银错器，有精美花纹的漆器，无论在造形上和花纹刻镂上，都直接间接证明了这个时期雕玉工艺所达到的高度成就，实可说空前绝后。这时节也恰是青铜器的末期，新发明的镜子和铜剑都用雕刻极精美的玉件作镶嵌装饰。玉具剑在秦汉美术史中，因此得到一个离奇地位。战国玉特征可说的计三点：

1. 金村式玉多用白玉材作成，玉质特别精美。

2. 璧类加大小螭虎龙，和透空雕，为汉代精雕玉开了先路。由鱼璜发展而成的圆曲式透雕，式样虽多，已成定型，有规律可寻，使用到许多方面。

3. 刻镂技术则线刻精细稳准而活泼，乳丁细云纹为佩玉纹样通格。玉具剑的镡首、璏、璲、珌和师毗钩上镶嵌的龙形玉，在造形和纹样上，都充满新意，为后世不可及。薄片玉有薄如纸张，上犹碾刻花纹的。反复勾连云纹，已为后世万字流水纹开了一个先路。

第三段落，汉代玉（公元前）：

五十年前人谈古玉的多用简单而肯定语气判断古玉。大凡色泽旧，形制怪的为"三代玉"。素朴少纹饰沁色多的，通称"汉玉"。至于花纹细的光亮整齐的则以为唐、宋六朝。加之宋人著玉谱，谈礼制附会牵连甚多。明人习惯仿古玉，并造作古玉，因此以讹传讹，对于玉的知识比其他都薄弱而混乱。这种知识上的错误，是近卅年地下考古工作的发现，才加以修正的。特别是安阳发现的商代玉，河南陕西发现的周及战国时玉，以及洛阳和高丽发现的汉代玉，具体事例教育了我们，每一时代的风格特点，都逐渐明白。知识因之也就具体得多。

图7 东汉 玉璧　　　　　图8 东汉 龙纹玉环
美国弗利尔美术馆藏　　　台北"故宫博物院"藏

第四个段落，唐、宋至清代：

对唐、宋时代中国玉的特征，认真说，知识是不多的，不具体的。传世玉成定型的蟠螭盾形佩，大体上是成于六朝、唐、宋

图9 宋、元 玉鸭　　　　图10 宋 龟游荷叶洗
台北"故宫博物院"藏　　　台北"故宫博物院"藏

图11　明　金镶宝石白玉镂空龙穿牡丹纹帽顶
湖北省博物馆藏

的。此外即花式佩和石刻佛像胸前佩制相合的，我们说它是唐式玉。玉容器中花纹精美有余，形制不古的，也说是唐、宋，其实说来是不够的。明、清玉——特别是清代玉，则一望而知。因大片山材玉起始应用，白玉和菜玉瓶盘鼎炉等器，是充满这个时代作风的。历史上用玉之多，恐也无过于清代（十八、十九世纪两百年）。在工艺上它的发展性是显明的。同时这时代的历史条件，且扩大了从各种有色玉石中发现新材、使用新材的范围，如大过一尺的云南翡翠和琥珀、玛瑙、青精石等反映到雕刻上，也是空前的。三尺以上珊瑚的透刻，全象牙的透雕，都是由玉石雕刻扩大的新材料处理。小件首饰玉使用范围之广，也数这个时代。特点是大件山材玉的使用，已极平常，故宫留下许多艺术品，可以作例。

中国玉工艺的发展，既和封建社会制度有密切关连，因之到二十世纪初期，辛亥革命后，玉工艺无疑到了一个转形期。虽在近三十年中，还常有高达三市尺的翡翠立体大件雕刻，和用材到三百斤的白玉雕件，运到国外展览，一般说是由逐渐衰落到难以为继状态中的。

图 12　清中期　玉镂空花卉纹香薰
台北"故宫博物院"藏

图 13　清　翡翠白菜
台北“故宫博物院”藏

陶瓷与 / 玻璃

青花得到进一步发展，且成为中国近五百年江西瓷主要生产，基础虽奠定于元代，却直到永乐、宣德技术和艺术才日趋成熟。从前人笔记和历史文献结合，则部分原料实来自南洋，和当时郑和七下西洋海外活动有密切关系……

中国古代陶瓷[1]

　　陶瓷发展史是民族文化发展史的一部分。

　　中国有代表性的史前陶器，是三条胖腿的鬲（图1）。鬲的产生过程，目下我们还不大明白，有的专家认为是从三个尖锥形的瓶子合并而成的。当时没有锅灶，用鬲在火上烹煮东西，实在非常相宜。比较原始的鬲，近于用泥捏成，作法还十分简单。后来才加印上些绳子纹，并且起始注重造形，使它既合用，又美观。进入历史时期，鬲依然被广泛使用，却已经有另外两种主要陶器产生，考古学者叫它做彩陶和黑陶（图2）。

图1　商　陶鬲
美国大都会艺术博物馆藏

　　彩陶出土范围极广，时间前后相差也很大。研究它的因此把它分作数期，但年代终难确定。河南、陕西、甘肃、山西黄河流域一带发现的，时期比较接近，但更新的发现还不断在修正过去的估计。这是一种用红黄色细质泥土做胎，颈肩部分绘有种种黑色花

――――――――――

1　本文曾发表在1953年10月1日《新观察》杂志第19期。

纹，样子又大方又美观的陶器。工艺制造照例反映民族情感和气魄。看看这些彩陶，我们可以明白，古代祖国人民的性格历来就是健康、明朗、质朴和爱美的。

比彩陶时代稍晚些，又有一种黑陶在山东产生，是一九二一年在日照县城子崖发现的。用细泥土做胎，经过较高火度才烧成。黑陶的特征是素朴少装饰，胎质极薄，十分讲究造形。同时还发现过一个旧窑址，因此把烧造的方法也

图2　龙山文化　薄胎黑陶高柄杯
中国国家博物馆藏

弄明白了。有一片残破黑陶器，上面刻划了几个字，很像"网获六鱼一小龟"，可以说是中国陶器上出现的最早期文字。少数历史学者，想把这些东西配合古代历史传说，认为是尧舜时代的遗物。这一点意见，目前还没有得到科学考古专家的承认。

代表文字成熟时期的最重要发现，是在河南安阳县洹水边古墓群里出土的四种不同陶器（因为和大量龟甲文字同时出土，已经确定这是三千二百年前殷商时代的东西）：一、普通使用的灰陶；二、山东城子崖系的黑陶；三、完全新型的白陶；四、带灰黄釉的薄质硬陶。灰陶在当时应用极普遍，大小墓中都有，而且特别具有发展性。到了周代，记载上就提起过用它做大瓦棺。春秋战国时，燕国都城造房子，用瓦已大到两尺多长，还印有极精美的三角形云龙花纹。又有刻花的墙砖，合抱大陶鼎，径尺大瓦头，图案都十分壮丽。在长安洛阳一带汉代古墓里，

还发现过许多印花空心大砖，每块约七十斤重，五尺多长，上面全是种种好看花纹，有作动植物和游猎车马图案的，有作一条非常矫健活泼龙形的。这些大砖图案极为精美，设计又合乎科学，表现出了古代中华民族的伟大气魄和切实精神，也表现了古代工人的智慧和优秀技术。由此发展，二千年来，中国驰名于世界的古代建筑艺术，特别是一千七百年前晋代以来塔的建造和唐、宋、明、清典型的宫殿建筑，更加显出民族艺术的壮美和崇高。

图 3　东汉　画像砖

在商代坟墓中的黑陶，有几件是雕塑品，装饰在墓壁间，可以推想在当时已经是比较珍贵的生产。后来浙江良渚镇也发现过一些黑陶，时代还不易估定。近年来河南辉县又发现过一些战国时期的黑陶鼎，北京郊外也发现过一些汉代黑陶朱画杯盘，都可以说是古代黑陶的近亲。

至于白陶（图 4）的出现，实在是文化史上一件大事情，因此这种花纹精美、形式庄严的白质陶器，在世界陶瓷美术史中，占据了首席位置。它的花纹和造形，虽不如同时期青铜器复杂多样，有几种却和当时织出的丝绸花纹相通。重要的是品质已具有白瓷的规模，后来唐代河北烧造的邢瓷，宋代的定瓷，虽和它相去已二千年，还是由它发展而来。

图 4　商　饕餮纹白陶罍
美国弗利尔美术馆藏

另外重要的发现是涂有一层薄薄黄釉的陶器，明白指示我们，三千年以前，聪敏优秀的中国陶瓷工人就已经知道敷釉是一种特别有进步发展性的技术加工。这种陶器的特征，胎质比其他三种都薄些，釉色黄中泛青，釉下有简单水纹线条，本质已具备了瓷器所要求的各种条件，恰是后来一切青绿釉瓷器的老大哥。[1]

1　1972 年定名为"原始瓷"。

随后又有四种不同的日用釉陶，在不同地区出现。

第一类是翠绿釉陶器。当时用作墓中殉葬品，风气较先，或从洛阳、长安创始。主要器物多是酒器中的壶、尊和羽觞，近于死人玩具的杂器，有楼房、猪羊圈、仓库、井灶和种种不同的陶俑。此外还有焚香用的博山炉，是依照当时神话传说中的海上蓬莱三山风景作成的。主要纹样是浮雕狩猎纹。这种翠绿色亮釉的配合技术，有可能是当时方士从别处传来的。在先或只帝王宫廷中使用，到东汉才普遍使用。

第二类是栗黄色加彩亮釉陶器。在陕西宝鸡县斗鸡台地方得到，产生时代约在西汉末王莽称帝前后。器物有各式各样，特征是釉泽深黄而光亮，还着上粉绿釉彩带子式装饰，色调比例配合得非常新颖，在造形风格上也大有进步。一切从实用出发，可是十分美观。两种釉色的原理，恰指示了后来唐代三彩陶器，和明、清琉璃陶一个极正确的发展方向。

第三类是茶黄色釉陶器，起始发现于淮河流域，形式多和战国时代青铜器中的罍、罍[1]差不多。釉色、胎质，上可以承商代釉陶，好像是它极近的亲属；下可以接长江南北三国以来青釉陶器，作成青瓷的先驱。

第四种极重要的发现，是一份浅绿釉色陶器，也可以说是早期青瓷器。是河南信阳县擂鼓台东汉永元十年坟墓中挖出来的。这份陶器花纹、形式、釉色都和汉代薄铜器一样。胎质硬度已完全如瓷器，目下我们说汉代青瓷器，就常用它作代表。这些青绿釉陶启示了我们对中国陶瓷发展的新认识。即二千年前陶釉的颜色，特别发展了青绿釉，实由于有计划取法铜器而来。可能有三种不同原因，才促进技术上的成功：一、从西汉

1　罍，古代盛水贮粮用具；罍，古代大型盛酒器和礼器。

图5 西晋 青瓷堆塑人物楼阙魂瓶
六朝博物馆藏

以来节葬的主张到东汉社会起了相当作用；二、社会经济发展，铸钱用铜需要量渐多，一般殉葬器物受限制，因而发明用釉陶代替铜器；三、釉陶当时是一种时髦东西，随社会经济高度发展而来。

从上面发现的四种着釉陶器看来，我们可以肯定，陶器上釉至迟到西汉末年，就已成为一种正常的生产。先是釉料中的赭黄和翠绿，在技术上能正确控制，随后才是仿铜绿釉得到成功。但就出土遗物比较，早期绿釉陶器的生产价值，可能比同时期的铜器还高些。因为制作上的精美，就是一般出土汉代铜器不如的。陶器形态也起始有了很多新变化，一切从实用出发。例如现代西南乡村中还使用的褐釉陶器，在信阳出土一千八百年前陶器中，就已经发现过。现代泡酸菜用的覆水坛子，宝鸡县出土二千年前带彩陶器中也发现了，并且有好多种不同式样。

这些划时代的新型陶器，除实用外还十分结实、美观，这也正是中国陶瓷传统的优点。这时节还有一种和陶釉有密切联系的工艺生产，即玻璃器的制作，同样有较多方面的展开。小件彩琉璃珠装饰品，各地汉墓中都陆续有发现（西北新疆沙漠废墟中，朝鲜汉代人坟墓里，长沙东汉墓等都陆续有发现），其中作得格外精美的，是一种小喇叭花式明蓝色的耳珰，和粉紫色长方柱形器物。仿玉色作成的料璧，即《汉书》中说的"璧琉璃"，也常和其他文物在汉墓中出现。又如当时最见时髦性的玉具剑，剑柄、剑鞘用四五种玉，也有用玉色琉璃作的。至于各色玻璃碗，史传中虽提起过，实物发现的时代，却似乎稍晚些。

但是由汉代绿釉陶器到宋代的官、钧、安、汝四种著名世界的青白瓷器，中间却有约八百年一段长时间，中国陶瓷发展的情形，我们不明白。它的进步过程，在文献上虽有些记载，实物知识可极贫乏。因此赏鉴家叙述中国瓷器发展史时，由于知识限制，多把宋瓷当成一个分界点，以前种种只是简简单单、胡胡涂涂交代过去。一千七百年前的晋代人，文件中虽提起过中国南方出产的东瓯、白坩和缥青瓷，可无人能知道白坩和缥青瓷的正确釉色、品质和式样。中国人喝茶的习惯，南方人起始于晋代，东瓯、白坩即用于喝茶。南北普遍喝茶成为风气是中唐以后，当时有个喝茶的内行陆羽，著了一部《茶经》，提起过唐代各地茶具名瓷，虽说起越州青瓷如玉，邢州白瓷如雪，同受天下人重视；四川大邑白瓷，又因杜甫诗介绍而著名；到唐末五代，江浙还出产过一种秘色瓷，和北方传说的柴世宗皇帝造的雨过天青柴窑瓷，遥遥相对，都是著名作品，可是这些瓷器的真实具体情况，知道的人是不多的。经过历史上几回大变故，例如宋代为辽、金的战事所破坏，元代一百年的暴力统治，因此明代以来的记载，就更加不具体。著名世界的公家收藏如故宫博物院对于旧瓷定名，也因之无一定标准。问题的逐渐得到解决，是由一系列的新发现，帮助启发了我们，才慢慢搞清楚的。

先是一九三〇年前后，河南安阳隋代古墓的开发得到了一份陶器。极引人注意的，是几个灰青釉四个小耳的罐子，和几个白瓷小杯子。墓志写明这坟里的死人名叫卜仁，是隋仁寿三年埋葬的。重要处是青釉瓷和汉绿釉发生了联系，白釉瓷杯还是新纪录。差不多同时，中国南方古越州窑的种，经过陈万里先生的调查收集，编印了一部《越器图录》，也初步丰富了我们许多越系青瓷的知识。特别重要是一九三六年以来，浙江绍兴地方因修公路挖了约三千

图 6　隋　白釉高足杯
故宫博物院藏

座古墓，墓中大量青瓷的发现和墓中出土的有字坟砖，刻画人物车马的青铜镜子，经过一九三七年《文澜学报》上的报告，让我们明白这份青瓷的时代，实包括了由三国时东吴一直到唐代，前后约六百年，标准的缥青瓷和越青瓷，都可从这份瓷器中得到实物印证。这前后六百年中国南方绿釉瓷的发展史的空隙，就和有了一道桥梁一样，前后贯串起来了。也因此明白此后宋代南方生产驰名世界的哥窑和龙泉窑，修内司官窑，都有了个来龙去脉，不是凭空创造，被人当成奇迹看待。优秀传统底子，所以它的发展，倒是历史必然了。

至于北方青瓷的发展，从汉代到隋代，中间依然还有五百年的空隙，无从填满。北方古董店虽常有一种灰青釉或翠青釉瓶罐杂器，从胎质、釉色、纹片看来，都比唐代白瓷器旧些，比汉釉陶又似乎晚些，一般人常叫它做"古青瓷"。真正时代却无人知道。另外即五代后周柴氏在显德中烧造的柴窑，因传说中的"雨过天青"釉色而著名。明、清人笔记辗转抄引，更增加了它的地位，可是却有名无实。明代以来记载，矛盾百出，看不出真正问题。种种附会随之而来，假柴窑因此南北流行。廓清这种传说和伪托，也是要从地下新的发现来解决的。

中华人民共和国的成立为社会带来了无限光明的希望，对于中国陶瓷史的知识，也得到了一种新的光明照耀，豁然开朗。一九五○年，华北人民政府拨给历史博物馆一大批文物，其中有一份陶瓷，是河北省景县人民发掘出土的。器物中有孔雀绿釉、栗壳黄釉，还有很多浅青釉和淡黄釉的杯碗，一件豆青杂釉的高脚盘，三个高约三尺堆雕莲花大型青釉尊，和一蓝一白两个玻璃碗。若仅此完事，我们还会以为大致是唐、宋之际的东西。可是另外还有一些素铜器和素陶器，陶骑士俑和男女俑，都可证明确是北魏以来遗物。更重要的是两方墓志和几方铜印，让我们明白，原来还是一千五六百年前南北史中有名的封家墓葬中器物！这一来，一道新的桥梁，把北方青瓷发展历史，也完全沟通了。这份陶瓷从釉色、从式样，为我们提供了许多新鲜确实的物证，不啻告诉我们，它既上承汉代青黄釉陶的优秀传统，有了进一步的提高，下还启发了隋、唐二代北方的三彩陶和邢州白釉瓷，宋代官、汝、定诸瓷，一直向前迈进。同时把明代人对于柴窑所加的形容，"天青色，滋润细媚，有细纹，足多黄土"和"制精色异，为诸窑之冠"也藉此明白，原来形容的大都是这种六朝瓷器。特别难得的计两种器物，一件是灰青釉堆雕莲花大尊，在造形设计和配釉技术上，都完全打破了旧纪录，达到那个时代极高的成就。造形设计且掺杂了些印度或罗马雕刻风格，可见出文化上的综合性。其次是两个玻璃碗，虽出于北朝人坟墓中，碗的形状及下部网式纹饰，和西北出土的汉代漆筒子杯花纹倒极相近。自汉代以来，统治阶级大都讲究服药，晋代著名方士葛洪著的《抱朴子》，就提起过服神仙长生药，是要用极贵重的琉璃碗或云母碗的。这种琉璃碗在河北省出土，还是中国地下材料的崭新纪录。因此这份文物，不仅可作汉、隋之间数百年间北方陶瓷历史的新桥梁，还更深一层启示了我们，劳动人民的伟大创造性是永远在发展中，且不断会有新的东西，从一个传统肥沃土壤中生长的。我们读历史，就知道这个时代正是住居黄河流域的中原人民，遭受西部羌胡民族长期战争的蹂躏，本来文化受到严重摧残，人民基本工业生产，也大都被破坏垂尽的时期。陶瓷工人在这种万分困难悲惨情况下，对于陶瓷的生产，不仅并未把原有优良技术失坠，还继续不断讲求进步，得到如此惊人的成就。另一面，又因此知道，唐三彩陶和白釉陶瓷，都无一不是从原有基础上逐渐改进，北宋在河南、河北出产的官、钧、定、汝四大名瓷的成就以及民间窑瓷器能产生如磁州窑和当阳峪窑、临汝窑诸瓷，作为百花齐放的状态，也无一不是在一定程度中慢慢提高，并非突然产生。总之，这份六朝青瓷的发现，对于中国陶瓷美术工艺的研究，实在太有用了。

总上种种叙述，我们已比较具体把中国由商代到唐初伟大陶瓷工艺的发展过程以及近五十年发现过程，得到一个简要明确的印象。还藉此知道，中国陶瓷过去其所以能在世界陶瓷业中居领导地位，实有两种重要原因：

一、生产方式中，很早就已分工组织，到目前为止，分工合作的生产方法，还是比其他手工业生产或半机制工业生产，细密而具体；

二、聪敏伟大的陶瓷工人，不论是哪一部门的工作，都是非常尊重传统的优良技术和切实有用经验的。

因为他们深深明白，如何从民族遗产中学习，不断改进生产的技术，又勇于作种种新的试验，方能在历史发展每一段落中，都取得非常光辉的新成就。这两种长处，即到如今还依然好好保持下来，并未失坠。毛泽东时代的人民新中国，在一九五三年国家大建设的第一年，江西景德镇的陶瓷工业，就得到国家的帮助和扶持，除由轻工业部领导下，组织了一个建国瓷设计委员会，作初步设计实验外，另外且由中央文化部，在景德镇地方，史无前例的设立了一个陶瓷陈列馆，由故宫博物院收藏中挑选出四五百种精美瓷器陈列，供新的生产参考。在这种帮助和扶持情形下，政治上有了觉悟的、工作热情极高的、优秀的中国陶瓷工人，新的生产，将有更多更好的出品，贡献给中国五亿人民和世界人民，事无可疑是可拭目而待的。

中国陶瓷三十课 [1]

一、二、史前素陶与彩陶及黑陶问题

三、黑陶文化与铜器初期之推测

四、铜器时代白陶地位

五、普通生活与素陶关系

六、战国时代实物和文献所叙录陶之种种

七、汉时代陶之致用与烧砖艺术

八、汉青瓷

九、魏晋南方青瓷

十、六朝缥青瓷与一般文化彩色陶俑

十一、唐时代陶

十二、唐时代瓷

十三、瓷之文化和美术地位

十四、南方越青与秘色窑器

十五、宋钧窑及其发展

十六、汝窑

十七、哥窑

十八、章龙泉青瓷诸问题

十九、定系与吉州窑之艺术特质

---

1 本文是作者 1948 年为北京大学博物馆专业编制的课程计划之一。

如一年作四学分课，每星期二小时，上课方法似用博物馆与故宫、与历史博物馆三处为佳。分配时间或不甚得当，随时得修正。

应达到目的为——

一、明白陶瓷在文化史上的本身进展和相关问题。

二、对实物的普通鉴别认识、欣赏及有关文献理解。

三、对美术史尤其是工艺美术史的相关理解。

四、问题的发展——如有关新陶业的联系，有关工艺美术史这部门联系。

陶瓷装饰艺术的进展（上篇）[1]

图 1　崧泽文化　灰陶绳索纹罐
上海博物馆藏

1　本文约作于 1962 年夏。原稿写到宋瓷时中断，作者随后另从唐三彩
　　起撰写续篇，因而留下不完全衔接的两组稿件，分为上篇和下篇。

到目前为止，我们考古学者还没有发现能肯定是最原始陶器的造形、仅仅纯粹是为应用出发、毫无装饰意识的陶器。最早的灰陶即发现有编织物装饰纹样存在，随后且成为一个大宗，特别是南方生产，发现各式各样的不同组织的网纹，成为陶器局部或整体装饰的主要□□[1]。在北方，则红质陶起始见出绘画的加工，逐渐形成各时代彩陶的千百种纹饰。把这两方面的纹样发展加以较详的分析，应当是专家的工作，本文不能一一列举。惟总的说来，陶器虽属于应用而生产，但极早即已在造形、装饰和美术不可分，则可以肯定。换言之，即史前古代人早已在日用器物上赋以美的要求，而且是普遍的。我们研究原始美术的□□，对于陶器上的反映不能不给以较多的注意和□□的分析。说它是主要的也不为过分。

图2　马家窑文化　马家窑彩陶罐
美国大都会艺术博物馆藏

图3　马家窑文化　神人纹彩陶壶
甘肃省博物馆藏

1　原稿中该处内容缺失，本书余同。

较次一个阶段，是龙山黑质陶到商前期郑州二里岗，极显明，黑质陶已成为原始社会过渡到奴隶社会物质文化中的主流。这一时期对于陶器美的要求，显然是重在造形秀拔和薄质工精。它是否受原始漆器成就的影响，虽还难于肯定，但是和部分灰质陶的烹煮器，却显明影响到早期铜器的成形。

到青铜器成熟时代的商代中叶后，就目下我们得到的材料加以分析，网状纹黑质陶还占有较大部分分量，代表中上层贵族还在使用它。高级陶品种有了发展，白垩印花陶已十分精美，就装饰纹样和器形比较分析，它和当时流行的白石器皿是有一定联系的。黑质陶还有部分生产，近于仿铜器，数量却并不多。青釉硬陶是新品种，装饰花大致可分成三类。

图4　商　原始瓷尊
河南博物院藏

郑州人民公园所得囊式网纹器，器形和花纹都近于早些时期生产。其次是水浪纹肩部装饰，从后来联系发展看，我们说技术如不是来自南方，也影响到后来南方釉陶的装饰。而直到五代和宋代，南方青釉五孔尊和北宋定瓷装饰技法还受到它的影响。

我们说白陶和釉陶虽同产生于商代，或不是同一时期，或不是同一技术来源，也有原因。因为如同一技术来源，则釉质敷到白陶上，即有可能产生最早的白瓷了。

和商代文化的多样性比，西周应说是个比较简朴的时代。所以白陶在西周技术即失传，釉陶也并没有得到进一步发展。近年安徽屯溪出土大量青釉陶，在器形方面近于仿铜而成，但此后有一段时期，釉陶即少见。试分析它技术失传的理由，或由于另外发展的影响。因为我们知道这时期有地方性的铜器已逐渐抬头，说明铸铜技术已非政府所能独占。而既结实又轻便且易作的漆器技术亦较普遍。釉在比较下美观不如铜，实用不如漆，而烧造技术却并不简单，因在此制节下，一时失传是意中事。正因此在较后一时可新辟来源，以奢侈品方式和透明琉璃珠同时出现于春秋战国时期墓葬中。它的分布面相当广，生产地至今却还无明确地区。在这种以陶胎加釉、加彩绘的珠子类，我们发现了许多不同装饰花纹。一般通称为琉璃珠，事实上它和半透明琉璃完全是两个品种，不宜混淆的。它的应用限制于高级珠串装饰品内，可知技术是不普遍的，因此同类人型釉陶器物并不发现。尽管纯白琉璃璧，有大至四五寸径的，却未闻有同类大小彩釉陶器出现。

这时期不上釉的陶器加工倒有了较大发展。建筑用的砖瓦是这个时期出现的半瓦当纹样的多样化，以燕下都的兽面瓦当保持古典传统装饰风格；临淄的瓦当则以写意画手法见长，产生各种不同对称图案。至于西安各种类瓦当的发现，则和《史记》所称秦灭六国，仿效其宫室于咸阳北阪或者有关。[1] 是仿效六国成就而非自创。但近年出土骊山大径过一尺的瓦头，还是值得注意的一种创造。战国陶瓷加工的多样化，大致可以成三大类。一成组列的彩绘陶的发现，辉县出土物有代表性，从纹样说近于仿效铜器而又另有新的特色。洛阳烧沟也出了部分矮足鼎，花纹则较别致，有的作放射形纹样和金银错纹样相通，有的则充满民间装饰色彩。第二是印花部分黑质陶，近年南方出土较多，一般多是肩部作夔

---

1 《史记·秦始皇本纪》："秦每破诸侯，写放（仿）其宫室，作之咸
　阳北阪上。"

龙纹，而下部作方格或方格回云纹，时代或早一些，可到春秋时期。第三是黑质陶上的破花技术出现，陶质多黑光黝然，或在器物烧成以后再砑压各种花纹。这种技术在龙山陶中似即使用过，战国时却成为一系，多在河南一带发现。第四种即黑质陶刻花，河南及河北均有发现。当时铜器中已有一种薄铜器上加刻划极细纹饰代铸印花纹的，或者和它有一定联系。又另有涂漆加朱绘的，材料不多见。内中三部分加工都属于黑质陶，即不是有意仿效漆器，也必和当时大量漆器生产影响有关。正如同到汉代后，翠绿釉陶及虾青釉硬质陶的大量生产，无疑和仿效铜器追求铜器效果有一定联系。

到西汉，陶器加工在装饰方面大致也可以分成四个类型。灰黑陶上加彩的，以作大卷云纹、狩猎图纹和不规则点线纹有代表性。釉陶则虾青釉硬陶时间较早，壶罍式多在肩部作三角形夔凤纹划花，纹样基本还出自战国楚漆器及金银错。其次即两色釉

图5　西汉　灰陶加彩神兽壶（局部）
台北“故宫博物院”藏

图 6　西汉　错金铜博山炉
河北省博物院藏

陶器的出现（褐黄釉上再加绿彩），以斗鸡台出土材料最显著突
出。应用最普遍则为壶尊盖上及奁鼎盖上博山炉（图 6）的形象
和肩部狩猎纹的装饰，反映到大量北方系翠绿釉陶生产上，我们
认为这种装饰纹样的成熟，必然在汉武帝时期。一方面受《封禅
书》记载中神仙家言海上三山传说的影响，除当时首都咸阳昆明
池中用人工堆成海上三山，上置白色禽兽，装点宫廷仙境气氛，
因之博山炉则以各种各样的形象出现，而铜陶器物的盖部使用这
个流行形象也十分自然。至于器物肩部用狩猎纹，则和《长杨》
《羽猎》诸赋反映当时的现实生活关系格外密切。总的说来，则
汉代日用陶器加工装饰纹样的基本，恰是现实主义和浪漫主义的
结合。充分反映了当时社会现实生活和神仙迷信。此外由于阴阳

家说法，青龙、白虎、朱雀、玄武已应用于四方，或一建筑的四方瓦当分别应用，或于朱雀阙、白虎观等大建筑上使用朱雀、白虎瓦当，此外则长杨馆用野彘瓦当，鹿苑用鹿纹瓦当，详悉情形容当专文论述，不能在此细谈。正如当时用各种吉祥文字瓦当象征统治者愿望一样，共同反映这一时期宫廷艺术的特征，处处都是现实主义和浪漫主义的结合。此外当时兄弟民族艺术的影响，也有部分反映到陶器装饰上，但为数却不甚多。例如匈奴族主要装饰纹样为兽和大鹰攫鹿吃羊或猛兽搏斗图案，除了在陶制井圈浮雕间有反映，涉及中西文化交流，淮阳九女冢汉墓出土一个陶楼有几个裸体女子形象承担着楼角柱子，此外似即不多见。即在东北的朝鲜，西北的包头、敦煌，西南的越南，所得汉墓陶器，也多属于中原系统而少当地艺术风格，即此也可知道当时汉文化的普遍影响，而地方艺术还少见出突出特征。尽管如像西北匈奴族和西南滇人金属工艺已有高度发达，陶器方面却无显著地方特征。

晋、南北朝是青瓷成熟期。由于这一时期主要生产的铜器除南方大量生产的朱提堂狼洗，还有浮起线刻法铸成双鱼、朱鹭、胡羊等等充满民间艺术风格花纹，流行国内，其余铜用器多已素朴无纹饰。惟日用器物牛、羊、鹿诸兽形灯的制作，在造形上还不断有新发展；博山炉也不断日趋简化，以三尖方格透空纹饰代替了过去的浮雕。谈纹饰对于瓷器的影响，我们不能不注意到这一时期镜子边缘各种连续云纹的存在。南方晋青瓷这时盘口罍式器物，和鸡头壶成为主要的生产，肩部纹饰便从三个部分得到启发。一是细斜网状格子，纹和铜器网纹发生联系。二是肩部纹饰上下多作贯珠式，则仿自商代铜器装饰法。三是水波云纹，事实上即直接受镜子边沿装饰云纹影响。至于一般肩部或分布二三兽面耳环状装饰，亦为汉代铜壶、钫洗一般耳环装饰格式，别无新意。新的发展唯一部分是魂瓶类腰部用贴花法[1]疏疏朗朗点缀些仙人骑士花朵。北方青瓷装饰部特别有代表性的是景县封氏墓出土仰覆莲大莲花尊（图7），腰部用堆雕莲花作主要装饰，颈部用贴花龙纹，部分加以垂叶，多少给人一种罗马柱头感。另有一瓜式壶肩部则作大卷草如北响堂石刻边饰。至于一般杯盘，则已流行用莲花纹装饰。我们知道，这个时代对于应用瓷器的造形要求，为秀挺清拔，和当时对于人的美学爱好相一致，所以长颈秀挺玉壶瓶式瓶随之产生。至于天鸡壶，因之也日益瘦长。繁复纹饰则非所需要。所以除大莲花尊

图7　北朝　仰覆莲大莲花尊
中国国家博物馆藏

外，大量北方系青瓷都无花纹。到唐代，越系青瓷绝大部分还是不重花纹而重品质，追求如玉效果。至于小件日用器物如盒子类，花纹如龙水纹，竹林高士图装饰和鱼水纹，鸟含绶带纹，雪花放射式纹，以及方胜格子纹，则和当时金银器、铜镜子、丝绸纹饰有较多联系，并非孤立存在。而且划花、印花、雕花三种技术的应用，即开启了后来宋代定、耀、余杭南北诸瓷装饰技法的先例。惟唐代北方生产的三彩陶，则另成一系，花纹主要来源却和当时印染绸子织锦花纹关系格外密切。唐染缬中如玛瑙缬、梅花缬、方胜合罗缬、

1　贴花印制法是一种将图案印刷成画印制到陶瓷上的工艺，是现代陶瓷使用最广泛的一种装饰技法。分釉上贴花和釉下贴花等。

大撮晕锦缬，及几种瑞锦花纹，实物已不多见，而三彩陶中却保留有许多不同图案。

宋代是个瓷器全面开花的时代，全国生产都得到普遍提高，因之花纹也格外丰富。官窑名瓷生产中如柴钧官哥汝，青釉系追求效果多重在釉色莹泽，不重装饰。惟定窑在纹样发展中格外突出。划花、剔花、印花、绣花诸技法综合使用，达到本色瓷艺术加工高度成就。此外各地生产艺术加工也各具特色，风格独具。且和当时其他工艺有一定联系，例如耀窑的划花、剔花艺，则和雕漆剔红有较密切关系。磁州窑系黑彩雕绘，气魄雄健活泼，民间艺术趣味特别浓厚。晋阳黑釉瓷酒坛类，使用剔花露胎法；当阳峪窑使用剔花露胎部分加罩浅灰彩釉法；南方吉州永和镇窑褐釉器碗盏使用印染缬印团凤技法及剔花挂粉堆白技法；福建建阳窑洒釉形成兔毫斑、鹧鸪斑和油滴斑法，以及钧窑部分形成红色或整体形成红紫色加工技术，无不竞新立异，各有成就。紫定器且有用描金彩的。至于北方宋民间彩色加工瓷，且为后来明、清彩瓷创造先例。至于景德镇影青瓷，主要成就虽在本质方面，然而几种不同加工技法，或上有所承下有所启，也影响到后来生产极大，如像剔花法的运用，作折枝花或凤穿牡丹图案的，使得成品在灯光下照视即透明如镂空，即开启后来永乐脱胎影青和玲珑瓷的技术。龙泉青瓷重点虽不在花纹，但部分浙江青瓷五孔尊类瓶器，还是多用斜剔折枝花法作装饰，在宋代虽不是重点，到元、明却有发展，花纹处理也有较好成就，部分风格显然且和景德镇元、明青花瓷异曲同工。宋代、辽三彩陶虽……

陶瓷装饰艺术的进展（下篇）

图1　唐　三彩碗
美国大都会艺术博物馆藏

　　三彩陶成熟于唐代，在陕洛间（所谓中原文化区）得到广泛的发展，主要成就在殉葬明器方面。由于唐代殉葬器物有一定制度，载于国家法令，大小数目都必须各按死人生前官阶品级，不得逾越。一般生产，或如唐人小说《李娃传》所称，设于东、西二市，随同送丧仪仗租赁，执绋人雇佣，明器则随需要选购，且由于商业竞争而得到不断艺术提高。又唐代政府曾于甄官署下特设"冶局"，专主烧造庙宇中佛菩萨所需璎珞琉璃装饰，似专指半透明彩色料珠而言。甄官署或尚有专烧特用三彩琉璃器供赏赐于死者，作为一种加强巩固封建统治、对下属笼络工具事。这从某些墓葬中常常发现特种精美三彩陶可得到一些线索。也有可能贵族家中为装点死者，夸示奢侈，专托烧制特种三彩器物事，这从法令禁文可以见出。因为必先有人不尊制度，竞奇争新，劳民伤财行为已成为一时风气，才会用法令加以禁止，限定大小数目，不得越轨逾制！

多色釉琉璃陶，较早于西汉王莽时墓葬中虽已出现，此后即中断数百年。至于三彩陶大量用于明器中，还是说从唐代起始，比较适当。至于琉璃砖瓦陶应用到特殊建筑装饰方面，照过去诗文记载，当始于北朝。画面上则敦煌北朝壁画建筑屋瓦即有了反映。但事实所谓"碧瓦""缥瓦"，在陕洛间唐代出土实物还未闻有什么发现。一般唐式莲花瓦头，多为普通不上釉灰陶所作。近年惟东北发掘渤海王国遗址，曾得到些建筑上碧琉璃鸱吻，有些近于孤证，因此时代亦难以完全肯定。其次即历史博物馆在河北巨鹿发掘，曾得到一件大及四五尺的黄绿琉璃陶佛背光残器，时代早到何时尚难说。惟巨鹿被水淹于北宋，由此可以推知，这件器物即晚也必产生于北宋初期。又河北易县罗汉堂，曾有大及人身三彩罗汉十六尊，可知当时也有用三彩陶作佛像事情。这些罗汉具体时代论断不一，就造形逼真和

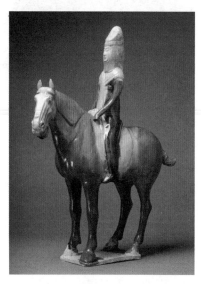

图2　唐　三彩仕女骑马俑
美国大都会艺术博物馆藏

脸形清秀庄严看来，可能还是唐代产物（原物已为美帝盗去）。北宋时建筑专书《营造法式》，已有专章叙述及琉璃砖瓦烧造制作用料等等记载，即此可知，至迟到北宋，开封若干著名庙宇建筑，如景灵宫、玉清昭应宫，及较晚之绛霄宫，必已有使用琉璃砖瓦作装饰的。这部门烧造技术到元、明间，却在山西得到特别发展，产生许多精美艺术品；工师[1]姓名从陈万里先生和高寿田先生调查报告中，还可得到一些线索。在山西目前就还保留下许多巨型琉璃工艺品，很多并且还记载有当时烧造工师姓名，这些人和他的艺术品，无疑都是当时为广大人民所熟习热爱的。即北京明、清诸大建筑琉璃牌坊、照壁、殿宇，和南京、北京故宫中琉璃装饰，也多一脉相承，完成于山西工师手中。

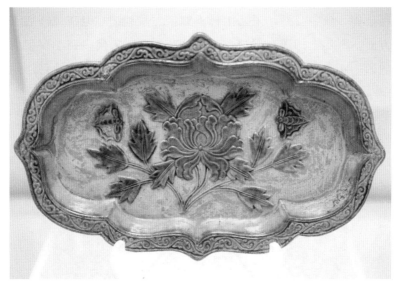

图3　辽　三彩釉印牡丹双蝶纹海棠式长盘

1　古官名。上受司空领导，下为百工之长。专掌营建工程和管教百工等事。

至于三彩琉璃陶用器，到宋代后，惟东北居住的契丹人墓葬中尚有发现，普通器物以方碟和花式长盘较有代表性。作规矩花多本唐以来旧制，图案近于从锦缬花纹而出。作折枝牡丹则纯属宋式。谈瓷的一般多称"辽三彩"。胎质既较粗松，釉泽也不大精美，惟艺术风格，正因此种种转而越加显著，使人一望而知。到宋代河北地区也还有三彩陶，釉色特征为黄釉较少，主要为绿白釉相混作为主调，装饰效果也因之比较清秀，不如唐代沉重。但已近于三彩尾声，反映人民对于日用器物新的要求，三彩装饰法已非重点。

至于瓷器，明代以来，江西生产虽已有笼罩全国势（特别是长江流域），惟若干地区生产，还是随同社会发展，有广大市场。特别是浙江龙泉系青瓷的处州青瓷，即还继续行销海外。

谈瓷书籍对于这时期处州青器，虽认为长处只在质实不易破碎，褒中有贬，工艺上已不如宋龙泉精细。但在装饰加工方面，事实上却还有发展。以折枝花为例，宋代多在小碟盏内加印一小小图记，作双鱼或小朵牡丹（双鱼作阳纹，牡丹作阴

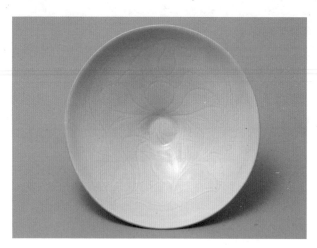

图4　宋　定窑白瓷碗
日本东京富士美术馆藏

纹），作为点缀，明代却加以扩大、应用到器物各部门。方胜格子，宋代只在瓶子类偶一见之，元、明以来则已成一般装饰。加工技术大致以划剔为主，也还用堆贴花技法。又宋代小件洗碟类，常在中心露胎作双鱼纹；到明代，却用同一技法作较精细浮雕，反映"鹿鹤同春"等画意，笔法秀美。浙江博物馆近年曾得有许多残器，都作得相当精致。由于胎质较薄，完整藏器似还少见。至于北方系民间日用瓷，白釉加黑绘作折枝牡丹花或鱼龙的酒坛类，历博即收藏不少。一般产品还具宋代规模，惟画意已草率纤细，不及宋代磁州窑壮美。褐黑釉器肩部剔花的也还有生产。惟有代表性的民间瓷，还应数彭城窑坛、罐、瓶、盘，多于牙色釉或油灰釉在器物局部上加绘黑彩折枝花，有些花上还挂点粉，在处理方法上可说一面是保存宋瓷枕折枝传统，一面却开启了清初江西粉彩折枝技法。画虽出于民间工师手中，画意却不俗气，还充分保有徐青藤（文长）、陈白阳（道复）折枝写生潇洒笔墨，比清初部分江西粉彩似还较高一筹。只可惜由于器物多属日用油瓶酒罐，且因过去谈瓷艺的未加以应有重视，较精美的又多盗出国外，这部分艺术成就，因之谈瓷艺多无所闻。惟用来和时代大体相同的江西瓷日用器如"玉堂佳器"类工艺图案比较，吾人必可得一印象，明白彭城窑画意在近古陶瓷工艺上宜有一定地位也。

　　山西法花瓷盛于明代，是在山西元、明琉璃陶基础上的一种成就。工艺上主要特征，为青地或紫绿地上堆加彩绘，起线如传统壁画之滴粉销金，在线内再填彩。工艺处理大致也是同样使用猪尿泡内贮原料挤于器物上，构成花纹，再加彩料做成，因此名为"法花"[1]。地色既较沉重，彩料色泽又复十分鲜艳，因之形成一种强烈效果，在瓷工艺上自成一格。从瓷器传统要求和发

1　也称"珐华""珐花"。

展而言，彭成窑有普及性，法花瓷作佛前香炉蜡台为用得其所，作花中墩子，已显得有些刺目。如作案头瓶罐或其他用器，却起不易调和感。惟法花瓷瓶罐类，有些在肩部用雕贴花作写生花作装饰如"富贵如意"设计的，式样比较活泼，如和当时山西民间流行大红描金漆器结合，还是可得一种壮美粗豪效果。法花瓷在艺术上的估价过高原因，实由于十九世纪在国外影响。从传统陶瓷艺术习惯说来，成就是有一定局限性的。主题画大致可作三类：一串枝牡丹，二折枝花，三人物故事画或八仙寿星等吉祥题材。

图5　明　法花彩满池娇纹罐
日本东京富士美术馆藏

这一时期主要成就，当然是景德镇产品。元代以来，釉下青花和釉里红装饰，已代替了传统的影青法，得到较大发展。在烧造上，红色火候虽还不容易完全掌握，常作成灰墨色，红釉且多散晕，不易固定。青花虽似较好一些，还是不能随心所欲。装饰大致可以分作三种类型：一云水龙，二写生折枝，三串枝花。口径将近二尺大海碗类，作串枝牡丹的较多。盘器则主题部分用折枝花，边沿用云水云兼小簇花为常见。立器坛罐类，则肩足部必用水云纹装饰，或加一云肩式四垂绣帕，主题则用方胜如意开光绘折枝花与水云龙凤。作串枝的花叶多满填空间，因之体积不大，亦容易形成壮实饱满效果（例如故宫陈列的釉里红灯壶）。和元、明间雕漆、印花布艺术要求相适合。写生折枝露出空间较多，要求还是图案效果。至于局部水云装饰，虽属图案处理，因曲折流动，却得到些调剂，不至于使主题过于板滞。并启永乐宣德装饰风格。在设计意思上说，粗线条处理和当时大铜镜上反映的云龙、凤、鱼水，螺甸嵌大木箱折枝牡丹等艺术风格，同属一种类型。

图 6　明洪武　釉里红牡丹纹碗
台北“故宫博物院”藏

如和近年安徽及南方其他各地发现之大量金银器物上装饰花纹比较，即可知这一时期，金银工艺仍是重点，实上承宋代以来工艺图案的秀美活泼，而下启宣德、成化花纹较多。至于这一时期著名之单色釉影青官瓷"枢府窑"，多一般小件日用器，部分花纹作放射式图案的，似仍沿袭宋影青技法。部分作折枝花的，因花朵较拙，胎质较厚，釉如冻子，花亦不甚显著。也尚有拟定式瓷作各种写生花的，产量并不多。极显明，青花器已成这一时期主要生产，釉里红亦同时在探索中得到不同成就，一般器物件头多较大，海碗口径将及二尺，大冰盘且过三尺，坛罐类也有高过二尺的，为宋影青所少见。这类大型瓷器的生产，和龙泉青瓷发展趋势正相同，有两个可能原因：一为适宜于蒙元贵族统治者的大吃大喝生活需要；一为和外销需要有一定联系。因为在中近东海外博物馆中，这类瓷器保存得格外多。过去多以为系明初洪武、

图7　明　景德镇窑卵白釉印花番莲纹碗（内壁印"枢府"款）
台北"故宫博物院"藏

永乐产物，近年从比较上才把时代提早到元代。元代时蒋祈曾于景德镇监窑场，并著有《陶记》略叙镇上生产；近年故宫曾发现有釉里红花式洗作水云纹，器底有蒋祈题名，釉底红烧造法和彼可能有一定联系。

青花得到进一步发展，且成为中国近五百年江西瓷主要生产，基础虽奠定于元代，却直到永乐、宣德技术和艺术才日趋成熟。从前人笔记和历史文献结合，则部分原料实来自南洋，和当时郑和七下西洋海外活动有密切关系。因为历来传说青花瓷色料"苏泥勃青"（或苏麻离青）[1]均以为系自来。历来谈宣青的工艺特征，也多注意到这个原料问题，却不甚注意到技术加工处理过程。如就实物加以分析，则宣德青花所形成的艺术效果，原料固然是一方面，另一方面可能还是加工技术也不同于嘉靖、万历。宣青在瓷器上形成的艺术效果，除青蓝鲜艳，还有种浓淡不一、类似刺绣中三蓝法的效果，有可能是经过三次以上不同浓淡色料涂绘才完成的。较大器皿或者还系先就原胎先作浅剔勾成花纹，随后才在上面先后涂绘，用料也有干湿，才能形成预期效果。装饰技法总的说来则大致可分作二类：一青地白花，二白地青花。青地白花又可分成两式：一如故宫陈列之大蓝白花盘，近于雾青露白，下启清代"盖雪"技法，和漆器中剔灰法实一脉相通。另一式如故宫云水白龙大胆瓶，只是满绘云水尽白龙，显得格外凸出而已，事实上云水间还是部分露白的。白地青花则装饰虽不外五六种主题画，惟反映技法却各不相同。同属串枝，也有许多式样。同属

1　"苏麻离青"名称的来源，一说来自波斯语"苏来曼"的译音。这种钴料的产地在波斯卡山夸姆萨村，村民们认为是一个叫苏来曼的人发现了这种钴料，故以其名字来命名。另一种说法是，"苏泥勃青"应为"苏麻离青"，是英文"smalt"的音译，意为一种蓝玻璃。

盘类，中心圆即作出许多不同变化。同属云龙凤，也有许多发展，为过去所少见。小团龙凤装饰，与同时期金银锦绣花纹实同源异流，惟用于瓷器装饰上，还更显得活泼秀美。团龙凤花式洗子、云龙大型扁瓶、敞口式松竹梅大碗，花纹多能结合新的造形，得到极好艺术成功，不仅为过去少见，也同时为后来所不及。因此谈宣德青花成就，孤立来说还不易透彻，结合器形种种特征，则明眼人即一望而知！至于影青式装饰法，明永乐薄胎杯碗，及厚胎甜白器，虽还采用，薄质脱胎压手杯作双狮滚球，又宣德釉下红作三果三鱼，在艺术上也还得到一定好评；事实上主流已属青花，别的只不过是聊备一格而已。即从分量上也可看出！而且影响到清代雍正青花，还十分显著。宣德青花一定程度的散晕，本来是技术上的不稳定，但正因此有时所得效果，比后来嘉万[1]青花反而活泼流动。这种不稳定散青情形，到成化淡彩青花已少

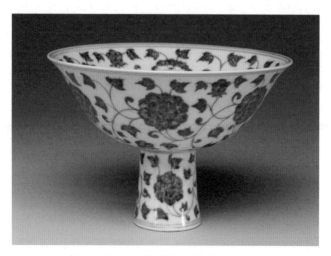

图 8　明宣德　青花转枝芙蓉纹高足碗
台北"故宫博物院"藏

1　即明朝嘉靖、隆庆和万历时期（1522—1620 年）。

见，到嘉万即完全绝踪。雍正才又有模仿。历来谈青料问题的，多传说回青代苏麻离青始于正德间。如从实物比较，则回青应用实在嘉万间。咸化、正德，青料虽较浅于永宣，却少基本差异。惟到嘉靖、万历，则青料深茜有余，活泼不足，始见显明区别！宣德时尚有一种在白瓷上作铁锈褐彩折枝花的，正德尚续有生产，此后即无所闻。这种加工最先即见于晋代浙江系青瓷中，和当时流行的印花绸子有点关联。宋龙泉青瓷也有在玉壶春式瓶上作一定褐斑的。到明代才有意作折枝花。

图 9　明宣德　青花花卉纹双耳扁壶
台北"故宫博物院"藏

冬青、霁红、霁蓝，在明初虽已得到不同成功，到宣德还有进一步发展，但综合使用产生素三彩，却还得再过二百年的康熙时才出现。或在青花瓷上加彩，产生新的彩瓷，宣德虽已开其端，却成熟于成化正德间。在艺术风格上、题材上，才一变永宣以来的拙重而趋于秀美清雅，青色则由浓厚而趋于浅淡，彩料则鲜明纯净，题材布置也大有变化，多从画意取法，如作山水花鸟，多只就器物一角加工，尽较多部分见出空白，形成新的画面效果。特别是绿、黄、矾红、浅紫诸色在青花瓷上的综合加工，产生的五彩或豆彩瓷，鲜明妩媚，在艺术上取得的复杂效果，在景德镇瓷成就上也是崭新的。一般多较小器物，画面或作如意云或作折枝葡萄，或作折枝花鸟，或作婴戏图，或作子母鸡花鸟草虫。以子母鸡小酒盅最著名。胎质莹薄，彩色鲜润。惟瓷器重点转为小玩赏品，启后来古月轩[1]鼻烟壶一格，不免由精细流成纤巧；从发

图 10　明成化　青花黄彩石榴花果纹盘
台北"故宫博物院"藏

1　清代珐琅彩器的通称。

展说，影响自然也有得有失。晚清《陶雅》谈成彩，多以为实仿自康雍，见解实有一定道理。故宫图录中过去几件大件彩瓷，时代可能多较晚一些。

近人郭觯斋刻印了一部《项子京瓷器图谱》，用精美彩印流传，内中刊载有许多宣成以来彩釉彩绘小件瓷，式样多比较新颖别致，部分可代表当时案头文玩瓷的成就，部分或出虚构，只是从银、铜器摹取而来。

正德较好成就，一为孔雀蓝釉的正确掌握，一为拟琉璃陶绿黄彩的试作，都得到艺术上新记录。故宫陈列的一个暗花大碗和一个云龙钵盂可以作例。

下及嘉靖、万历，主要成就为青花和五彩分享，各有不同成就。到这个时期，装饰不免日益繁复，特别是由民用进而发展为宫廷爱好的五彩瓷，以云龙凤作主要装饰，总是红绿缤纷成一团，华美壮丽有余，而缺少艺术上内含之美，令人有一览无余感。同时也反映宫廷艺术上的夸张，正影响到一般工艺的要求，因为除彩瓷外，彩绘漆、丝绸、景泰蓝无不有同样趋势，特别是官服过肩蟒一类锦缎方面更加显明，色彩对照格外强烈。

明代这一时期正是道教神仙在宫廷和民间均极得势时，因此工艺各方面也有反映，如像用云鹤游天、八仙庆寿等主题画，在青花瓷中即占一定地位。这时期又正是通俗小说戏剧版画盛行时期，因之青花瓷器上用小说戏剧故事题材作主题画的也相当流行，影响到清初，便成为一个专门项目，产生了许多不同艺术品。除青花五彩外，还有黑地、绿地等开光大凤尾瓶、观音尊、大冰盘，上面满绘《三国演义》《列国志》或《隋唐演义》故事，通称“刀马人物”，于瓷工艺中自成一格，在海外备受尊重，成为许多博物馆中引人注目陈列品。

用鱼纹图案装饰陶瓷，由来已久，因为在仰韶期红胎彩陶上就有极好表现。宋龙泉青瓷则由汉双鱼洗习惯，将双鱼缩小，用于盘洗中，象征"富贵有余"。北方定式瓷印花或磁州墨绘枕子也用鱼，则多取鱼水和谐寓意，正如铜镜上双鱼在水情形相同。又由于金代的官诰使用鱼藻锦，在明代锦缎中多方面使用，已成社会习惯，同时又由于宫廷畜养金鱼、朱鱼嗜好流行，因此嘉靖五彩鱼大罐，作得画面壮丽活泼，成为这一时期彩瓷艺术新成就。另有种霁蓝地露胎刻画三鱼七寸小盘，鱼多刻于盘外沿，由宣德即创始。明代重灯节，圆式宫灯多四围垂珠缀网，图案效果极佳，五彩瓷也用之作图案，小盘类且多加百子观灯。彩瓷较早或因作长方印盒而流行，这种印盒多作双云龙或龙穿花，在明人清玩中为不入格，但在官宦人家却必然受重视。还有五彩云龙笔架，也作得极粗俗。从造形说，这一历史时期和一般工艺品近似，有的日趋拙陋，和宣成比，不免相形见绌。隆庆、天启，更少生机。惟民间青花瓷却转成重点，有种种不同成就。特别是案头陈设及日用大器瓶罐类，青料虽多近灰淡，失去本来鲜明，画意转日趋

图 11　明宣德　青花仙女乘鹤圆碗
台北"故宫博物院"藏

高明，摆脱宫廷庸俗拘板，花鸟画草草构图，生趣充沛，而且活泼大方。许多花鸟画就时代说都较早于八大山人，而画意倒与之相近。因此我们说，久住江西之朱耷，花鸟画的艺术风格，或从时间略早之江西青花瓷及其他工艺画得到一些启发，大致是不会太错。

景德镇瓷进入一个更新的时代，实在清初约一世纪中。它的成就，概括下来大约可作三个方面：一仿宋法古；二有色釉；三青花和五彩。仿宋法古上到仿战国金银错壶，下到唐三彩及官、哥、钧、汝，无一不取得卓绝成功。有色釉则胭脂水、豇豆红、龙泉青、孔雀蓝、瓜皮绿……以及油红、变钧不下百十种，真作到得心应手，随心所欲，而且釉色鲜明莹泽，胎质精美，都可说前无古人。青花五彩，更加使这一历史时期的景德镇生产，达到瓷工艺历史高峰。青花加紫、珐琅彩、满地百花、素三彩，或以华缛取胜，或以淡雅见长，更是花样翻新。特别值得说说还是画意精美和瓷质莹洁及造形秀挺三者的密切结合，反映到康熙、雍正及乾隆初期前后约八十年中生产，真正是百花竞新，光辉灿烂，达到了景德镇生产历史上高峰！

在艺术方面由于品种多，方面广，兹只能就其特殊成就分别作简单叙述：

青花，康熙成就在山水画，大笔筒有代表性，笔虽有简繁，一般多从元、明人取法，设意取境，因之比"四王"成就还较高一着；由于青料特别纯净，在瓷上形成一种新的效果，更远非普通水墨画所能及。也有用恽南田法作丛菊于笔筒上，得到极好效果的。薄胎则仿明人卵幕杯制法，尝见为十二月花式，作各种小花草，清润秀美，自成一格。近三世纪中都续有仿制。海水鱼龙变化大盆，水云汹涌，咫尺间令人起江海思。

彩绘以储秀宫款黄地小簇花加三果大冰盘作得华贵秀雅，无

图 12　清康熙　珐琅彩蓝地莲花浅碗　　图 13　清雍正　珐琅彩梅竹碗
　　台北"故宫博物院"藏　　　　　　　　台北"故宫博物院"藏

与伦比，有代表性。又五彩花鸟大鱼缸，彩中兼施金彩，画格也极高。又硬三彩作花果盘子，也自成一格。至于黑地五彩刀马人物，则诙谐姿肆，特别富于民间趣味。彩绘中之珐琅彩，多作规矩写生洋番莲或小串枝，也间有作蝴蝶及皮球花杂花的，和当时外来画家郎世宁艺术风格当有一定联系。这一品种则生产直贯串以后雍乾两朝，自成一格，通称"珐琅彩"。本出于铜或金胎画珐琅，又转而影响珐琅技法，推进珐琅发展。

素三彩，以淡冬青及青花加紫或部分剔雕挂粉作成，色彩淡雅清秀，当时既极重画意，因之这一品种不论山水花鸟，均得到极高成就。它或和明代十竹斋印花笺有些联系，因为色泽配合十分近似。配色近似从钱舜举、陆包山得到些启发，却用淡三彩反映到瓷器上，得到非常成功。生产惟限于康熙一代，此后即失传。

矾红绘虽始自宣德，到康熙得到新的使用，即作彩墨料绘人物画，如作八仙过海碗，艺术水平亦极高。亦有红彩描金作勾子莲的。惟矾红工艺最高峰实在较后雍正一朝。如故宫陈列馒头盒及海水翻腾小杯，艺术水平都格外高。此后道光时满地红露白则称"盖雪"，红色已日趋灰暗。同光日用饭器作三果，则为此一技法尾声。

清初康雍乾三朝。雍正时间不过十三年，但在瓷器方面成就，却笼罩前后百年。仿古则官、汝、哥、钧都达到逼真情形，变钧且超越前古，得到崭新成功。一色釉多样发明，几乎任何一种釉色均可掌握，自由烧造。青花则一反康青之浓茜，折衷成宣，花纹亦格外秀雅文静，加以和新的造形结合，得到成果也完全是新的。彩绘中的粉彩折枝，多用恽南田法，胭脂红花头特别鲜艳，特别在设计上见巧思。豆彩则一反明代五彩混乱、康熙五彩生硬，而转为明润调和，细致周

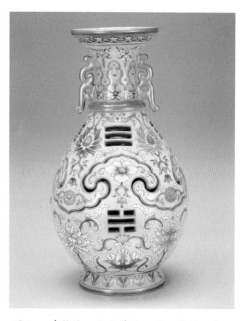

图14　清乾隆　粉彩黄地八卦如意转心套瓶
台北"故宫博物院"藏

到，节奏感极强。即作一皮球花，也能从圆中见巧，千变万化，和满地花异曲同工。总之，许多近于奇迹的瓷器艺术品，均完成于这一段时期景德镇艺人手中。

乾隆一朝总结康雍成就，更作多方面发展，可说是景德镇瓷全盛期。惟最大成就，似乎应说还在技术方面。例如不同品种的混于一器物的制作，一个大转心瓶外部主题画作锦地粉彩，肩部作青花，另一部分又作哥瓷釉，而中心小瓶则用金廷标画意作五彩百子戏春图，许多釉料色料受火温度均不同，却能集中于同一器物上同时表现，真可说是一种绝技。但由此巧作要求，不可免

形成一种不大健康趣味发展，象生[1]仿菜蔬瓜果鱼蟹，虽作得栩栩如生，却劳而无功，和瓷器艺术本质要求相去日远。末流所及，便因此谈这一时代瓷器，除部分沿袭康雍成就水平，尚能作出许多不同产品，此外便是这种"巧作"给人印象格外深刻。相形之下，嘉道以后，由于物力不足，反映到瓷器生产上，自然不免是难以为继。其实如另立一种标准，就瓷言瓷，嘉道以后的锦地开光饭食器，和癫瓜过枝茶碗类，虽无足称道，但道光时小簇草虫碗碟，和象生仿竹笔筒，用费小楼笔法作的仕女画，总还有些新意。行有恒堂款墨地加金，在技法上也依旧是一种发展。又由康熙时拙存斋，乾隆时宝啬斋，乾嘉间彩华、彩润、彩秀，道光时行有恒堂等特别款识器物，在装饰方面也还有不少能突破传统拘束，自出新意的。总的说来，康雍乾三朝官窑百年间生产，在艺术上成就，实可说前无古人，后少来者，一切成就，都是景德镇瓷业工人共同努力的结果。嘉道以后，便随同政治情况，帝国主义的侵略，不免日趋衰落了。

---

1 象生瓷，也叫仿生瓷，是中国清代模仿禽、兽、虫、鱼、植物等形象造型的瓷器，名出清代朱琰《陶说》。

彩陶的衍化 [1]

　　安特生博士和中央研究院史语所同人，讨论到彩陶文化种种问题时，曾涉及一个根本不同观点。安氏当时从出土实物比较上，认为仰韶及甘肃彩陶，和波斯之苏萨 [2]，俄属之安诺 [3]，两个地方出土器物都有相似处。仰韶彩陶的年代推测，及文化西来说，都由这个比较引出前提，得结论。据安氏意见，西藏高原之北，西伯利亚之南，东自太平洋，西至黑海，其间必不少交通孔道。中国文明的基础，当在新疆，渐移本土。史语所几个田野考古专家，则因山东龙山镇城子崖的发掘，得到许多完全本土风的黑陶，又从河南安阳小屯黑陶及彩陶层次上的发现，长江以南黑陶的发现，明白黑陶文化系，在中国可说是一个独立单位，居彩陶、白陶之间，虽衔接而不相混。认为民族文化西来说，安氏见解可疑。且以为如就商文化比较分析，可知是本土的综合，决非全盘外至。西方的影响虽不免，本土的成分实在多。西北科学考察团于民国十九年西行探索史

1　本文为作者生前未出版作品《中国陶瓷史》中的一篇。作者从 1948 年起陆续写作该书稿，于 1949 年 6 月抱病整理完成。因年久稿件佚失，现已无法得见书的全貌。

2　位于伊朗高原的边缘，是伊朗文明的发祥地，曾在史前时期出现过引人注目的陶器。

3　位于土库曼斯坦南部科佩特山北麓平原。1904 年，美国考古学者彭北莱在这里进行考古发掘，出土了大量彩陶。

前遗迹及其他问题时，中国方面由黄文弼先生参加。黄先生把在新疆雅尔崖古坟群中所得陶器八百种，加以整理，印行《高昌陶集》时，叙言中首先即提起这个问题。他觉得东西文化之推进，从地下考古所得知识看来，确曾经过新疆。一方如一个水塔，一方恰如一个水龙头，新疆却是那个具衔接性的水管。欲研究文化的推进，非在新疆寻觅痕迹不可，这事无可怀疑。水塔、龙头的比喻，或者不甚恰当，报告中很有可讨论处，黄氏个人所得结论，即已明白指出。

关于新疆的真正认识，时间还不甚久。起因于近五十年新疆本土各处古代文字的经常发现。光绪二十八年，国际学会开会于德国汉堡，始成立西北探险联盟，因此各国学者方继续前往考查，多所搜获。斯坦因、伯希和[1]、勒柯克[2]，算是几个成绩特著的专家。由这些专家学人考查发现结果，方知古新疆人种实在十分复杂。西方文明，尤其是伊兰文明，及其所乳育之希腊、印度混合文明，都从这个缺口源源流入。留存新疆之佛教美术，和同时出土种种古文字，就是个最好证据。可是若根据中国历史称述，中国汉、唐时期，其实都曾极力经营过新疆；惟中土文明，对于这个隔绝过远的区域，似乎竟无什么影响。日本人羽田亨[3]和勒柯克，均力持这种见解。

1　保罗·伯希和（Paul Pelliot, 1878—1945），法国汉学家、探险家，曾多次对中国新疆、甘肃地区进行探险活动，并从敦煌莫高窟劫走数千种文书和其他珍贵文物。

2　阿尔伯特·冯·勒柯克（Albert von Le Coq, 1860—1930），德国探险家。1902—1914年，他和阿尔伯特·格伦威德尔（Albert Grünwedel）四次组织考察团对吐鲁番和库车地区进行探险，因对新疆克孜尔千佛洞内的壁画进行大规模切割而臭名昭著。

3　羽田亨（1882—1955），日本学者、敦煌学家，主要著有《西域文明史概论》《西域文化史》等。

黄文弼氏则以为凡一地文明之拓展，必由两大势力所驱策而发生。第一个是宗教势力，其次一个是政治和军事势力。新疆文化文字、语言、美术，受印度佛教影响虽深，随同政治、军事发展，中国本土所带来的影响也必不少。而且深信这种中土文明影响，是具有延续性及扩张性的。由政治势力发展的农垦事业，附带必繁荣了当地经济和一般工艺，为吾人不可漠视。在历史发展过程上，黄氏报告有如下叙述——当汉人势力未到西域以前，新疆还完全归游牧人统治，如匈奴和乌孙，都随逐水草游牧，并无一定城郭居处。天山南路诸国，虽居城郭，习耕种，然人口稀少。大月氏人西迁一支，亦曾经行南路，或有所遗留。惟大月氏人初初也还无固定住所。故张骞未至西域以前，新疆农业并不如何发达。及至汉通西域以后，广泛的施行屯垦制，如高昌（吐鲁番）、柳中（鲁克沁）、楼兰（罗布淖尔），全是汉人屯垦区域。而渠犁、轮台，尝有田卒数百人。库车、和阗，也有汉人屯垦区。《汉书》上的记载，已经由考查一一证明。新疆南路之绿洲，即可耕种之地。除上述最肥沃柔土，有汉人耕种外，其完全由本地土人耕种地，虽有却不关重要。新疆当时之农业，既已居极重要地位，而新疆本土之农业，因受汉人影响，亦极发达，因此与农业有密切关系的工艺品和货币，当然随之发展，而由汉人居领导地位。

黄氏于民国十七年赴南路考查时，即在库车沙漠中拾得汉、唐两代五铢、开元等制钱不少。并得到方孔小钱甚多，认为即《大唐西域记》所述焉耆、屈支货币所使用的小铜钱。这类钱币每每和一种红色或青色陶片相搀杂，几几乎到处可得。可知那个时候中国货币即已通行于一般民众，而为农业社会中重要交换品。惟遗留下的金银钱并不多。有关工艺品，《西域记》曾称于阗工纺绩绁绸[1]，

1　纺绩，指把丝麻等纤维纺成纱或线；绁（shī）绸，即丝绸。

并曾向中国请求蚕种。此外为人民日常必需用物，和农业关系又极密切的，当数陶器最重要。从陶器的发现地域分布上看，新疆各地凡与农业有关之工艺品，因受中国屯田制影响，吸收汉化已无可怀疑。陶瓷问题从这个影响上，似乎也可以得到一点线索，一种历史的衍化。

图 1　战国　单耳几何纹彩陶罐
新疆维吾尔自治区博物馆藏

　　黄氏工作地是古高昌之交河城。报告描写这个地方时说：因古有两河绕城，故名"交河"。当时河水甚大，人民居于城中。后河水干涸，此城遂废，空余数道甚深之河床，悬崖峭壁，颓垣满野。故此城又名为"雅尔和图"[1]，今通名叫"雅尔额"。近数十年来，泉水从戈壁涌出，流水恢复故道，从昔所称为两河绕城者，现已分为四沟：第一、二道沟合流于城北，绕城东、南流；第三道沟流于城西，至城南端，而与第一、二道沟合；第四道沟流于古坟茔之西，沿土子诺克达格东麓至沟口，而与第三道沟合流出口。现时雅尔湖居民均散布于头二道沟之东北原，村舍栉比，田园相望，为吐鲁番西一个大村庄。沟中虽间有居民，但数目不多。沟北与沟西、沟南，均为平原，土质坚硬，或面覆黑沙，是为古时死者冥憩之所，古冢累累棋布。

所得遗物可分二类：沟北为一类，沟西与沟南为一类。

就器物言，大致又可分三种：陶瓶、陶钵、陶杯。

瓶式本来就极多，有单耳瓶，原胎作浅红色，间露橙黄色，外染深红色彩衣。此器花纹，腹部绘三角形，空间缀以密集之平行线，连及底部，颈项有黑弦纹一道作栏，口缘亦绘有黑线栏，并水波纹。花纹和河南、甘肃出土之陶器花纹有相同处。

有四种红地圆底浅钵：一圆底，无足，底较四围稍厚，内外光平，外涂敷红色彩衣。彩衣与里质微异，里质为黄色黏土所成，外围之红色彩衣，乃用着色泥浆敷涂其上，再加以刮磨，使成纹理。二亦红地，内外敷绛色[2]彩衣，刮磨成纹。口边间发青色，及焦黑色，或为熏烤所致。三同前式，有穿孔，似为当时缝补而成。从技术上看，可知当时对于这类器物的爱护。四圆底无足，且甚厚，内外作浅红色，间有刮磨纹理。底围间露橙黄色，及焦黑色，底浅，如古代盘洗。又平口小钵二种：一口宽平，形小，浅如盘，敷涂红色彩衣，刮磨成纹。二内外涂敷红色彩衣，口边微发青色，口宽平，微带唇。又俯口小钵，以上诸器口唇均宽平，此为削口，且微

1　当地维吾尔族人的称法，意为"崖儿城"。

2　中国传统色彩名称，即大红色、正红色，三原色中的红。

俯。腹部堆砌莲花瓣七。器物时代或较晚。似从印度影响而成，因新疆无莲花。从器形看，这类器物当时或是贮藏酪浆饮料用。

有陶杯，杯作桶状，薄口，外面涂绛色彩衣，刮磨成纹。里面作淡红色，且不光平。腰部着一柄。似当时人饮具。又圆底把杯，红地，大腹，颈口微小，与腹成锐角形，薄口，口缘微卷，形同酒卮，亦当时酒器。又把盏，红地，外不着色，浅口微缺，圆柄，柄之一端与口缘齐，当时或作点灯用器。

图 2　单耳带流彩陶杯
新疆维吾尔自治区博物馆藏

沟西、沟南则陶盆种类特别多，值得注意。

有兽形足盆，青灰地，三足，平口，里部灰青色，外围涂黑，凸起各种鸟兽形象，多与唐镜鉴上形象相合。又另一式兽形足盆，因胎质不同，比前器色深。同式器物多，有大小不同。

有驼蹄足盆，红地，三足，四围刻镂各种花纹，外涂抹黯黑色。花纹刻划甚工，和唐鉴上宝相花盘旋上下式相合，边上旋纹如用齿状器物压成。又有外涂浅黑里涂红器物。圈上下边缘各绘红色弦纹一，腹部绘红色圆圈六，环列四围，彼此不续，亦不与上下弦纹相切，每圈内含红色同心半圆圈，缺口向下，或以为像日月。又牛足蹄盆，青灰地，足颇高，四围涂漆墨，内满涂红……所得十器，每器花纹不相同，多置于死者头或足部，每一死者只一二，有尊贵意。从价值言，或是当礼器中之鼎彝。

有陶甑[1]，青灰地，外涂浅黑，里口缘及上围涂红，腹部绘粉白曲旋纹，中夹红点，旁有不规则之曲断纹。有五孔。

图 3　南北朝　彩绘陶罐
新疆维吾尔自治区博物馆藏

1　古代陶制炊器。圆形，底有方孔或圆孔，有的在器壁近底处也有孔，置于鼎、釜等上面蒸食物用。

有陶瓮或撮口，或卷口，灰地或青灰地，刘保欢墓出土，墓表作重光元年，当中国北魏景明元年（公元五〇〇年），在沟西年代算最早。报告中计得九器，这类陶瓮当为古时盛食物齑醢[1]之用。生时用之，死则殉葬。

有单耳瓶，本地人至今用器形式犹如此。为汲水用。有各种纹饰壶，多青灰地，盛水用。又有罂类和瓿类，与甘肃、河南出土陶罂相近，多形卑而鼓腹、敛底。瓿类纹饰特别多。或有耳，或无耳。多为盛椒盐酱醋之用。陶盂也有数种，有彩绘盂，青地，里满涂红，外涂黑，腹绘绿色舌状形四，每形外廓似均绘有白色同心椭圆，中含粉点，圆与圆中间绘红色圆点四粒，连缀若贯珠，颇美观。又有陶碗、陶杯多种。有陶碟、陶豆，与《博古图》中之周鱼豆极相近。又得陶镫多种。

图4 西周 单耳变体羊形纹彩陶豆
新疆维吾尔自治区博物馆藏

---

1 齑（jī），捣碎的姜、蒜或韭菜细末；醢（hǎi），肉酱。

沟北陶器有一相同点，即均为红地，外表涂敷薄层红泥。黄氏据陶考察，约可分两种，一属唐代，一属远古。唐红陶胎多作浅红色，外面粉红，磨制光平。库车古坟中多如此，常有开元钱在一处，可以证明。远古多较粗笨，同时有石刀，贝钱，似可作新石器时代遗物证据。又有和汉铜镜及杂铜器同时出土的。所以器物古拙一种，或至西元前后犹在那一片土地上通用。随同这类陶片，且得到一个磨制甚光之石斧，在同一古坟中。

沟北陶器可分两类，一圆底钵，一桶状把杯。就桶状把杯考察，黄氏认为和罗布淖尔所发现汉桶状漆杯形制相合。当为公元前一世纪及前三世纪所遗留。陶器中较可注意的，是彩色单耳瓶，花纹与波斯出土陶器相似。又安特生甘肃所得器物，口缘水波纹也相同。在年代上，安特生起始认为当在公元前二千五百年及前三千年之间，李济之以为可疑。黄氏则就史传和实物比证，认为是公元前二世纪或前三世纪产物，最远亦不出前五世纪，与安特生后来改订年代比较相近。安氏的改订原因，即于陶器群中发现铜器。

关于高昌古陶花纹，报告中特别提出近于雷云纹之曲旋纹四种，与铜器比较。其中叶纹和点纹，错杂点缀，极可注意。

制器法有两点与后世尚相合：一、分工合作，器物柄耳凸出兽形，均单独制就后，再设法粘上。这个方法和南方发现的后汉釉陶相合。二、坛瓮大器分两节做，再接合。第二点在《天工开物》制坛瓮时犹道及，可知二千年来尚少变化。

从黄氏报告中，提示我们一个新印象，即这类彩陶于新疆古坟群中大略情形，在年代上说，有早至新石器时三千年前后，而晚至唐代，犹成为日用器物可能。其中虽有中国影响，惟到后即近于因区域隔绝而独立延续下来，在陶瓷史上说已成一个游离的发展。说它是彩陶的衍化，也只是就这个报告所提出的意见的假定。从形制上看问题，却像是和本来彩陶关系并不怎么多。

黑陶之发现及其意义 [1]

民国二十三年，中央研究院历史语言研究所出了一本专门报告，名《城子崖》。史语所在这个有价值的报告前面，很慎重地介绍说："这是中国考古报告集第一种，又是中国考古学家在中国国家的学术机关中发布其有预计的发掘未经前人手之遗址之第一次。"

其时距安特生于河南、奉天[2]、甘肃探寻彩陶工作已十二三年，距信阳永元[3]青瓷发现已十二年，距安阳殷墟发掘已经六年。序言并说：科学考古由西人看来，实重在解决一个人类发展史的中外关系，我们也承认它的重要性。可是我们认为更重要的，还是中土文化的本来，从实物比证，建设中国史学之骨架。即假定中国史前文化的来源，不仅如西人所推测来自西方，必然是一种多方面的混合，自南自东的会集，都有可能。这种假定自然有待于地下发掘多方面的证明。城子崖的发掘，却首先证明了这个假定无误。发掘的本来目的，还只是在彩陶器以外作点试验，看看古代文化的海滨性是个什么式样。而得到意外重大收成，即是造形秀美薄质黑陶的发现，以及较上一层有纹饰有文字的黑陶片，因此在中国文化史上，

1　本文为作者生前未出版作品《中国陶瓷史》中的一篇。

2　清代至北洋政府时期辽宁省的旧称，简称"奉"，省会为奉天府。

3　指汉和帝永元年间（89—105 年）。

继仰韶彩陶后，有了个"黑陶文化系"的子目。而这个文化系，即从陶器造形方面推测，也看得出是达到一个高度成熟期的。

图1 龙山文化 黑陶高足杯
台北"故宫博物院"藏

这个工作的起始，在主持地下发掘工作的文中，曾说得很清楚：民十九，史语所工作因河南受内战影响而停顿，转移过山东，打量用临淄作工作中心（因为战国有字陶分两大类，河北的燕下都和山东的临淄，性质相似而不同），和吴金鼎先生看过城子崖。因临淄问题多，财力人力都不容易如安阳殷墟发掘凑手，工作恐不易进行，所以才先从城子崖起始。但是这个遗址工作的进行，却证明重要性远出本来计划以上。区域范围虽不大，意义重要却无可比拟。由于河南安阳殷墟的发掘，丰富而驳杂的实物，见出一种文化上的复杂混合状态，必须多方面的比证，才有个线索可寻，而得到条目分明的结论。史语所对于这问题的解决，曾作种种不同的努力，其中最重要的成绩，即这回城子崖的工作。总结说来，特别值得注意处为：

发现有两层文化，区别显明，上层文化已进入用文字时期，似可证为春秋时谭城遗址。已到用青铜器，却由于陶器和石器的发现，证明系承袭下层而略有演变。下层为完全石器文化，却发现无数手制薄黑陶器和粉黄陶器，技术特别精湛，形制尤富于创造性，这类工艺到上层时似已失传。更可注意的是卜骨的发现，由此这个区域的文化和殷墟文化得到一亲切的联系。这组文化包含的意义，和殷墟及殷墟附近之后岗遗物比较，而更加显明，构成殷文化最紧要之成分。由于龟卜起于骨卜，且可得一重要结论，即殷文化最重要一个成分，信鬼敬神，凡事必卜以决疑的方法，照目前地下材料说来，可以说原始在山东境内。又由于从小屯殷商文化层下，找出了个较老的文化层，完全和城子崖文化层相同的黑陶文化，事实上且证明了殷商文化就建筑在城子崖式的黑陶文化上。所以说黑陶文化实代表中国上古文化史一个重要阶段。它的分布区域，就目前已知道的说来，东部已达海岸，西及洹水及淇水流域（从较后调查，南至安徽寿县，且过长江至浙江）。黑陶文化到春秋战国，早成一个尾声，但从它在城子崖下层表现，实已进入鼎盛时期，还应当有个初始期，田野工作者该进一步追求这一系文化的原始。从黑陶文化有卜骨而西北彩陶文化无卜骨看来，可知这两系文化实对峙，非连续。即有个早晚不同（彩陶可能早些），但是两个独立系统。从殷墟文化层看来，骨卜不但是那时精神生活之所系，早期文字之演进，卜骨辞语必然占极大推动力。城子崖卜骨虽无文字，那时的陶片却有带记号的，可见那时文化已脱离了草昧期。凡此一切，都强有力给我们一个暗示，中国早期历史文化重要成分，显然是在东方。我们能用城子崖文化作个线索，寻出它的演绎的秩序，中国黎明期的历史，就可解决一大半了。

关于这个工作致力最勤的，序言上特别提出吴金鼎先生。这个报告的写成，是总结民国十九年秋季和二十年秋季两次经过报告完成的。城子崖的发现，即由吴金鼎先生。吴先生是中国对于彩陶作比较研究最有深知的一位学者，由于对彩陶比较知识的丰富，更增加他对黑陶论断的价值。关于这个对人类文化价值特别重大地方发现的经过，在吴金鼎先生的《平陵访古记》写得很详细。时间是十七年四月四日上午十点钟，最先从二粗糙骨锥得到启发，并无瓷器砖瓦碎片，已知地层年代之久远。其次一回是十八年七月三十一日午后，又八月至十月又到三次，经过详细调查，得到一些结论。

关于黑陶发现的重要性，在新闻上作正式传播，是民国十九年十月二十七日，史语所与山东省政府正式商定合作研究工作签字后，十一月十四日向新闻记者的一次谈话。当时即认为可以解决好几个问题，第一是中华民族史前期的文化原委，是否即可用彩陶的分布决定出于中亚？中国内大平原的中心城子崖，也有个石器时代，即由黑光如漆的陶器，证明它是一个独立系统？陶片上既有简单符号，陶器样子又像后来铜器，商周文化是否即从之产出？

后来的发现，恰证明了这些推想，大体都不错。城子崖的地势风土，本书第五页曾有说明：

> 城子崖遗址，西去历城县约七十五里，南距胶济铁路之龙山车站一里，东北距平陵古城三里半，正在龙山镇范围之内。龙山镇就在遗址之西，隔武原河相对，是历城县大市镇之一……适在泰山山脉北斜坡之黄土地带以内……

第一次正式发掘日子是十九年十一月七日上午八时。第一次发掘结果，用二十年四月间在河南安阳发现大致相同之遗物，证明事前所作假设无误，因有第二次发掘。二次发掘日子是二十年十月九日，先后二十天，用工六百五十七个半，掘坑四十五，得物品六十箱。

两次发掘重要发现，即近于烧制陶器的窑类遗址，十分显明，共有六处。得明白古代陶窑的构造。附有带绳纹的陶片，可知是城子崖时代较晚灰陶系上层文化的遗留。

颜色虽以黑色为主，然灰黑红由浅入深，以及种种衍变，亦不下十余种。陶器质料，除似瓷胎一种为特殊，其余多为泥沙配合。制法有手制、范制、轮制、复制诸法。陶器表面上有范文、轮文、印文、刻文、指甲纹，涂色种种装饰。

陶器极少两个绝对相同情形。技艺无论前期后期，基本原理和现代土窑并不甚远，不同处惟用料及装饰有显然差别。有不同性格或风格，可以推想当时陶业的制作者的创造与劳动结合而为一。

因火候不同，已发现同一陶器兼有黑、黄二色。因制法不同，同为黑色，又有暗黑、亮黑不同。

十四种不同颜色陶器中，最引人注意一种是亮黑色，质亮而薄，且极坚固，表面显漆黑色之光泽，也可叫做"漆黑陶"。

又有一种白色极坚固之质料，如现代未敷釉的瓷，近于瓷器先身。从分布上看，这种陶器应当为上层上部黑陶全盛期产物。黑陶极素朴，惟往往带有极雅致之阴阳轮文，极其美观。

有关黑陶纹饰，在上层文化可分：

席与篮印范纹

划纹

印纹

范纹与旋纹

范纹与划纹

下层可分：

席与篮印范纹

轮纹或旋纹

划纹

印纹

印纹与旋纹

印纹与划纹

指甲纹

以范纹轮纹常见，其余印纹、刻纹、指甲纹仅及千分之一。

器物的设计结构，已注意到保温、防秽、防止化散及腐朽，和现代需要相合，可推知当时饮食用途显然和现代相差不太多。在设计上且注意到其他许多方面，如稳定，提携便利（形体美观在视觉上的效果，且似乎比现代人还进步些）。

陶片有近于文字记号，二万余残片中仅八十余片，刻法已有精粗。

种类可分容器和其他用具，并有玩具。小容器制法形式，已和近代茶杯相似。盘类多平底。用器除钵、盂、碗、盘诸物，又有附有带孔笼箅之甗（yǎn），属于饮食常用器物。

黑陶多玲珑小器，惟有一大瓮，精美而又魁梧。有黑陶壶，形体直如均式唾盂。

容器以外有弹丸、纺轮、泥饼、杵，且有材料极薄穿有二孔之白陶。

就陶质言，可以分为四系：

一、灰陶系。特征为手制，具杂乱横麻纹，少陶耳，在遗址下层。

二、黑陶系。有灰黑二种，最精者为漆黑，表面磨光，形式极复杂。

三、粉黄陶系，与黑陶同在一处，惟仅有鬶[1]类一种，无例外（报告有彩印鬶一）。

图2 龙山文化 绳纹灰陶甗
新乡市博物馆藏

---

1 鬶，古代炊具，嘴像鸟喙，有柄和三个空心的短足。

四、第二类灰陶系，黑黄陶上层，与第一灰陶同尽，起而代之者，形制略粗简单。

惟上层陶器有文字符号。一陶片且刻八字成行，就字体比较和甲骨、金文相近，报告拟释文作"齐人网获六鱼一小龟"。是未烧以前刻的。城子崖文化层既分上下两部，报告曾就遗物作估计，认为上层应当是古谭国故址，约起于公元前一千二百年，至公元前二百年为止，共约一千年，时当殷末至汉初；下层属黑陶文化时代，约起于公元前二千年，至公元前一千二百年为止，共约八百年，时当夏之中叶至殷之末叶。

青瓷之认识[1]

图 1　东汉　青釉布纹双系壶
上海博物馆藏

1　本文为作者生前未出版作品《中国陶瓷史》中的一篇。

汉青瓷之发现

中央研究院史语所工作人员，在河南安阳小屯村地方，发掘得来的陶片中，有带釉陶片一种，质料薄而硬度高，十分别致。报告认为可算得是瓷器中最先标本。产生时间比彩陶、黑陶晚，当在商代或稍早一些。这点发现实增加了专家学人一种向往之忱，对中国陶瓷史的印象完全改观。

惟由商入周，两代古坟发掘极多，却并未闻有相同或相似出土器物可以比证。古明器中虽有红砂贝壳胎敷白釉起水银浸[1]闪珠光陶鬲，制度古拙，出土地方既不详悉，产生时代亦难把握，即可能出于商或周初，引例总不甚妥当。普通常见战国时陶瓦器，或敷朱绘粉，陆离斑驳；或质素不华，惟颈肩部分如用木质钝器摩擦成光亮如釉弦纹数道。胎质大多拙质沉重，既不能承黑陶的雅素，又不能及白陶的华美，在陶瓷美术发展史上实不易位置。惟有些同式器物，胎泥细润，泛灰青光，和后来青瓷胎稍有关连。凡带字两周六国灰黄陶片，亦极少著釉。唯一带釉古陶器，具瓷器本来性格，即相传寿州出土薄胎黄褐釉陶壶，陶尊罍。肩部流釉稍厚，起小碎片，半透明，下部被土锈蚀，多露胎，胎泥纯细，平底，有小兽头作肩部装饰。一切款式都如仿自战国或西汉薄铜器。但这种精美陶器产生的时间，可能会晚到汉末及晋六朝，胎质之薄且超过汉青瓷器。陆羽《茶经》说："寿州瓷黄，不宜茶。"唐寿州瓷很可能即从这种旧陶器衍化而来。

一般说青瓷本来，所得印象还仍然指的是汉亮绿釉陶器，即北方各地出土，带深绿亮釉大型陶壶和陶尊。此外还有明器中的房

1　古人入殓时，常用水银粉保护尸体，使之长期不腐烂。出土的殉葬金、玉器物上浸染了水银，留下的水银斑点，称"水银浸"。

图 2　战国 刻纹灰陶罍
古陶文明博物馆藏

屋、仓库、井栏、猪圈、几俎、炉灶和其他杂器（图3），这种亮绿釉泽的发明，多以为是张骞通西域后方带回中国的。传说也可信，也可疑。

试从"信"出发看看，亮绿釉陶多色调沉郁，近于绿琉璃，釉浮胎质之上。到后惟六朝或唐三彩明器，敷釉法有些相近处。釉母很可能最初系从外来，并非自有（那时陶人还不会配合）。汉永平青瓷之釉色变为淡灰青，即系由中国原料自造釉母仿亮绿釉得到的结果。这种仿肖，发展到后来，虽影响中国青瓷史全部，但在当时比较，实不算成功。因为亮绿釉的长处是把握不到的。

再试从"疑"出发，会觉得北方亮绿釉原料，中国本可以生产。以汉人陶冶技术及应付当时一般工艺器材而言，必然可照工师理想，陶上敷同样亮绿釉也不甚困难。明宋应星《天工开物·陶埏篇》，有陶瓦器转锈（釉）法，砖瓦转锈，"锈"字意义，并非磨

图3　东汉　铅绿釉陶明器
美国大都会艺术博物馆藏

光，重在坚实。当时用的方法，是窑中火候已足时，即注水于窑顶凹坑，使之"水火相济"，便可得坚实效果。这方法也可谓汉代人民极早已理会到。因从当时所制空心砖的坚实耐久，即可见技术上早已达到最高水准。罂瓷上锈当然指带釉光而言，《天工开物》所提示方法，只是用蕨蓝草（凤尾草）一味，烧灰去滓，和以红泥水拌和涂上，即可收功。琉璃瓦所需要，也只是用无名异（锰）、棕榈毛等物煎汁涂染，即成黛绿。用松香、蒲草等涂染，即成明黄。《天工开物》一书虽成于明人，方法实相当旧，具原始釉意味。敷釉原料既然是南中国平常产物，当时中国的丝织物、髹漆[1]、冶金，

1　雕漆工艺中的一步工序，指将漆涂在器物上，使得漆料最终达到可以雕刻的状态。由于雕漆通常需要至少6毫米厚的漆，因此漆工往往需要髹漆上百遍。

一切相关工艺，又有个传统优秀而丰富的经验底子，中国瓷釉的发展，很有可能本自南方来，不必经由西域传授。由于汉永平青瓷的发现，及以后南方青瓷在古坟废窑中的陆续发现，已清理出个一贯条目。青瓷釉的发达和进步，来自南方说，益可征信。亮绿釉即或出自西方，自成一格；至于汉代灰青釉瓷器，它的本来或者时间还早一点。如寿州薄胎带釉黄褐陶，的确出于战国末年，汉灰青应当是受它影响而成功的一种。发展下来即成为三国以后的越系灰青，艾叶青或者说秘色青。并启后世哥、汝、章、龙泉种种青式器。至于这种灰青釉的发明，当初或为实用上需要，或竟出于有意仿造铜器，作为铜器的代替品。尤其是祭器或明器的制作，更近于仿铜器而兴。

信和疑都只是一种假定，说明一面的真理，更深的认识和理解，还待将来国内有计划的多方面发掘和比较研究，才会有个正确的结论。

亮绿釉陶在北方发现较早，较多，除大型壶樽酒器，尚有同式博山炉，及其他器物。虽发现多年，因为釉泽和唐以后青器根本不同，即想勉强贯串成一个系列，终不容易衔接。由魏晋六朝到唐，有一大段空隙，无从用其他器物填补。陶瓷学者遇到这个问题上时，因此多囫囵过去，不作答解。它的变化、影响和唐、宋陶瓷的关连，多付之阙疑。新的发现和启示，是从民十二前后方偶然得到的。

民国十二年，北京午门历史博物馆丛刊[1]第一年第二册，载了篇文章，记载河南信阳县游河镇播鼓台几座汉坟发掘的经过。

---

1 指《国立历史博物馆丛刊》，1926年10月在北京创刊。因此，前文提到的发表年份应为民国十五年。

信阳县汉冢发掘记

信阳县城西北，故有古城岗者，土人常于榛莽中，得砖甓之属，率有花文。识者审为汉代物。民国十二年，邑有工事，辄取其砖以应需。众口流传，访古者渐集。邑西北有游河镇者，位游河之阳，距镇西北四里余，有地名王坟洼，俗传为淮南王葬处。或于此掘得陶器，制极古拙。已故画家吴新吾先生得二器以赠本馆，审为汉器，佥以为亟宜从事搜掘。首掘王坟洼，坟纵横各约二十余尺，入地及丈，全墓砖甓毕露，然除于墓底得大泉五十一枚，及铜鼎足一枚外，了无所得。南向搜掘，发现墓门石基，基南得砖台一，长四尺余，宽二尺余，高约一尺，横位于墓门之前，距地面约三尺余，较墓基高六尺。似是祭台，于其上得陶器八件。次至擂鼓台，台距镇北半里，俗传为楚庄王鸣鼓作战处，广约七亩，高及二丈。初从东北面掘隧而下，深及丈余，得石刀、石斧及古陶器数件。再进无所得。乃从西北面复掘一隧，得石器如前。深入一丈八尺，得大石斧一，残骸数件。深至一丈四尺，无所得，乃复掘其西南面，入地三尺余，得古墓二，南北并列。甲墓东西长十九尺有奇，南北宽约八尺，西端宽约三尺。乙墓东西长约二十尺有奇，南北宽约十二尺，西端宽约四尺，悉有砖瓷。于甲墓中得铁钉多件，及残甑铁斧等。于西端宽三尺处，得瓷锅、瓦瓿、铜器等件，及五铢钱数十枚。乙墓得铁钉陶器略如甲墓。既竣事，运馆陈列，详加考订，定为汉墓。以所获瓷器考之，盖有四证焉。壶瓿之类，形状纯为汉制，决非后世所有，一也。其花纹多作绳纹，亦为汉制，二也。器皆平底，与后世有足者不同，三也。质地极粗，工艺古朴，迥异后世，四也。本馆同人聊据管见，

考证如此。博雅君子，幸而教之。（转引自《支那青瓷史稿》）

这些青瓷器不久即陈列于北平午门上面历史博物馆，直到如今，还在东角楼大柜中。计有下列六件不同器物——

青瓷四耳壶　一

青瓷小四耳壶　一

青瓷洗　一

青瓷碗　二

青瓷杯　一

瓷釉色泽同作淡灰青，胎质坚实，釉具半透明性，火力不及处略呈剥蚀状。青瓷洗中部起网状花纹。器物形制完全如汉铜器。根

图 4　汉　原始青瓷扁壶
余杭博物馆藏

据报告原在墓中陈列方式看来，同时还应当不止这几件器物。而这类青瓷器，却很像是有意模仿铜器色泽求似真方涂成灰青釉。试作一个假说解释，或因汉代提倡薄葬，影响到一般风气，方用瓷代铜。

这本是一件大事，对陶瓷史的研究尤具重要性。但当时中国考古学既尚在书本文字中辗转，安特生之彩陶研究也刚起始，还只成为少数人讨论问题。所以这种青瓷的发现，对国内陶瓷学者竟无何等影响。惟日本人已极引起兴趣，二十年来一般陶瓷问题著述，即多引用这件青瓷洗作先例。且根据这次发现，在华北多方收集，不久即得到许多同式异类青瓷。极重要的一种，是日画家中村不折[1]之书道博物馆所藏有铭文青瓷匜也，上刻文字一行：

中平三年五月十二日尚方作陶容一斤八两。

字作隶体，刻在器物边缘上，如普通汉铜器、漆器款式。如非伪作，可算得汉青瓷器中刻年号一个最好例子（公元一八五年），也可作瓷器仿铜一个附带证明。又其他人还得有青瓷博山炉，和亮绿釉博山炉不同。青瓷熊式炉脚或其他器物脚，得于中国南方，壮朴处和一般汉铜器熊式器脚相合。又青瓷羽觞，于银器、铜鎏金器、玉器、漆器、瓦器之外，多一瓷类酒器。又青瓷猪圈，温厚圆泽处已启七百年后龙泉青瓷作风。此外尚有兽环耳壶、皿、钵、斗、炉、灶等等。胎釉作风均和擂鼓台坟中青瓷式样大体相似。

1　中村不折（1868—1943），日本美术家兼文物收藏家。1936 年，他在东京创建书道博物馆，用来保存和展示他所收集到有关日本与中国的历代书法文物。

这种发现虽是证明东汉以来的青瓷，已脱离亮绿釉而形成一种浅淡灰青式釉，至于魏晋六朝的青瓷，或其他瓷器，是种什么作风，颜色形体多了些什么新风格、新风趣，还是无从明白。在一般性叙述中国陶瓷论文中，谈到这个时代情形时，照例除引用些诗文作说明，即不易用实物取证。虽从晋杜毓《荈赋》文章中"器泽陶简，出自东隅"，知浙江东瓯古窑晋时已著名，又引晋潘岳《笙赋》"倾缥瓷以酌醽"，知晋人饮酒已尚青器。惟东瓯青器是什么样子，缥青宜具何等颜色，千年来读书人用书证书，既难得其解，亦不易作进一步追究，因之嗜古者虽多，即遇实物，亦必当面错过。而通常所见南方汉晋六朝青器，及唐越系秘青色，则一向多从商贾市场习惯，认为是南方"古宋瓷"，或"高丽宋"，无人敢言这类器物的产生，实在唐代以前，且正是嗜古者梦寐求之的东西。

新的启发

中国近五十年考古学的发展，应当数《老残游记》作者刘鹗收集的《铁云藏龟》的印行，十分重要。王静安先生从甲骨文找问题，对于殷商的著述，刺激了年青学人对古代史探讨兴趣。五四以后学人由疑古作深入检讨，发展到北伐统一后，学术上兴趣集中点，已定于一，即安阳殷墟的发掘，工作不仅为国人注意，且引起世界对于中国古青铜器的浓厚兴趣。一般历史学者，一时风气所趋，也似乎非秦、汉以前不足道。且大有除中原区其他无考古可言。学者通人治甲骨铜器文字学，竟成为时髦事件。至于近古与中古社会发展问题，小问题，比较生疏偏僻难治问题，若作来困难又不易见好，就少有人热心注意。即以铜器研究而言，虽人材甚多，除史语所同人能作田野考古，大多数人还是不脱离老式玩古董治金石文字惯例，在音训上辗转猜谜，在史事上作新史论，有关器物形态美知识即并不发达，由美术史或社会史出发来认识，还无什么人。因此铜器学照例截至汉代，三国以后似乎即无铜器可言。无文字铜器，虽商、周也不在通人眼中。治石刻更是文字重于图画。这种学术空气，自然使得近古、中古研究，就容易疏忽，即一个文化史学者，观点也依旧局束于文学或思想史部分。换言之，即始终不离书本文字所表现或待解决问题，此外即不能着手。所以提到陶瓷史中迷蒙期，由唐到三国一段时间的研讨和认识，我们对于东邻学人近三十年的研究热忱，不能不深致深刻敬意。而中国学者对于这个工作的贡献，如陈万里先生对越窑的具体研究，实在说来，也比其他书本文字学术工作，切实而又有价值得多！

因日本学人于浙江绍兴九岩镇越州古窑址[1]的调查，提出的报告印行，世人才知道九岩窑实起于后汉初，六朝为繁荣期，直到唐代，余姚上林湖窑[2]兴起，九岩窑才衰落废绝。从九岩窑废址所发现青瓷碎器残片，可见出一切特点和汉铜、漆器均有个共通性。青瓷双鱼洗本出于汉铜洗，由原青瓷过渡，即成为后来唐、宋青瓷坦口碟先驱。

九岩窑的最初发现，系当时杭州日领事松村雄藏，所作《越州古窑址探查记》，载于日文《陶瓷》八卷五号。窑址离著名产

---

1 位于浙江省绍兴市钱清镇九岩村九岩桥旁土丘。属西晋遗存。20 世纪 30 年代，陈万里至此调查，获碗、洗、狮形插座、虎子、灯盏、鸡头壶等，其所著《瓷器与浙江》有记。

2 位于浙江省宁波市慈溪市栲栳山麓上林湖一带，为东汉至宋越窑青瓷的中心产地，是海上陶瓷之路的起航点之一，朝廷先后在此设立贡窑和置官监窑，大量烧制秘色瓷。

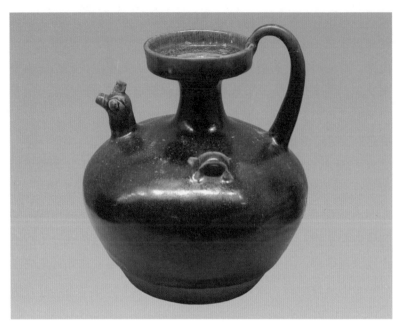

图5　东晋　德清窑黑釉双系盘口鸡首壶
故宫博物院藏

酒的绍兴县西北约二里，从运河坐小船一小时可到。德清窑的发现，是另一日领事米内山庸夫，因德清县"后窑"地名引起注意，窑址在杭州东北约六里，考查报告载于改造社刊行的《支那风土记》。把当时所得陶片加以分类，大致为两种，较古一种和九岩窑作风完全相同，纹饰、釉色、形体均具汉六朝青瓷风。较新的则已接近于南宋时代，才知道这个废窑是一直在生产中，地下残片堆积，即是一篇中古青瓷史真实而正确的报告，惟搁置于地下，千年来无人注意。由于这些新的发现，我们方明白浙江实青瓷的发祥地，自东汉即已起始。六朝以前，九岩、德清及禹王庙镇居重要位置；唐五代、北宋初，上林湖，余姚窑有个全盛时期；宋、元、明、清，则龙泉、琉田、处州，成为世界著名青瓷出产地。换言之，浙江青瓷此兴彼替，共同已有了个近二千年的历史。从这个部门生产品作有系统研讨，将来必然还可在比较文化史上有许多发现。因为中国青瓷生产区域性的广大，就目下已知道的范围说来，埃及、印度、波斯，即无不有残器、残片留存。日本、高丽、暹罗，更多直接受中国影响。将来如偶然在欧洲或南美地方，还可得到不同发现，从瓷片上考查，对于中古海上交通史问题，必能启发更多新知识。

越窑——秘色瓷[1]

越窑与茶关系

古青瓷由九岩、德清两旧窑，绍兴古坟群及南京的陆续发现，从比证上解决了千年来一个悬案，即青瓷的起始，实在东汉，一脉相承，直到唐代。唐越窑及秘色瓷，是种什么颜色，有些什么特征，也差不多全弄清楚了。这种发现是许多学人专家共同完成的，而陈万里先生在浙江各地的调查发掘工作，他的《越器图录》及另外几个研究报告的印行，贡献实在特别大。越青瓷的全盛时代，是由唐到五代、北宋初（公元六一八——九八二年，此

图1　五代　越窑青瓷刻花龙纹钵
　　美国大都会艺术博物馆藏

图2　越窑青瓷刻花龙纹钵侧面

1　本文为作者生前未出版作品《中国陶瓷史》中的一篇，中间缺失约
　　1800字。

九八二年假定是太平兴国七年进贡那一回为止）。越青器无论从造形或釉色看，全是承袭了汉、晋作风而来，并非凭空产生。越青瓷烧造在技术上的大进步，及向海外扩张期，可能在唐初即已达到，五代末臻最高点。印度、波斯、埃及、日本各处地方，近三十年从遗址废墟中，均有这类青瓷残片、残器发现，恰说明这种品质优美、风格鲜明的青瓷器，在一千年以前，不仅有和其他国家从海舶交换香料、药品、象牙等等特殊物品的经济价值，实在还有个抽象的文化价值。这种价值早为东方诸国家所承认、所重视。中古文化交通史，青瓷器所占有的位置，比丝织物和茶叶还具继续性和永久性，也由此可得证明。

对于越青瓷的认识，首先加以特别推荐，成为中国陶瓷史……

……且可知重税不足，还没收过私人茶树归公。武宗即位（公元八四〇年），崔铉又出主意增税，聚敛方法也益酷虐。至宣宗大中六年正月（公元八五二年），裴休奏茶法课正税，禁私商，史称十分合理。私鬻三百斤，三犯即论死。长行群旅茶虽少亦死。园户私鬻至百斤以上杖脊，三犯加重徭。伐园失业者，刺史、县令以纵私盐论。则茶法之严，已和盐法相去不多了。所谓合理，原来只是法益苛，税增多，老百姓所受限制，比当时官市还无可奈何而已。因为官市虽近于帝王爪牙的公开抢劫，究竟还有个限度；茶税则有立法保障，人民无可告诉的。所以说，如果越瓷之著闻，是由饮茶而起，这种日用必需品的生产者和转贩者，在那个时代如何为统治方面重税剥削，也不可不知。惟当时诗人，大都却只见到瓷器和茶与酒的普通关系，不会注意这件事情。

诗人中还有好些诗，涉及越瓷秘色瓷，如施肩吾《蜀茗新词》：

越碗初盛蜀茗新，薄烟轻处搅来匀。
山僧问我将何比，欲道琼浆却畏嗔。

又孟郊向朝贤乞茶诗[1]有"蒙茗玉花尽，越瓯荷叶空"句。郑谷有"箧重藏吴画，茶新换越瓯"句。韩偓有"越瓯犀液发茶香"句。且有二诗专咏越瓷茶酒用具的，一为徐夤贡秘色器诗：

捩翠融青瑞色新，陶成先得贡吾君，
巧剜明月染春水，轻旋薄冰盛绿云。
古镜破苔当席上，嫩荷涵露别江溃，
中山竹叶醅初发，争病那堪中十分。

图3　东晋　越窑青瓷鸡首壶
美国大都会艺术博物馆藏

1　诗名为《凭周况先辈于朝贤乞茶》。

一为皮日休《茶瓯》诗：

> 邢客与越人，皆能造瓷器。
>
> 圆似月魂堕，轻如云魄起。
>
> 枣花势旋眼，苹沫香沾齿。
>
> 松下时一看，支公亦如此。

都近于盛夸越器，可知标准越瓷，当时大致不是人人可以得到。《新唐书》《唐六典》称"越州贡瓷器"，照习惯，贡品多就当地出产而言，惟技术上的特别进步，则照例常因进贡而得到。论及秘色瓷的兴盛与衰落时，益可见它和政治的关系，或置官督造，不惜工本，方形成一个进步时代；或因事搁置，便衰落不振，终于废毁，再过一些时候，就并器物名称也不大明白了。

越州青瓷因陆羽《茶经》而著名，陆羽懂茶道自然是事实。唐人小说纪异，有一则故事，就和唐人对于品茶的认真有关，和陆羽有关。写得很有趣味，也可见当时好茶直到如何程度。

> 积师以嗜茶久，非渐儿供侍不舉口。羽出游江湖四五载，积师绝于茶味。代宗召入内供奉，命宫人善茶者以饷师，一啜而罢。上疑其诈。私访羽召入，翌日赐师斋，俾羽煎茗。喜动颜色，一举而尽。使问之。师曰："此茶有若渐儿所为也。"于是欲师知茶，出羽见之。（宋董逌《广川画跋》引唐纪异，题《陆羽点茶图》）

既相传为故事，且作画图，可见陆羽和茶并且早已成唐人小说和艺术主题。但有意思的还是《梁谿漫志》所说瓷制陆鸿渐，商人遇生意不好时，即用为斗争泄愤工具。如我们记得唐代政府官榷茶

图 4　元　赵原《陆羽烹茶图》（局部）

税之重，法令之琐碎而严刻，宋茶纲每年贡大小龙团之劳民病国，积下了多少说不出的怨愤，就会觉得这个记载说来也满有意思的。（唐代茶器尚青，到宋代茶具一改而重兔毫盏，则因点茶方法不同的结果，问题当另论。）

秘色器问题

关于越器或秘色瓷器名称和它的特征，宋人笔记曾约略道及，由于知名而难见实物，说的多不详尽。惟秘色瓷的线索，还是从这些记载理出：

越上秘色器，钱氏有国日供奉物，不得臣下用，故曰秘色。（宋周煇《清波杂志》）

耀州出青瓷器，谓之越器，似以其类余姚县秘色也。（宋陆游《老学庵笔记》）

遂有秘色窑器，世言钱氏有国日越州烧进。（宋叶寘
《坦斋笔衡》）

越州烧进，为供进之物，臣庶不得用，故曰秘色。
（宋曾慥《高斋漫录》）

青瓷器皆云出自李王，号秘色；又日出钱王。今处之
龙溪出者，色粉青。越乃艾色。（宋赵彦卫《云麓漫钞》）

图5　五代　越窑秘色青瓷洗
台北"故宫博物院"藏

宋人谈起它时，已不甚明白，可知这类瓷器，当时虽进贡到十
多万件，及北宋末已不多见。南宋都临安，因修内司郊坛窑的兴
起，方把河南大观窑中的翠青、粉青，和越系的翡青、艾青相会，
产生一种新的青瓷，且影响到浙江青瓷的新兴，龙泉的豆青、章生
一二的翠青、丽水的虾背青，多各就土性及一个传统形式，各自发
展又彼此影响，促进了一个新的青瓷时代来临。更使秘色青器成为

一个历史名辞。

对秘色青器有价值记录，史乘上有些记载，实极重要：

保大元年（公元九四三年）之秋九月，王遣使钱询。贡唐方物银器、秘色瓷器。（《十国春秋》卷七十八，吴越二，武肃王世家下）

清泰三年（公元九三六年）九月，王贡唐绮五百连，金花食器二千两，金棱秘色瓷器二百事。（《十国春秋》卷七十九，吴越三，文穆王世家）

天福七年（公元九四二年）十一月，王遣使贡晋……茶二万五千斤，及秘色瓷器。（《十国春秋》卷八十，吴越四，忠献王世家）

（开宝）六年（公元九七三年）二月十二日，钱俶进……两浙节度使钱惟浚进……金棱秘色瓷器百五十事。（《宋会要》蕃夷七，历代朝贡）

（开宝）九年（公元九七六年）六月一日，明州节度使惟治进……瓷器万一千事，内千事银棱。（同前）

（太平兴国）三年（公元九七八年）四月二日，俶进……牙茶十万斤，建茶万斤，瓷器五万事金……釦瓷器百五十事。（同前）

（太平兴国）三年三月，来朝……俶进……金釦越器百五十事。（《宋史》卷四百八十，列传，世家二，吴越钱氏）

太平兴国七年（公元九八二年）秋八月二十三日，遣……世子惟浚贡上……金、银、陶器五百事。（《吴越备史补遗》）

熙宁元年（公元一〇六八年）十二月，尚书户部上

> 诸道府土产贡物……越州……秘色瓷器五十事。(《宋会要》,食货第六,诸郡进贡)

还有未具年月进贡记载,或有和前面记载是同一事的:

> 忠懿王入贡……金银饰、陶器一十四万事。(《宋两朝供奉录》)
>
> 王还令惟治入贡,惟治私献……金釦瓷万事。(《十国春秋》卷八十三,吴越七,列传,钱惟治)
>
> 忠懿入贡金银饰、瓷器一十四万余事。(《枫窗小牍》)

钱氏据浙江、称吴越,实起自公元八九三年,至九七八年献土于宋,凡五主,共八十六年。所谓秘色器,如专指钱氏有国日烧造之青器,自然即是这一段时期中的产品。

从史乘进贡账目看,也可知秘色器在当时必不是普通人所能得到。钱氏割据吴越,浙江本来富庶,物力又集中,所以除金珠、丝织物外,能贡青瓷器至十四万件,内中特别是金棱釦器至数千种。到熙宁后,作为一个郡的单位来纳贡,就只能进普通秘色器五十件了。仅就数量言,也可知至晚到公元一〇六八年前后,秘色瓷的制造,已成尾声。《余姚县志》称"置官,寻废"或即废于王安石变法前后。周密《志雅堂杂抄》,亦曾提及此事:

> 太平兴国七年岁次壬午六月望日,殿前承旨监越州瓷窑务赵仁济……

《余姚县志》则引嘉靖时志书称：

> 上林湖唐、宋时置官，寻废。
>
> 上林湖烧秘色瓷器颇佳，宋时置官监窑焉。寻废。今各邑亦俱有民窑，然所烧大率沙罐、瓦尊之类，不出境，亦粗拙，不为佳器。

官窑既废于北宋，江浙所贡献器物又日益减少，无怪乎到北宋末时，一般人对于这种青器，就已不大明白，在文人笔下，也成为一种传说了。尤其是金银棱釦器，近于一个历史性名词，所以《宣和奉使高丽图经》（作于宣和四年）作者在高丽见到青瓷，明明是受中国影响之涂金银青器，竟诧为高丽所独有。

北宋人既然已经不明白越青秘色器及釦器性质，后代人自然更多隔膜。因此明、清人叙陶瓷如《格古要论》《长物志》《陶说》《景德镇陶录》《寂园说瓷》《饮流斋说瓷》《骨董志》作者，对越窑即多转述传闻，难得其解。《陶说》作者于瓷史叙录为扼要而有见地，亦未见秘色窑器，竟以为或如钧窑。

或因为中国人对于"青"字色泽定义暧昧不明，包括了翠绿、天蓝、水绿及纯粹蓝色青诸成分，越窑既属于南方青瓷系，大致当如世传宋影青，及元枢府青之间。这种谬误印象，直到如今，犹流行于一般陶瓷鉴赏者心目中，形成一种强固观念，不易拔除。

越窑青器的形制和金银釦秘色瓷

越器发现已极多，除《越器图录》所提及各种平器以外，《支那青瓷史稿》叙越器代表遗物，尚有下述各种式样：

唐草雕文样盒子、鸟形笛、牡丹唐草雕文样盒子、无地四方脚付水丞、无地水瓮、鹅鸟水滴、唐草雕文样钵、莲瓣雕文样汤吞、双鸟雕文样钵、无地平钵、金覆轮龙涛雕文样钵、双凤雕文样平钵、双龙雕文样钵、唐草雕文样多嘴瓶、鹦鹉雕文土瓶、双耳云雕文样瓶、莲瓣雕文样小壶。

这些器物虽属于青瓷系列，事实上是包含了鼠灰、荞麦灰、浅黄、淡褐、深青及越翠青诸色。时代有早过唐代晚及北宋情形。极重要的或应当数《青瓷史稿》附图第十七，所谓金覆轮龙涛文青瓷碗，碗口镶一道金边，犹充

图 6　辽　银釦青瓷盏托
内蒙古自治区文物考古研究所藏

分保存汉漆釦器遗制，边阔而具装饰意味，当即《十国春秋》《宋会要》诸书所称"金银釦器"或"金棱银棱之器"。也即是《高丽图经》所称高丽青器涂金银所本。从这种釦器看发展，方知北宋定器之用铜包口，窄窄一线，已失本来装饰意味，只注重在实际保护边缘性质。这变化有两种可能：或因法令有禁，不许销金（真宗时即有令）；或因定式白瓷器本身已具单一艺术效果，认为这种装饰反而破坏瓷器素朴的美，所以把它缩小。且可知秘色釦器的金银边本来，实出于汉漆器。由包金到薄薄涂金，已近于由保护转成装饰。发展到定器，改成一道窄窄铜边，又有由装饰改为实用意义。这个变迁过程，似为叙陶瓷谈釦器容易忽略过一件小事。宋器

图7　宋　定窑印花花卉纹碗
台北"故宫博物院"藏

中常有黑定具一道阔白边，或素瓷具一道别的宽边，均近于从釦器影响。

　　陶瓷有字，当以山东城子崖黑陶发掘，于上层文化层所得"获六鱼一小龟"那个陶片最古。因为时代还在龟甲文以前若干年。其次周陶多具字，和铜器上文字小有异同。汉亮绿釉陶有捺五铢钱印文于肩部作装饰的……越青瓷器字号多在底部，用锥刀刻划而成。上林湖畔旧窑所得，有如下一些单词单字：

　　　　太平戊寅、太平、丙、丁、巳、子、永、上、内、大、
　　乙、通、示、吉、吉利、供、供养。

　　"太平戊寅"恰当太平兴国三年（公元九七八年），也即是吴越王纳贡称臣之年；《宋会要》称曾进瓷器五万事，金釦瓷器百五十事。

　　又其他文字有些近于干支次序，如"丙""丁""子"字样；有些近于宫内使用，如"上""内""大"等字样；有些又近于庙宇中献物，如"供""供养"等字样。文字用处已启钧窑及郊坛盏

先例。

把这种青瓷器时代向上推衍，极有价值的证据，还是从坟中得来。在上林湖畔，曾发现一座唐墓，有长庆三年（公元八二三年）的青瓷墓志铭。由太平兴国上溯时间已过一百五十余年。用青瓷作墓志，在陶瓷史上也是一件重要事（死者钱府君，有人以为即吴越王钱俶先人，钱氏因世代主陶器，越秘色窑方益精。说近于敷会，不可信）。

又波斯出土越青瓷片，就时代推测，当在晚唐中和前（公元八八〇年），器物在造形上及纹饰上，多与越器相合。埃及、印度、波斯地下发掘得来的瓷片，也完全如晚唐上林湖旧窑所得残片，形制花纹特征多相同，见《支那青瓷史稿》。从这个发现，给现代史学者启发了一种丰富想象，即当时这些青瓷器如何从海舶辗转至于异邦，成为文化交流实物之一种。尤以波斯地方一个废墟，所得碎片残器种类惊人。那个废墟当时的繁荣期不过五十年（约公元八三八——八八三年），即唐文宗开成三年至僖宗中和三年。瓷片中竟同时发现有洛阳之唐三彩，内邱之白瓷，及余姚之青瓷，可知三者在当时即已如何为远方别国当成一种珍品看待。

唐李肇《国史补》云："内邱白瓷瓯，端溪紫石砚，天下无贵贱通之。"

内邱属邢州镇鹿郡。《国史补》说的内邱白瓷，也即是陆羽《茶经》所称如银的邢瓷。当时流行之广，实超过青瓷甚多。这种瓷因"如银"比喻，对于它的色质，后人不易把握，只能于钜鹿[1]出土白瓷器中悬揣。市人作伪，有用白胎带乳冻料挽合，结成如料

1　今称"巨鹿"。本书所收录文章写于不同时间，故不同文章针对该地名可能有不同的写法。

器状者，有如洋瓷者，因埃及所得白瓷时代较清楚，唐代白瓷亦因之而明。

秘色瓷在遗忘中的影响

秘色器既流传海外，当然会影响到那个国家的生产品，模仿随之而生。高丽青瓷的发展，即显然有个中国青瓷底子，且在北宋末已著名。徐竞《宣和奉使高丽图经》称：

图 8　12 世纪　青瓷鱼龙形注子
韩国国立中央博物馆藏

高丽陶器色青者，国人谓之"翡色"，近年以来，制作之巧，色泽尤佳。酒尊之状如瓜，而为荷花伏鸭之形。复能作碗、碟、杯、瓯、花瓶、汤盏，皆窃仿定器制度。

高丽燕饮器皿，多涂金或银。而以青陶器为贵。有狻猊香炉，亦翡色也。上蹲兽，下为仰莲以承之。诸器惟此物最精绝，其余则越州古秘色，汝州新窑器，大概相类。

从前段记载，可知翡色青在北宋末实特别进步。翡色也可能即越系青秘色之一种。所言器物形制，虽说多仿定器，其实定器亦多有所本，越式青已具备。从后段记载，更可知秘色金银釦器，在当时高丽青器中，已成一种代表较精贵格式。惟奉使国人无识，因此对于这种本来学自中国的涂金银法，转而觉得惊奇！更可知到北宋末叶，吴越之秘色，尚有仿造，已称"古秘色"。至于金银釦青瓷器，在中国必已稀有少见。

又就近代出土实物考查，日本人奥田诚一著《宋胡录图鉴》，计选印暹罗古瓷一百十图，并著一文解释讨论，以为这类古瓷受龙泉青瓷影响处。惟就所举百十例图中前二十图，从形态看发展，似乎还是多从越式秘色青而来，多唐风而少宋制（后部分多画卷草纹饰，不及宋瓷州窑卷草精美，惟粗率简易，实更近于唐风）。这种意见当然易成敷会，必须保留，待进一步比较，方会有些更正确意见。惟印度、埃及、波斯各地既尚有越系青瓷发现，距中较近之南海各属，因青瓷在品质上的进步（史志上又少闻禁止出口事），影响到这些国家陶瓷的作风，自然是不可免的。

越系青或秘色瓷，入宋虽犹有应用工业艺术品最高价值，而柴、汝、官、哥、定诸名窑，在北宋一代又恰足代表宋文化一部门，政府经营鼓励，世人爱重，均可谓到了一个最高潮。但是到北宋末年，金人包围汴梁时，一切精美瓷器似乎都失去了本来意

图 9　唐　越窑八棱秘色瓷净水瓶
法门寺博物馆藏

义，即那时政府，也已经不再把它当成一种有价值事物看待。时代转变，《大金吊伐录》一书记载，金人围汴梁，掳徽、钦二帝北行时，索犒军物资和宋人献纳事物，文件往返，献纳表中除金银珠玉外，生姜与大小龙团茶，同列表中，惟著名窑器却一物不载。又宋人答金人书，表示库藏空虚，民力已竭、敛聚无物时，政府和民间日用金银器物，也共同缴上，并表示从此以后政府燕饮用物只漆器，民间只陶瓷，可知金人不曾把漆瓷看在眼中，而当时政府日常用器物，除金银外也只是以漆器为主。至于陶瓷，多是民间用器。游牧为生、马上搞天下的金人，是用不着易碎难保存的陶瓷，并剔红漆器也不稀罕的。于此也可见出辽金文化中关于陶瓷部门，除由革囊改制的鸡冠壶，在陶瓷史上造形方面独具一格，尚有点游牧人风趣，其余仿唐三彩、仿定，成就多不足道。入元后瓷之堕落，钧窑质料日差，定式白瓷亦由精转窳，元枢府月白影青，代表新兴佳器，也并未突过宋器制作之精、形式之美，自在意料中。

清初瓷器加工 [1]

由康熙、雍正到乾隆，前后一百三十多年时间中，就整个中国陶瓷发展史算来，不过占时间五十分之一左右。即从北宋景德镇生产影青瓷起始，也只占时间八分之一左右。但是，这百多年中景德镇瓷生产，却随同社会其他生产发展，史无前例，突飞猛进，创造了瓷器艺术空前纪录；仿古和创新，无不作得尽美尽善，达到瓷器艺术高峰。瓷业工人和画家，不仅对于中国工艺美术史作出光辉贡献，对于世界美术史也是一种无可比拟的贡献。我们常说"学习优秀传统，便于古为今用"，看看这部门成就，有多少值得我们借鉴取法，试从各方面来作一回探索，应当是一种有意义的努力。

关于清初瓷器问题，前人已作过了不少工作，较早一时期，唐英的《陶冶图说》《陶成纪事诗》，和稍后的朱琰《陶说》曾谈起当时生产上许多事情，和艺术品种，烧造过程，以及兴废原因。目下读来对我们还十分有益。晚清人从赏玩出发，江浦陈浏作的《寂园叟说瓷》（即《陶雅》），南海许之衡作的《饮流斋说瓷》，也补充了不少材料。对于艺术评价，虽和当时个人爱好及国际市场有关，现在说来有不尽正确处。但作者在五六十年前，究竟经眼过手不少珍品，因此很多意见，还是相当重要。特别是

1　本文约写于1962年秋，曾供景德镇陶瓷研究所参考引用。

晚清作伪仿旧部分。再其次，即近人杨啸谷的专著《古月轩瓷考》，纠正了近二世纪来世人对于画珐琅瓷的许多传说。郭葆昌在伦敦艺展陶瓷图录清代瓷器部分作的介绍，郭为洪宪瓷的监制人，在旧的瓷器鉴藏家称大行家，对于清御窑官窑特别熟习，谈的也相当中肯，均值得注意。

一般说起清初瓷器艺术成就时，康、雍、乾三王朝是不应当分开也不可能完全分开的。因为烧瓷重经验，老工人和老画师历来在当地本行中都极受尊重，在生产上占主导地位。带徒弟也尊重家法，分门别类，各有师承。并不是北京换了一个皇帝，就即刻影响到下面生产。此外，主持江西官窑御窑生产，对于景德镇这百年来艺术成就有过一定贡献的唐英，本人在镇厂工作数十年，也即贯串了这三个朝代。特别是御窑或官窑的仿古，如仿官、哥、定、汝、钧、龙泉，有不少直逼古人，有不少且远胜古人，以及仿钧、仿宣成而得到新的进展，由此更进而仿古铜、金银错，所得到的惊人成就，和唐英数十年在镇厂工作就不可能分开的！

但是，从学习陶瓷艺术史而言，我们却有必要把它作适当划分，来看看它的发展，将更容易明白它在艺术上的不同特征和个别成就。因为即或是共同从一个优良传统参考取法，事实上在这一点，前后也是大不相同的。比如说青花，康熙青花近似从嘉万自然继承加以发展，雍正青花却有意从宣成取法。配料加工技术有了显明区别，艺术成果因之也就截然不同。分析它的同异，明白它的原因，正是学习所必须。艺术成就有类似情形，受的影响不尽相同，反映于成就上也十分显著。

影响较大的自然还是景德镇的传统成就，但又并不完全这样。景德镇生产青、白瓷，虽有了近千年历史，但到今为止，地方还僻处赣北一角，交通闭塞，年产数十万担瓷器，主要运输工具，除了公路可以利用载重三四吨的卡车，即只有过去千年来那条水面运输道，小船载重也不过三几吨。生产技术，由于过去千年私营习惯，同业间历来各自保密，绝少技术交流。地方自然环境既和外边近于隔离，生产习惯又妨碍彼此切磋，收共同提高效果，一切看来都不免有些孤立绝缘，容易固步自封。事实上却也不尽然。首先是生产必然受市场供求影响。历来长江上下游和北方要求是不一致的。比如折腰式足部较高的青花器，器形介于碗碟之间，江南人习惯使用的，北方人却用不着。又如明代中叶以后，江苏地主文化抬头，爱美观念随之而变，要求于日用瓷，也必然是清雅脱俗，不要花里胡哨。宜兴陶和嘉定刻竹著名一时，正反映这一点。嘉靖、万历间，当景德镇正在大量为北京宫廷生产五彩瓷或釉色深靓的青花瓷时，供给江南中上层日用瓷，却多仿成化，用淡青画花，画意亦多从沈周、文徵明、陈道复、徐文长取法，笔墨活泼而潇洒。故事主题画也都充满生活气息。这从近年太湖东山明墓中大量发掘出土实物可证。至于外销东南亚华侨用瓷，却尚彩色，由于多供办喜事用，因之"凤穿牡丹"主题画，在清初瓷器坛罐中，占有较大分量。后来粉彩的使用和发展，且和这个客观要求分不开。

另外部分即仿古，镇厂所谓"官古器"，不仅受北京宫廷收藏官、汝、钧、定、哥诸宋瓷直接影响，极其显著。即器形部分，也不免受明代《宣德炉图谱》或宋之《博古图》影响。到《西清古鉴》《古玉图谱》刊载后，器形花纹受古代铜、玉影响且更多。彩色或青花和一道釉暗花，艺术加工的要求，事实上也脱离不了当时北京政府造办处如意馆宫廷画师艺术风格的影响，以及造形艺术各方面的影响。特别重要还是明代文人山水花鸟画和明代通俗戏剧小说人物故事版画的影响，以及工艺图案中丝绸、刻丝、刺绣和描金填彩漆雕竹、木、玉、石等等艺术水平、艺术趋向发生一定联系——总而言之，便是影响仍然来自上下四方。有些是有意的，如帝王爱好对特种瓷的烧造；有些是必然的，如当时社会艺术水平和艺术风格。因之影响也好坏不一。同样在当时是新成就，有的值得学习取法，转用到现代生产上，还可望起良好作用，比如康雍两朝瓷器的造形，和许多种花纹与颜色釉。有的又此路不通，近于绝路，比如乾隆中晚期仿漆木釉或象生花果动植物等戏玩器物，或某种加工格外复杂之转心瓶，在瓷器工艺史上，虽不失为一个"前无古人后少来者"的新品种，可是在继承传统方向上，外销瓷势不可能让我们在这方面再来努力用心。即以雍正一朝成就而言，也有相同情形，必有所选择，才不至于走回头路。例如化木釉、炉钧釉，以至于油红作盖雪法加工艺术，当时虽有极高成就，都费力不易见好。如今看来，已成历史产物，新生产即不必取法。

　　同是一种创新，在当时得到一定成功，或且认为近于奇迹，从发展和继承考虑，还是得分别对待。康熙素三彩在艺术上成功是肯定的，善于学习必然还有广大前途，取得新的成功。至于玲珑透空器，出路就有限。玲珑和透空是两种不同加工作法。前者多指部分青花作边沿装饰，其余白地满布米粒般透明点子盘碗，创始于康熙，当时为"难得珍品"，现代已成普及品，高级美术瓷不会再用。透空瓷多指白瓷镂刻连续万字，部分或开光作折枝花，间接影响来自晚明落花流水绫，直接影响却是雕竹刻玉，作管状花薰。盖碗也并不宜喝茶，只是放放茉莉花而已，更多是作笔筒。时代一过，便失去意义了。矾瓷不上釉，利用率更差。

　　硬五彩山水人物花鸟，用钱舜举、唐棣、文徵明、陆包山、仇英等元、明人浅青绿画法布色，作山石树木，常有独到处，见新意。所得艺术效果，经常即比清代文人画家在纸绢上作品还高一筹。在今后艺术瓷生产上，还是有较广阔天地的，可以发展。但是同属硬五彩，用锦地开光或锦边加金，过分繁复的装饰，和现代人对于美的要求即大不相同，求继续发展恐已不容易。雍正油红变钧，同样达到高峰，艺术效果各有千秋。只是油红或后来的珊瑚釉，再加金墨的化木釉，加工均极费力，今后也难以为继。但是呈粉紫、肉红复色之一道釉变钧，釉泽明匀肥厚，作案头陈设瓶器或雕刻，却还大有前途，值得作进一步试验，取得新的成果。在国际上也还可望得到极高的评价。

乾隆象生动植花果和其他仿造，虽作得异常逼真，终不出玩具范围，今后决不会成为学习的方向。但是配色充满青春生气的豆彩图案，和浆胎、粉定、甜白，用碾玉法作成的各种典雅秀美装饰图案，还是有许多值得好好学习效法处，可以利用到各种日用美术瓷、陈设瓷及建筑用花砖瓷上，得到新的不同成功。

康熙墨地开光刀马人（戏剧故事）大瓶子，在世界上虽著美名，径尺高的冰梅青花坛罐，在国外大博物馆里也有一定地位，受到鉴赏家尊重，事实上再生产已无什么价值。不过如善于用五彩或素三彩布色技法，来处理现代新题材，反映新歌舞或兄弟民族生活新面貌，作为特殊礼品瓷，画稿又精美不俗，器形又秀拔稳定，必然还可得到好评。

康雍珐琅彩、粉彩、硬五彩、素三彩、豆彩……总的说来，多是宣成彩绘瓷的进一步发展，虽作得精美异常，再生产技术上不免会受一定限制。但是如果能有计划、有选择，试转用于新的贴印花，或照相法印花，依旧是前途未可限量。如果贴印花技术上已无多问题，过去价值巨万的特种瓷，事实上在未来未尝不可以成为新社会较多数人可以得到的美术日用品。而且这也应分是我们努力的一个方向。即凡是可以用贴印花技术完成的加工，宜于充分使用到康雍比较复杂图案设计的长处，试转用于明天日用瓷生产上，来丰富广大人民的生活。

器物造形有相同情形。康雍均重视造形，无论是陈设品或日用器具，都取得极多成就。凡是晚明器形的拙重失调处知所避免，成宣长处又知所取法。同一梅瓶、天球瓶、玉壶春瓶，大多数都作得秀美挺拔，不见俗气。但是也有些筒子式瓶，或仿汉方壶，或仿铜瓤，器形变格别扭，并不美观。雍正立器更多出新样，花纹繁简，结合器形安排，有不少作得十分秀雅稳定，富有雕刻中女性健康美。但是也有些过于求新，形态失调，如某种美人肩式瓶子，及玉壶春式瓶子，中下部比例过小，稳定感不足，必借助

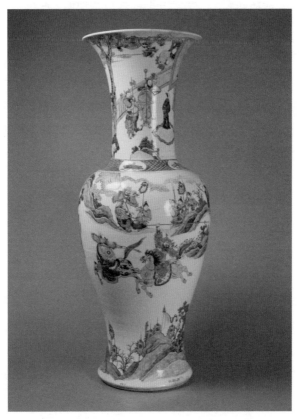

图1　清　景德镇窑五彩刀马人物圆凤尾瓶
美国大都会艺术博物馆藏

于较厚底部，就不足为训。又橄榄尊或炮弹式瓶器，不论大小也难见好。

总之，学习传统或利用传统，是一个比较复杂的问题。一面必须作比较全面的理解，一面还有必要从目前外销瓷问题多知道些情形。国际市场上什么中国瓷特别受重视，得好评？某一种生产在技术上已得到解决，某一种还有待努力作些试探？……必须从各方面注意，我们说"学习优良传统和古为今用"，才不至于落空。将来才可望更进一步，在旧有生产基础上，作出新的贡献。若对过去一无所知，或所知有限，当前问题何在也难把握，此后到工作岗位上去时，不论是教陶瓷艺术还是生产设计，都不免会感到困难，觉得学得不多，懂得不透，作用不大。

所以学习传统，主要还是便于利用传统，知其得失，能有所取法。本于"一切研究都是为了有助于新的创造"这样一个目的，我们值得把这三个历史王朝比较重要品种和艺术特征，和其所以如此如彼的艺术背景及时代爱好影响，分门别类，试来作一回初步探索。

康熙一代成就得失

一色釉部分，计有茄皮紫、葡萄紫、宝石红（郎红）、豇豆红、苹果青、瓜皮绿、孔雀绿、松绿、葱绿、西湖水、官黄、蛋黄、霁蓝、洒蓝、天蓝、乌金釉、芝麻酱釉……

釉下彩部分，计有素三彩、青花加紫、釉里红加绿、硬五彩、豆彩、洋彩……除豆彩不如雍正，多釉泽明莹，获得过去未有成功。

釉上彩部分，计有描金、五彩加金、堆花加彩、墨彩加金、墨地开光五彩、粉彩、油红（或加金）、玳瑁斑三彩、珐琅彩、料彩……除粉彩、油红不如雍正，灵活明润，其他也都超越明代，特别是画工精美，设计多见巧思。

仿古部分计有粉定、影青、冬青、变钧、冬青挂粉、米哥……

其他部分，计有矾瓷（不上釉）、玲珑透空瓷……

一色釉加工特征，总的说来，釉料特别细致莹泽，胎质薄而硬度高（从比例说，胎比雍乾薄而硬度高），色泽或深靓，或柔美，均突过明代成就，可一望而知。较小盘碗多削底齐平，如成弘[1]时制作。除青色釉下款外，尚有料款，金书、墨书和油红款，及刻字款，印章款。除年款外，还有花式款（如蕉叶），及私家款（如拙存斋）。

茄皮紫多八寸到一尺二盘子，釉色深紫，泛玻璃光，近似从明代紫色琉璃陶取法而成。也有大冰盘，作暗花云龙。瓶器少见。色较浅如带粉则成葡萄紫（或称葡萄水），四五寸暗云龙凤碟子较多。少大件立器。

宝石红即郎窑红，传为当时督抚江西兼监景德镇瓷事郎廷极所烧造。红色鲜明如宝石，灯草边，米汤底（或灰绿底，起冰片），远法宋紫钧，近从宣德红技术得到启发，所以也可以说是仿古，也可说是创新。宜于作一尺以上立器，釉色易鲜明。作大海碗，胎较薄，或因窑位不合，一般下部多如窜烟泛黑，并在碗下开片（也有绿郎窑，翠绿釉色，玻光透亮，海外估价高，国内不受重视。近于变格。非本来长处。且容易作伪）。这部门生产可能和康熙四十×年办万寿有关，因为由王原祁领衔绘制的《万寿盛典图》，五丈多长画卷中，许多在街头案桌上摆的古董陈设，到处可以发现郎窑红瓶。器形多较拙重，胎亦较厚，惟釉色宝光鲜明。决不会是偶然巧合。

1　明朝成化时期（1465—1487 年）和弘治时期（1488—1505 年）的并称。

祭红出于明宣红，色较固定，略泛灰紫。小器物印合马蹄尊，易出光彩，色亦较柔艳。再嫩紫则成豇豆红。惟在技术上却依然近似两种烧法。不同特征是祭红釉和彩相融成一体，不见玻璃光。豇豆红常泛薄薄玻璃光。是否彩上吹釉而成，值得研究。豇豆红中现青点黑斑，则称苹果青；或出于火候轻重不匀，或有计划作成，不得而知。宜于作小器物，立器不高过一尺，平器径不过六寸。观音瓶、莱菔尊[1]、马蹄尊成就有代表性。杯盘少见。

瓜皮绿多翠绿如瓜皮。釉细质精，大器胎松则开鱼子片，小盘碟作暗云龙凤极精。也有不作花纹的。泛蓝则成孔雀蓝（或孔雀绿）。较浅则成松绿。釉色出明正德时，有暗花碗可证。孔雀蓝除故宫成份器物，此外实少见。当时或只是具试验性烧造，所以产品不多。市面流行一种用楷体字印于折枝花薄碗里部，"显德年款"伪柴窑，近半世纪以来，到处可发现，较先作伪，或者也在康熙时。可算是孔雀蓝一个分支，唯一的继承者。松花绿则绿中间黄。松绿则近于仿绿松石。

葱绿色为淡绿，只有小杯盏和杯托碟子，制作极精。色比松绿淡，益淡则称西湖水矣。但更正确些说来，西湖水实指淡影青，永乐、雍正均有之。也即所谓湘湖釉。康熙素三彩中的绿色，实为浅冬青。在康熙一代，凡这类釉色多小件器，极少见大型立器。

宫黄指正黄，比弘治娇黄略深，大冰盘小碟均有，或作暗云龙。又有一种象鼻坛子，高过一尺，不署款，或顺治末康熙初年烧造。蛋黄亦即粉黄，多若带粉，康雍均有。莱菔尊和小杯碟，比弘治釉肉厚而细腻不及。结合造形要求，莱菔尊艺术成就特别高。

霁蓝（或祭蓝）宣德已作得色调深沉稳重，惟部分盘子成橘

---

1 莱菔即萝卜。莱菔尊是清康熙朝独特尊式之一，器呈侈口、细长颈下饰双弦纹、丰肩、长腹下敛、假圈足，足脊窄细若萝卜。

皮纹细点。康熙有进展，釉密贴胎骨，光润细腻，色益深沉。且作大瓮，即《红楼梦》中说的鬼脸青坛子。径尺盘子多暗云龙，刻暗款。较小白底则用青写款。当时盛行石青缎子，为清初官服不可少。因之祭蓝瓷亦受重视。亦称霁青。色较浅则成宝石蓝，通称宝蓝。两者均有大型细长颈胆瓶和天球瓶，供大案陈设用。色再浅，并带斑点（如漆中的蓓蕾漆，惟不突起）名叫洒蓝。洒蓝常加描金。器形一般多较小。也有八寸盘中心部分开光作青花，外沿洒蓝勾金的。盘式多较浅，如平铺一片，边沿极薄，器形或受些外来影响。

乌金釉近于山西黑釉。宋代山西、河南、河北均有黑釉器，吉州窑也有。似由仿漆而得到进一步发展。宋黑釉碗钵，经常多保留一道白边，和漆器中的釦器相似。宋黑定、紫定、红定也还用这个装饰。清康熙景德镇黑釉器，却只烧造案头陈设用瓶子，产量不多，近于聊备一格（至于黑地开光，实和油红同上釉上彩）。酱釉近于紫红定，有七寸盘奶子碗，少立器。

釉下彩指釉下多色瓷而言，青花是主流。成绩特别突出是素三彩，硬五彩和豆彩。釉里红和青花，元代已能完全掌握，惟两色釉同时处理，到清初才出现。通名"青花夹紫"。再在部分空处加入豆青，就成"素三彩"。豆青或平涂，或在斜剔山石部分涂上，红、蓝、绿三结合往往产生出一种崭新和色艺术效果，加之画意布局，又极清雅脱俗，因此成就格外显著。五寸大笔筒较多，若作花觚，高过二尺，必分段加工，各不相同。也有大天球，玉壶春，灯笼罐诸式。用沈石田[1]笔法作山水画，用恽南田[2]法作花鸟画，清新

1　沈周（1427—1509），字启南，号石田，晚号白石翁，明代画家、书法家、文学家、医学家。

2　恽寿平（1633—1690），号南田，明末清初画家、书法家。

淡雅，别具一格。后来画家新罗山人华秋岳[1]，配色法学得二三分，世人即以为新奇，其实远不及素三彩在瓷器中所得效果。作中型陈设瓷和日用茶具，在新的生产上，无疑还有广大前途，可创新纪录。

图2　清康熙　墨地素三彩四季花鸟瓷方瓶
台北"故宫博物院"藏

青花夹紫虽由康熙创始，事实上到雍正才得到充分发展，艺术成熟无遗憾。素三彩则后来难以为继，雍正时即已近于失传。但是另有一种豆青地加紫勾青露白的，也叫素三彩，康雍均有生产，乾

1　华嵒（1682—1756），字秋岳，号新罗山人，又号白沙道人，清代著名画家。

隆犹继承。至于冬青青花，冬青挂粉，惟雍正作得格外出色，画笔秀丽，造形也挺拔不群，作得十分精神。又有冬青地青花夹紫露白大天球瓶，云龙山水画均极成功。

豆彩多作成化款。日用盘子类特别多，大部分属民窑。或因嘉万以来重成窑，代有仿效，因之历来谈成窑总是时代难分，《陶雅》且说凡见紫成窑器，多康雍时物。作鸡缸类杯子，容易得到成功。豆彩在晚明虽少大器，技术始终未失传。清初民窑盘子类，用鸳鸯戏荷作主题画较常见，料不及明代精致，且多见窑灰。官窑继作，仍多仿成。有大鱼缸，绘双锦雉和牡丹、玉兰花石，通称"玉堂富贵"，是康熙时代最常见工艺主题，在雕漆、织锦、刻丝、刺绣……均常用到。在瓷器青花豆彩、五彩、粉彩使用更多样化。瓷器上牡丹常作双重台，有时代特征。大鱼缸艺术成就有代表性。技术加工较繁琐，先烧青花部分，再加彩勾金，入炉烘成。豆彩加红多矾红，加绿多豆青，再添配粉嫩黄紫，各色均浅淡，因之多显得色调清新明朗。惟部分直接仿成，用青用彩均较重，也能给人以沉重感。但比硬五彩还是柔和得多。

硬五彩多重彩，加工过程有种种不同。有在已成白器或青花器上施彩，再全部喷釉，完成后全身透亮的。如径尺二三果盘，绣球花盘，有代表性。有部分开光用粉彩或豆彩法复烧，锦边、锦地部分却用墨和矾红泥金等为主调，烧成后锦地部分并不光亮的。又有锦地开光，开光部分只作墨彩折枝花鸟或人物画的。一般说来，重彩调子较强烈，即在小小瓶子上，一用重绿重墨，深红，效果亦必相当强烈。和这一时代秀美造形及洁白光泽瓷胎相结合，往往形成对比，矛盾统一，相当美观。要求效果恰恰和豆彩或素三彩相反。不过有的锦地开光、锦地占比例过多，分量过重，开光部分失去主题吸引力，整体看来华美中不免见得繁缛杂乱。小花满布更易邻于庸俗，形成硬五彩无可讳言弱点。后来广彩器即由此脱胎，形成一种相似而不同艺术风格，影响直到近代生产，还有继续，也有一定出路。惟景德镇再生产恐不是方向。也有可能这种杂花草繁琐无章的锦地，本来即属于广东工艺装饰传统，源远而流长，景德镇锦地锦边，实由之影响而来！

洋彩，珐琅彩也应属于洋彩。但是这里说的只指一种仿洋瓷而言，如康乾时白地金边饭器，和黄地釉下墨釉上勾金之花篮，都属于这一类。花篮器形也外仿。饭器中碗碟，胎多较薄。常用墨画加金。产量不多，影响不大，只近于宫廷玩好，配合当时畅春园洋式建筑内部陈设而作。或部分为赠送外宾而作。少发展性。铜胎画珐琅器仿作的品种较多。

图3　清乾隆　洋彩红地团花山水图碗
台北"故宫博物院"藏

釉上彩——描金。宋代定窑中除白色或牙白色釉外，还有黑釉的墨定，酱红釉的红定，及色较深些的紫定，近年发掘才又知道还有绿定。紫定、墨定有加金彩的，作折枝牡丹，水禽芦荷。或仿漆器描金而成。明代嘉靖、万历间有金红绿地描金串枝宝相碗。清初继承这个传统，作各式不同发展，有描金，一般多在蓝釉或黑釉瓷上使用。在彩瓷上勾金，则近似丝绣中的间金。又有在彩绘瓷上用大面积涂金作金莲花的，有在油红器上加金的。总的说来不外这么数种。凡釉上彩多通过复烧加工。也有豆彩或青花，到北京后再吹黄加绿加紫的，器真而彩伪，多由市估走洋装而来。

墨彩也分数种：一、在白瓷上用淡墨作山水花鸟画，由康熙起始，雍正续有发展，乾隆则部分彩地开光作山水画雪景，转心瓶上还使用。画稿多从张宗苍等时人取法，格俗不美。康雍笔意虽不俗，效果还是不怎么好。二、墨彩地开光加彩绘山水花鸟及刀马人物，多立器，在国内本不入瓷品。因在国外受重视，和法花一样，才适当注意到。但大部分已散失国外，而且道光、光绪均有仿作，真伪难分。三、用重墨素瓷上作折枝花，形成黑白强烈对照。前者受晚明以来白绫画影响较多，因为当时衣裙、桌围、帐子无不通行这一格式；有的还在墨上加金，十分别致。其次近于漆器镶嵌，明代也已流行，惟清初才转用到瓷上装饰。用重墨在素白瓷上作折枝花竹，近于和漆器中的剔灰相反而成。由于画意重布局、设计，瓷质又白净细致，因此也清雅脱俗。用于茶壶、笔筒等较小日用器或文房用具，有一定成功。用于大型陈设品还少见。

图4　清雍正　珐琅彩赭墨山水碗
台北"故宫博物院"藏

粉彩在康雍乾是一大类，范围广，成就高。并且在道光以后还继续得到不同发展，二十世纪初二十年，且成为景德镇生产主流。由慎德堂、行有恒堂，到怀仁堂、静远堂，无一不是以粉彩见长。因此现代景德镇生产，保留瓷艺人才，也还是这一部分专家较多。康雍粉彩来源，大致包括两个方面：一即如前所叙述，或出于社会销售对象，如嫁妆货的需要及东南亚华侨外销需要，因此丹凤朝阳、富贵如意、凤穿牡丹、玉堂富贵等主题画，在政治上不犯忌讳、在社会习惯上又具有吉祥象征意义的题材，上了民窑"客货"瓷器。红色加彩由比较呆滞的矾红，改进为鲜明活泼、活色生香的粉彩，由民窑客货得到成功后转为官窑、御窑应用，估计可能不会大错。其次即生色折枝处理艺术要求，从宋代即已起始，即只在部分加工，留出一定空处；北方的定窑、磁州窑，南方吉州窑，都善于作这种折枝布局。到明代，北方彭城窑民间用茶酒器，依旧长于在牙色瓷上绘水墨折枝，而且花用白料带粉。花在瓷器一角，画意多从徐青藤、陈白阳取法，笔简意足，潇洒不俗。明代景德镇也起始用米哥瓷加青花挂粉，惟小簇花较多。到清康熙，起始见粉彩，枝叶用料和明代五彩瓷无别，惟花朵粉红，略微突起。当时流行之五伦图，在工艺美术应用具普遍性，因之也用于粉彩瓷，多坛罐大器。或作人物故事画，《西厢记》和"渊明访菊""林和靖妻梅子鹤""西园雅集""郭子仪上寿"等等主题画为常见。若作折枝花，多用陈白阳、边景昭、恽南田、蒋南沙笔意，山茶、月季、腊梅、牡丹为常见。进一步发展，才把虞美人、延寿菊等杂花同在一盘碗中。瓷既白净细致，花色又鲜明秀美，艺术成就就因之格外高。人物故事除从通俗小说、戏剧取法定稿，也有现实生活反映，情趣活泼。主要艺术特征在粉红料精，鲜明如生。即或大件刀马人，粉红也占一定分量，和民间年画配色有相通处。在国内，过去未入赏玩家藏品范围；在海外，则陈列于大博物馆，代表十七八世纪间东方瓷器艺术成就一部分。

油红——或矾红。宋有红彩，多在民间粗瓷上使用。明宣德有矾红，多用于青花烧成后空处加烧，如红云龙凤……红料极细，有光泽。成化再加黄绿则成五彩。正德上用器，有纯用红鱼龙的，材料较粗，色呆滞，胎质亦粗，或正当武宗讨伐宸濠前后，江西在战乱中，生产低落时。嘉万恢复五彩烧造，大如龙缸窑也烧彩器，小碟小盏和文房用具均加红，表示尊贵，瓷质色料未提高。作鱼罐，红蓝相映成趣，布局壮伟，艺术相当高。作大龙凤瓶盘绣墩，五色堆积，不免杂乱无章。这个时期器物造形多笨拙，不

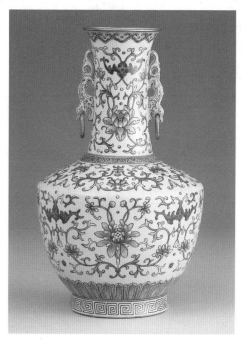

图5　清乾隆　黄地粉彩福寿活环双耳瓶
台北"故宫博物院"藏

大美观。也有红绿地金花碗，近于朱绿漆描金，艺术水平远不及宣成。到清初，红料特别精细，因此重新单独使用，由康熙到雍正，达到本部门历史高峰。用红如用墨，在精美白瓷上作八仙过海大小碗，瓷质既温润无比，红料又浓淡轻重运用如意，画面又出高手，康熙一代成就，实独一无两，此后即难以为继。雍正则长于用盖雪法，结合精致串枝图案处理，得到极大成功。康熙墨彩加金，红彩也加金。

图6　清　青花红彩龙纹盘
台北"故宫博物院"藏

玳瑁斑三彩，或称虎皮斑。虽脱胎于唐三彩，惟在极薄白瓷上加工，彩色又鲜明强烈，效果亦大不同于唐三彩。品种似不多，只中小盘碗常见。也作藏族打奶茶用奶子壶，如一长筒，有靶有流，在瓷中自成一格。又有两色玩具猫。

又有一种绿地、紫地、黄地大折腰碗，碗旁刻双勾折枝，填黄白杂彩，近于从辽三彩或彩琉璃陶取法，似办万寿时民窑凑和而成

（私家作署"拙作斋"款的，多大海碗或供碗，多青花加红，也有豆彩，彩料多较重，后来彩华堂、彩润堂、彩秀堂三种私家款，还受到一定影响）。

仿古。粉定多浆胎，印盒极佳，质薄而硬。印花划花少定意，自成一格。影青近晚期冬青，浅色则成湘湖釉，俗称西湖水，春波绿。变均到雍才成熟，康色较重。

青花部分规矩图案尚用明嘉万法，花较板滞，少变化。随后才出现新题材，大量用山水人物画于各种瓶罐上，得到惊人成功。但画稿却依旧来自明代文人画。冬青堆白花，通称冬青挂粉。冬青亦有加青花的。兼青花、白粉，亦属素三彩别格，产量不多，此后即无闻。明有米哥加青花挂粉，冬青青花加彩即由此而来，所以说也是仿古。

玲珑透空，技术不相同。玲珑指部分透明，宋已有之，为影青划花，部分在灯影下即呈透明。技法明代永乐犹继承，胎益薄，花益细，色转深，胎质亦可见指螺纹。清玲珑不同于过去，即透明部分作米点状，满布碗中，均匀整齐。盘碗居多。透空则近于雕成，一般用"万"字地，部分或者还作折枝花，如从明代"落花流水"素绫得到启发而作。其实或因雕竹花薰而作瓷香薰，再进而作瓷盖碗——盖碗并不宜于品茶，放茉莉、珠兰而已。

珐琅彩，或锦地开光作规矩花，或彩地串枝宝相，或折枝花。规矩花和当时郎世宁等外籍画师技法或者有一定联系。较后才变化规矩图案成折枝花。折枝多参蒋南沙[1]、蒋溥[2]画法。设计布彩，均

---

1 蒋南沙（1669—1732），本名蒋廷锡，清代画家，开创了"蒋派"宫廷花鸟画风格。

2 蒋溥（1708—1761），蒋廷锡长子，字质甫，号恒轩，清代画家，继承并发扬了蒋廷锡的花鸟画传统。

第一等。由铜胎画珐琅影响而成。随后成为一个独立品种，贯穿于康、雍、乾三个时代。这部分作品，一部分也有可能是在景德镇制胎，由京中如意馆加彩回炉作成的。

料彩有时多指透明蓝料使用较多时并形成堆花效果而言。因豆彩、五彩亦透明，然满地绿笔筒却不叫料彩。蓝料应用较多或加透明粉红，即叫做料彩。如雍胭脂红玉壶春云龙瓶，即称料彩。料彩兴起和鼻烟壶有关。

谈瓷器不能不熟悉康雍，谈景德镇十七八世纪间成就，更不能忽略康雍。雍正时间极短，前后不过十三年，但一切生产多达到历史空前水平，不仅胎质精，釉泽好，花样有高度艺术成就，即造形也前无古人，常能结合秀雅和健壮而为一体，时代特征鲜明。但种种成就，无不于康熙即已奠好基础。其中惟有一点大不相同，即青花，雍取法宣成，用青浅淡，近于有意使之散晕，从散晕中取得柔和效果。康青则直继承嘉、隆、万，深青凝重。以画作例，雍法元人，康则近于宋，且近北宋。效果不同，由于要求不同，时代风气不同。

谈康熙成就，不能离开青花。一色釉和彩绘部分，虽近百花齐放，各到不同高峰。但从近六百年景德镇生产传统而言，青花到康熙，可以说真正是集其大成，达到"前无古人，后少来者"地步。主要成就还是得从物质基础去分析，才符合本来。计有两方面：一是青料的研磨、提炼、纯净无杂质（是否原料来源不同，难于明白）。因此烧出的青花器，能深浅如意，真如像名画家用墨说的"墨分五彩"。二是画意特别高。例如故事画部分，有的虽取材于一般明代版画，反映到笔筒和凤尾瓶上时，画意却多特别活泼有精神，不像板画呆滞。山水画即或用当时一般性题材，如耕织图，鱼乐图，琴棋书画，西园雅集，赤壁夜游，经营布局，和整体效果，常比当时名家高手"四王吴恽"[1]还高一筹。有的甚至于即或取材"二王"[2]，如瓶子上笔筒上的山水画，用于五彩或青花瓷，取材恽南田，如笔筒上的素三彩或粉彩、青花，由于受器形限制，结合器形要求，重新处理，部分或简化，部分或有所改变，所得结果，也往往出人意外。特别是青花和素三彩，在画境上大大突破绢素上的成就，自成一格。若就同时画笔作个比较，不仅

图7　清康熙　青花人物纹瓶
台北"故宫博物院"藏

1　王时敏、王鉴、王翚、王原祁、吴历、恽寿平六位清初画家的合称，画史上称为"清六家"。清代正统画派。

2　指当时的画坛领袖王鉴与王时敏。

为扬州八怪文人画家不可及，即便是"二王"、恽南田，也难相比。部分案头插花尺余立器如象腿尊，用青花作折枝花鸟，笔简意足，生机天趣，都直逼"八大"，可说是"八大"画法直接继承者。（同时也可说八大笔意实由之而出，因为晚明青花瓷，中型坛罐类，即已多有简笔花鸟近似"八大"的，算算时间，实比"八大"还早大几十年。）

康熙青花瓷艺特别突出，并非凭空产生，除有个物质基础外，还有许多方面影响的结果。首先应说是善于继承过去优良传统，在固有底子上进一步不断提高得来的。因为试从成品作个比较，就可看出明、清之际的崇祯、顺治，部分青花瓷使用青料，已显得沉静细致而活泼，初步见出从单色料达到画家用水墨晕染法产生"墨分五彩"作用，试验中已取得一些成果。其次即明代以来，画家如沈周、文徵明、陆包山、唐寅、张灵、仇英等山水画，吕纪、林良、边景昭、陆包山、陈白阳、徐青藤等花鸟画，丁云鹏、尤求、崔子忠、吴彬等人物画，还各自留下一大堆名迹和墨

图8　清康熙　青花仕女图花瓣口洗
台北"故宫博物院"藏

本，分散国内。木刻中除通俗戏剧小说插图，多刻得极精致，此外又还有顾氏画谱，唐诗画谱，诗余画谱，素园石谱，海内奇观，程氏、方氏墨苑，吴骚合编，御世仁风，十竹斋彩印画笺谱及菊竹杂花鸟图谱数百种，大量传播流行。一般说来，这个艺术传统，是比清初当时几个著名画家笔墨既扎实得多，也范围广阔、内容丰富得多。更主要自然还是景德镇本身，明代三百余年烧造青花瓷经验技术的积累，才能吸收、消化这些成就，转用到瓷艺上来，起决定作用。加之清政府重视瓷业，官窑一去明代强迫命令限额贡奉制度，每有烧造，多照顾到商业成本，不过分苛索窑户。御器厂重要烧造，仿古多由宫廷取真宋器作样子，彩绘多由如意馆画师设计出样，反复试烧，不惜费用。委派专官监督，如臧应选、郎廷极、刘伴阮、年希尧、唐英等，本人又多具有较高艺术鉴赏水平，有的且躬亲其事，和工人一道，从生产实践上取得各种经

图9　清康熙　青花山水长方花盆
台北"故宫博物院"藏

验，所以在万千陶瓷工人、画师共同不断努力中，才创造出惊人奇迹，产生出万千件具有高度艺术产品，在世界上博得普遍佳誉。直到现代，许多资本主义国家的瓷业，高级日用瓷生产，还多以能摹仿康雍青花，在国际市场上受重视，得好评。可见它的影响是如何深远而广大！

我们常说学习优良传统，康熙一代值得我们学习的自然还多，上面所说，不过特别显著一部分，在博物馆陈列室和图录中容易接触到的而言。事实上在烧造过程和用料提炼上一系列技术，也还有许多值得我们用一个较长时间（半年或一年）去到景德镇陶研所向现存老师傅讨教处。因为青花瓷这时代色泽格外纯净、鲜明、活泼和取材之精，火度之高，都必然有不可分割的联系，以及每一部门技术的进展综合而来。忽略了其中任何一个环节，都不可能得到的！

谈瓷器艺术 [1]

　　近十年以来每一次出国陶瓷工艺品预展，我都有机会参观，真是幸运，深深感到万千老师傅和工人同志共同努力下，景德镇瓷业，正若驾着千里马，以极大速度向前行进，成绩一年比一年好。看过这次在故宫展出的新产品，才知道陶瓷工艺又得到更大的丰收。特别显著如失传二百年的有色釉胭脂水，继孔雀绿、祭红、娇黄、冬青等得到成功。这些新品种都釉色明莹匀称，达到了康雍时的最高水平，今后发展还无可限量。最新生产粉彩和釉下彩茶具，折枝花处理和清秀造形结合，作到既美观，又符合实用，发展方向可说完全正确，必然会在国际上得到极高评价。这种成功实值得全国陶瓷业生产取法，搪瓷生产花纹设计也值得向此学习。此外还有许多大小瓶子，也造形健康秀拔，稳定大方，装饰图案又能结合要求，艺术效果极高。总的看来，可以说这个展出给我印象是各极其妙，美不胜收。

　　惟个人认为景德镇瓷还不宜以这些成就自限。整个中国各部门生产既然正以史无前例的速度发展，新的需要将日益增多，瓷的应用范围也必然日益扩大。即以北京首都一地而言，千百种有纪念性新建筑，如博物馆、大戏院、大礼堂、地下铁道等等，都需要新的艺术装饰。景德镇瓷质料既好，又易清洁，也不怕阳光雨露，一

1　本文写于 1959 年 10 月。

个艺术家如善于结合需要，作出新的陶瓷设计，必可进一步发挥瓷的特长到新兴万千种事物上去，得到非凡成功。如作中型个别劳动人物雕塑，或纪念碑群像设计，用牙白瓷或加有色釉。如作大面积屏、壁、照墙、廊道装饰，用各种釉色华美彩瓷镶嵌。如烧浅色瓷砖，作门梁或室内装饰，代替彩画。此外则面对生活日益提高的人民日常生活要求，即有五十个景德镇生产日用瓷，也怕还是供不应求，必需在各省市有条件地区发展现代烧瓷业。不过景德镇生产如能注意到将来这个现实问题，即早投入部分人力，试在一部分生产中，领头当先，把当前得到普遍成功的高级绘画瓷，转用吹花、贴

图1　明万历　青花双凤纹梅瓶
美国大都会艺术博物馆藏

花法代替，节省加工劳力，成为比较多数人可购买的廉价日用品，也应当看成是一个值得努力的新方向。而且这种成功，才可说是新的国家瓷业真正的成功。人民生活在不断提高，也有理由要求在不久将来即可看到这种新产品上市！这是一个方向问题。这么作并不会妨害高级瓷的生产。如长此疏忽，任日用瓷保留到现在情况下，倒是不大合理的。

就目下展品而言，有些小弱点也可提提。如有些瓶子胎料（特别是口沿部分）似乎略厚一些，比例不大合适，不免影响美观。造型有部分破格，看来别扭，且和装饰花纹不能很好结合，似乎值得从"古为今用"目的出发，多参考些传统优秀成品，能有所折中即可改善。造形还受拘束，有保守处，或者更广泛一些从商周铜和唐陶、宋瓷，及康雍以来得到最高成就的彩瓷、单色釉瓷，全面加以注意，即可取得更多有益的启发。又青花料目前色度尚不够稳定，有的烧出效果好，有的却发呆，有的又变成如洋蓝，不甚美观，值得作更深研究，或和科学院化学研究部门合作，取得有用成果。或从青料以外再作些试验，如发现其他鲜明釉下颜色。釉里红特别是青花加紫，和釉下素三彩也待作新的努力，目下成就还不甚好。

这些问题固然靠生产经验来修正，更重要还是得进一步和化学物理研究部门结合，如同烧祭红方式，能得科学研究部门合作，解决即容易得多。至于新产品中彩墨山水人物绘画装饰，在展出品中成就不见特别出色，原因大致是由于画稿画法比较保守，并不是由于技术限制。因为一般画师多习惯从清代中叶绘画取法，布色构图多比较细碎烦琐，不免精致有余，气魄不大，且乏韵味。和明代青花瓷中的简笔山水、花鸟比较，及康雍青花、山水、人物、花鸟比较，即可见出目下生产加工费力虽加倍，效果却不能如预期。山水画用墨彩较多，见油光，在瓷上使用凝固不灵活。为补救这一薄弱环节，私意值得从资料储备工作入手。多为老师傅准备些好画稿供观摩，从个人经验以外更充实些养料。如能博采兼收，必可得到更新的成功。个人意见不妨参用唐、宋、元、明诸名家画稿笔法设意构图，作些插屏、挂屏试验。例如花鸟用崔白、王渊、吕纪、林良、边景昭、徐青藤、陈道复、恽南田，山水参董源、夏圭、王诜、马远、赵幹、松雪、云林、曹知白、盛懋、张灵、沈周、石涛、"八大"，人物参张萱、周文矩、李公麟、唐寅……以至参用近人齐白石花鸟，李可染山水画法，必然会有更大发展。因为老师傅能精细却不大习惯简易，一习惯，情况即大不相同。这问题和湖南湘绣、北京雕漆有相似情形。要丰富多彩，得花样百出，扩大题材，改进技法。此外甚至还可用彩漆、描金漆、螺甸、刻丝、刺绣千百种不同装饰法，结合瓷绘特性，利用素三彩、硬五彩及斗彩等不同加工方法，反映到新的日用瓷或美术瓷上，达到不同效果。总之，得不为目下成功所限制，来取精用宏，作新的突破努力，才可充分发挥潜力，利用遗产，别创新作，收百花齐放效果。保守下去即近于凝固，不能和社会发展要求相合。

至于立体塑像，如何从赏玩性主题，提高到有意识表现现实生活，特别是作三五尺面积的塑像群，也是值得加强注意处。因为这类作品实不宜仅仅停滞到泥人张[1]、面人郎[2]成就上，还有更大前途。但是却惟有和社会现实结合，新的塑像瓷才会有更广大的前途。这工作广东阳江窑艺人和浙江木雕艺人，已先走了一步，作了不少有意义尝试，值得急起直追。

此外如雕塑人物灯座，目前取法受十九世纪国外烧瓷法影响，不大符合现代要求。浙江青田石灯走了弯路，多作细花薄叶，使用

1　天津的泥人张彩塑是一种深得百姓厚爱的传统民间艺术品。

2　面人也称"面塑""江米人"，是以食用面粉、糯米粉为主要原料的一种传统塑作艺术，流行于全国各地。

户时时提心吊胆，景德瓷更不宜学步。因为在实用品作许多精雕细琢，或者转不适宜于实用，反不如用象牙色瓷特制一种棒槌瓶或双陆樽式，或素瓷加翠绿或胭脂红剔刻暗花作灯座，给人安定愉快感为有前途而足称真正新品种也。灯座为实用物，现代日用品不论用塑料、玻璃、合金、木材等作成，必然发展趋势是简洁、单纯、干净、利落，这也正是瓷器极容易作到的。作新的灯座创造，宜以移动便利，不怕绊倒、不易碰损为方向，过度装饰不合要求。

至于装饰加工部分，剔花、堆花法，目下产品如几件天蓝挂粉盘子，是用现代西洋雕塑法，虽得到一定成功，但是还值得作更多方面试验。可供景德镇老师傅和青年艺人参考的，或者还是宋耀窑，当阳峪、磁州、定州诸窑各种不同加工雕花作法，以及明代永乐时雕漆法，嘉定刻竹法，和雍正、乾隆浆胎瓷绣雕法、浮雕法，以及康熙素三彩部分浅刻堆釉法，还有百十种不同处理，都值得保存下来，充分加以利用，不利用未免可惜。新产品中对于图案串枝、锦地开光，这次展出新花样不算多，也少新发展。这个优秀传统，也有不少值得继承下来的东西值得参考。例如近年出现极多的锦绣花纹、古代漆器、近代少数民族染织花纹，如能部分转用到新电光瓷花纹上，用作带式装饰，都必然会收到好效果。

本于一切研究学习，都重在有助于新的生产的提高的想法，外行一得之见，或有不少错误处，写出来作为一点建议，供专家参考。并盼另日还有机会当面向各老师傅商讨请教。

陶瓷札记（九则）[1]

黑陶

从史的发展言，中原文化，如何由石器时代的仰韶彩陶，进入于铜器时代的商白陶，线索连贯，当然是个问题，也是一个哑谜，得解决它。未能解决。因为决没有一个民族，最初还不能够使用文字，忽然会进入一个运用铜器铸冶凡事得心应手，而甲骨卜筮配合，墓葬场面种种生活，又到如此辉煌豪华时代，这个过程虽可假定是由于商民族之勃兴，过程上终还得有些线索可寻。田野考古工作的进行，还在局部学习试探中，除中央研究院和北平研究院外，地质调查所，及其他大学史学系或人类学、地质学系，对于这个工作有点零碎记录，实不能算作有计划在进行。因之叙陶瓷只能保留一段空白，正如叙文字发展一样。自从中央研究院历史语言研究所在山东方面得到薄黑陶的发现后，陶艺史才多了一个重要环节，即介于彩陶和白陶之间的一个环节。虽然其间还有些空处，尚待更新发现，即黑陶初始期，如无从由黑陶本身参证，至少还得从相关其他实物取证，看出它和彩陶是否有个更相近的衔接点，以及由平行而代替的过程。

由于它分布范围之广，很可能是如石璋如先生所说，黑陶是一

1　本组文章多数写于 1948 年前后，个别写于 20 世纪 50 年代初期。

个自成系统的文化，因为就分布情形调查，已知道不仅河南、洹淇两岸，山东龙山日照，有这种精美黑陶，远及黄河、淮水两流域，或至于江南浙江杭州一带，无不有遗物随石器发现。[见二十三年（一九三四年）春，王湘、李景聃二先生就安徽寿县黑陶遗址十二处调查所作报告，二十五年（一九三六年）冬李景聃先生河南永城发掘报告，二十五六年施昕更杭县第二区黑陶文化遗址初步报告。] 是否由龙山为中心，分布扩大于各处，还是由南部而来，还必然在长江南有一个新的中心地，这件事，恐得看将来地下发掘情形来证实了。照目下已知情形言，不妨把龙山期器物作为代表，看看它的特征。报告上说得极好：

> 龙山期器物的特征，很容易认识和鉴别，不论在形制上，纹饰上，质料上，作风上，都有它独到的地方。单就陶器来说，黑、光、棱、薄、鼻，这五种形容词，大体可以概括它特有的要点。黑是描述它乌黑的色泽，光是形容它的光润的表皮，薄是状述它的腓薄的厚度，棱是表示它的整齐的棱角，鼻是器上多附有穿绳或手执之鼻（在山东日照瓦屋村遗址中，有一器物上多至六个鼻）。
>
> 但此期陶器中，以平底、圈足及三足器为多，而圆底器物绝少，也是应该注意的……又陶坯特别多。（石璋如《殷墟最近之重要发现附论小屯地层》）。

瓷问题

石璋如先生，在《中国考古学报》第二册，《论殷墟最近之重要发现附论小屯地层》一文中，总结地下发掘经验时，第九节叙器物问题，三次发掘所得七百余件器物中，陶器竟占三分之一。从陶器比较，可知形制或纹饰，都和龙山期的器物有密切关系。如三足器、圈足器，及帽形盖制、绳纹、云雷纹等纹饰，更加清楚。

附注五更补充说明：三足器中小屯期的鬲爵与龙山期的鼎、鬶，圈足器中小屯期的豆与龙山期的盘……小屯期的瓬与龙山期的竹节瓬，小屯期的铜质鸟尊与龙山期的陶质鸟鬶，形制都很相似。附注六则引刘曜先生二十五年春间在山东日照两城镇的发掘所得印象，认为纹饰关系彼此更极密切。

这个报告更重要处，即从殷墟中所得，证明那个时候所有的带釉陶片，已足称为"瓷器"，更把瓷器的本来，从汉青瓷上推了二千年。

那个报告说：

> 历次发掘常常发现一种质坚而薄，表面并有一层釉子的陶片，可是它的质料、色泽，以及火候等，已经超过了陶类限制以外，我叫它带釉陶片。第十三次发掘，在□区版筑层下的一个深窖中，发现了一件豆形的器，它的质料与釉子较诸以前所发现的带釉陶片更为进步，简直酷类瓷器，在浚县的大墓中也出了不少质地与此相仿的东西。它虽然与后世的瓷有别，恐怕也是瓷的雏形……这种釉陶完整的器物很少，或者为当时的新兴工业，较为珍贵。在量上虽不很多，可是已开瓷业的端倪，在中国窑业进化史上占着很重要的地位，而为由陶到瓷的重要过渡阶段。

这个文件的叙述最重要的是让我们明白，有计划在薄陶器上敷釉，经过高温度而产生的器物，已近于瓷器。惟这种器物是否和午门历史博物馆所得汉永平青瓷有相通处，或截然不同处，作者并末提及。或是否和不明出处一般以为系汉器的深绿釉陶瓦器，如房屋、猪圈、博山炉等等，有相通或不同处，也未道及。惟从报告四七页所引釉陶豆形制看来，可知和商白陶豆为近似，不同处一则素而具釉，一则有铜器花纹是也。报告中又特别提起，还发现有陶鸮和陶制水牛头，琢刻都比较铜器简质，似乎当时作为装饰于其他物器上用的。真如所推测，则这种陶质象生器物，必然还敷有彩绘髹饰或其他材料，可惜尚未发现。

报告上又提及铜器范之类精美，及为造范初步而作之模，模上先作绘画纹案，再来刻镂，从未完备工作上见出种种过程。这种模范虽为产生铜器而存在，和后来陶瓷发展关系不多。但陶瓷史上谈及刻花，堆花发展过程，尤其是瓷器进入于两宋，有计划作大规模生产，由于分工（或由于仿古）每类制作求其整齐划一，必有模式作榜样时，却不能不把商代这种陶范，当作一种先例。谈及古代刻镂工艺时，除牙玉骨石外，更不能不数这种"用土作成，稍加火候，表面黑光，用朱笔画成各种花纹"的东西。

瓦器

汉代瓦器未上彩的，多黝黑色。人物俑中有奏乐的、跳舞的、文武侍从官吏、女侍和奴隶。特点是多具生动姿态，装饰简单而古雅，能把握住性格。乐浪彩画漆筐上的人物画，高句丽通沟古坟中壁画，及洛阳发现砖上彩画，异曲同工，三个字可以形容，即"有生命"。

此外动物瓦器中还有马、牛、羊、鸡、犬、猪、犀牛、骆驼、狮子、鸭和鹅、小鸟。用具中有牛车、车屋、猪圈、井栏、灶、碾磨、杵臼、房屋、多层楼、砚、印、玩具。多拙质中有妩媚，正如与死者结合，形成一种梦中童话世界。

至于主要仿铜器殉葬品，则尊、钟、壶、鼎、炉、鍑、缸、缶、匜、杯、豆、羽觞，多涂绘朱和粉。多庄重落实，和前二事呈不调和感。

瓷器胎骨

唐越窑胎质莹白如玉，邢窑澄泥为范，细白如粉。后周柴窑纯白而细腻。北宋越窑，与唐代同。定窑承邢之后，原质相类，白器多范澄泥，而淘练之精不及。钧窑胎质，有白，有灰，有红，有黄，而白者最上。东窑白中透灰，间有灰色者，则较粗也。汝窑质浅黄，细而坚。官窑原质有白、灰、红之分。盖取自东、钧两地，而淘练极精纯。白者多用含有铁质之黑釉护胎足，亦有纯用铁骨泥者，细审可辨。龙泉、哥弟胎质皆白，微带灰色。弟窑淘练最纯。哥窑则有黄与黑泥二种。龙泉窑有用紫金水和白泥者，骤观之颇似红泥，其实非也。丽水窑原质灰白，萧窑质白，粗而燥。南宋修内司窑，胎质灰黑，灰黄，及纯用红泥者。郊坛下新立官窑，原质亦与之相类，而淘练欠纯，并有范白泥者。

定瓷

定瓷传有四种色，白、黑、红、紫，一般所见惟白素和乌金黑，泛紫则已近紫钧，且胎质亦属钧式。白定多刻镂花纹，具素描意。萱草、牡丹、龙、凤、鱼、水外，鹅鸭莲荷，无所不具。方法上多如从唐代绘画、漆器或银器刻花而出，也可能有蜀中江南五代画风，以黄筌、徐熙画稿取法。秀雅高洁，和定瓷品质相称。黑定有绘金彩的，如《宋瓷》一书中举例数器。原物未见，无以判断。惟就绘花方法言，似从另一发展而成。日本人久志卓真，在他著的《支那之陶瓷》（一二〇）以为或从"镀金铜器图纹继承而来"，可能性甚多。下笔和磁州器上绘画似相通，和普通宋红绿彩瓷亦相近，惟和白定传统画风不相合。所以这类瓷器是否宜称"黑定"，也可惑疑。金银两彩在唐代裸饰物中极罕见，方法上或从唐代得来。宋禁销金，瓷为通用器物，耗金必更多，故宋金银彩极少见。国内谈宋瓷者，似未道及。

陶瓷加彩

定瓷有刻、印、划、绣诸素花，加彩则极少。如就唐人彩绘壁画经验，及对于处理三彩陶经验说来，到北宋，院派画的精工如与烧瓷相结合，必可把中国陶瓷史完全改观，形成一个崭新时代。如就新疆所发现唐时代彩色陶器片纹饰色泽看来（见旅顺博物馆图录[1]七十九页），至宋代瓷重素净，反而会认为不可解。

有关这一点，恐得从两方面解说，一为彩画与木漆工结合较自然，用处已多。与缂丝刺绣亦相近，相通。因之在唐时金漆上即可见画家匠心。缂丝且多用大小李将军山水画、崔白花鸟作底子。二为世人对瓷观念传统，除致用外，把它看成一种造形艺术，重本质，以如玉之纯素为主。与其他部门艺术结合，在造形上可仿铜玉，仿漆器，像生物，加彩则近于蛇足。纹饰虽有个习惯，并不拒绝生动实物（如彩陶即已起始）惟从美术观点言，在纯美如玉之瓷

1　全称为《旅顺博物馆陈列品图录》。

上加彩画，在宋人看来，实不调和。正如徽宗所看重之柕椤木堂，四壁素净，不加丹彩，认为自然，帝王爱好如此，自不会有人觉得必著画于上始见好也。且画中大师李伯时，亦即起始正式用线画代替彩绘丹青。瓷上不加彩，当更自然。但宋瓷有红彩、三彩，启明彩先河，则系出自民间，磁州窑风之彩画，可以作例。

阳羡陶

在陶器名分上，从历史言，史前虽即有个辉辉煌煌彩陶、黑陶时代，随铜器时代而来，又有个白陶时代。六国则带字陶、瓦器全形者虽少，史志著录，陶器却在礼器中和普通用器中，占有个重要分量。汉彩画砖及空心刻印大坟砖，和带绿釉陶俑、陶壶，在世界美术史上，都有一个重要位置。由晋六朝至于唐代，由著色带釉陶俑，和具外来波斯风三彩陶器物，恰恰如精气泄尽，入宋便成为瓷器的独占，坟墓中殉葬物，从此也只有粗细瓷器可见了。由宋及明，粗陶在人民实用器物上，虽依然占重要位置，都市中人日用饮食器具，大致用的都是瓷器。吃茶虽起于晋代，盛于唐代，由陆羽一倡《茶经》，陶器史因之在三彩外多了邢、越、寿、婺、鼎、邛诸名窑。贞元二年王播一奏剥削人民年赋茶税四十万，作为宫中建造百尺楼用费，煎茶却铫铛不用壶。诸名窑所产，多指茶盏而言。宋人吃茶益发讲究，官吏每年进贡小龙团，当时称珍贵。从《大金吊伐录》一书上，可见金人围城需索犒军费用时，金银需索数至千百万两，小龙团茶不过十斤。宋时普通茶税收入；每年数目相当大，因吃茶方法有两种，一种清吃，所以宜青白瓷；一种加盐乳点烹，所以宜用黑建瓷。但当时虽极重茶器，用的似乎全是杯盏，不在壶类。宋瓷中壶类特别多，长嘴、短嘴无所不有，都似乎不像茶具。到明代，政治日益腐败，社会中层分子寄生，生活闲散多方，江南士大夫小有产阶级个人主义抬头，分散兴趣于各方面，因之起居服用日益精美，亭园布置上各见巧思。工艺品集团生产品如陶瓷，个别造作如治玉雕漆，无一不受刺激，见进步。吃茶的陶壶，因之而兴，且风气所趋，这一系列器物，在陶瓷工艺史上，也竟成为一个单独部门，当时的发明，传记说却起源于金沙寺一个僧人。由僧人传授于供春，供春之后有董翰，赵梁元，锡时朋，李茂林数子，多因善于治壶知名。尤以时大彬为杰出，能仿供春，得心应手（《文房肆考》称时大彬以紫泥烧茶壶是也）。大彬传之李仲芳，徐友泉，欧正春，邵文金，邵文银，蒋伯䔄，陈俊卿，而李徐艺尤高，名不让于大彬。陶肆谣云"壶家妙手称三大"是也。又有陈用卿者，负力尚气，自成一家。蒋志雯亦有名。陈信卿专学时，李闵，鲁生博仿诸家，共得其妙。陈光甫仿供时，而为入室。陈仲美，沈君用各造物象诸玩，邵蓋，周后溪，邵二孙，并万历间人。周季山，陈和之，陈挺生，豕云从，沈君盛，并天启崇祯间人。以上八人皆一时之名手。陈辰巧镌款识，徐令音，项不孙，沈子澈亦明季人。陈子畦，陈鸣远，徐次京，惠孟臣，葭轩，郑宁侯年代并不可考。而鸣远，孟臣名尤显。至清则许龙文工于花卉象生。又有以"姑苏留佩"四字为款识者，未详为谁，陈曼生，瞿子冶，共风流好奇人，而制作甚雅。又有彭年，逸公，苻生，树生，诸子，未详孰先孰后。其他有专门戏工，不暇枚举。明至清凡三百年间，计四十余人，皆此中高手。（引自日本人奥玄宝著《茗壶图录》）

先《茗壶图录》而作，尚有周高起《茗壶系》，吴骞《阳羡名陶录》。

同是一个小泥壶，名称就相当多。或称"茗壶"，见于《闲情偶寄》。或称"注春"，见《遵生八笺》。或称"茶瓶"，见《会典》。或称"茗瓶"，见《资暇录》。或称"茶注""茶壶"，见

《文房肆考》《真斋清事录》。或称"泥壶"，见《池北偶谈》。或称"砂壶"，见《茶余客话》。

式样分小圆，菱花，水仙，束腰，花鼓，鹅蛋等等。又有汉方扁觯，小云雷提梁卣，分裆，索耳，美人肩，西施乳，莲方垂，莲大顶，莲平肩，莲子一回角，六子六方肩面，僧帽合，菊竹节，橄榄，冬瓜段，分蕉，蝉翼，柄云，索耳，番象鼻，沙鱼皮，天鸡篆耳之类，皆变体。

陶壶重本质，每器各不相同，本色为朱泥、紫泥。又或称红如朱砂，黑白紫砂，其中又分淡、深、浅。或有白泥，乌泥，黄泥，梨皮，松花等等。又有金银沙闪星点者，縠绉周身者。

器物以小为重要。屠隆《考盘余事》曰："凡瓶要小者易候汤。"冯可宾《茶笺》曰："茶壶以小为贵。"《茗壶系》曰："壶宜小不宜大。"

多色器

在城子崖报告中，曾提起过黑陶因火力不及处有变色事，可惜实物缺彩图照相，不易比拟，即同为黑陶，又分黑与亮黑，灰而部分黑，银灰，浅灰。吴金鼎先生在他所作的《高井台子三种陶器概要》报告（《田野考古报告》第一册）即曾说及，火候稍低即成浅灰。并说及红陶之变色，全是火候不同，器物接触氧气不同而异：

> 当时之陶，何以红色？此问题可就陶片自身所呈现象而答解之。考陶之颜色（单指红陶期言）多由坯在窑内与氧气接触之机会而定。氧气足则红，反之则灰。此期之陶器有部分红而部分灰者，乃其在窑内时只有一部易于与氧

气接触故也。最显著者即半球式碗之一种，下部灰色而顶部之周围红色。梁思永先生名之曰红顶碗者，其成因乃以碗坯在窑内相叠而烧，第二碗之底部被第一碗遮盖，而不易与氧气接触，故灰，顶部则否，故红。此时期之小口器物，亦往往外红而内灰，亦是此理。

定窑、越窑、钧窑等瓷

定瓷出河北定州，这个地方在宋代是全国性手工业生产中心。漆器、丝织物和许多日用品，都是当时国内生产标准。定瓷特点是高火度的薄白瓷，比江西景德镇白瓷较早著名，而且是在北宋居于领导地位的瓷器。宋代的海外通商，和南方青器有相等数量，却有更高艺术价值。

定州白瓷一面还综合了当时其他手工艺生产的长处，在形态方面、花纹方面，都兼取众长，有所汇通。如当时的银器、漆器，都和定瓷有关连的。尤其是定瓷的形态和花纹，不仅可以推测它和宋代金银器皿有些相通，还可以看出不少是受唐代以来的影响，定瓷又是直接承受邢瓷传统的。

定瓷除白色浅灰还有黑釉和紫釉。记录上还常说起红色定瓷，因苏东坡诗中有"定州花瓷琢红玉"语句，又因当时有个王拱辰进贡张贵妃红瓷而起。但红定瓷实在少见。

定瓷分南北，历来说法不一。有说南北指朝代而言，北定是北宋时生产，南定是南宋时金人占据华北以后的生产。又有说北定出定州，南定指江西的吉州窑。意见不统一。前者□□□好坏□□□□说是北定比较坏的即南定。□□不可靠，因为同在北宋，中国北方就有许多窑烧定式瓷，可能不如定州生产的，后者分别为釉色更不可靠。所以定瓷的鉴定法，大致待将来从两方面着手。一、从旧窑发掘，能得到些新发现，就可以据此来检查现存重要定瓷（日本人小山富士夫，在十年前曾作过发掘写有报告，并附有些碎片）。二、从其他地方古坟或遗址得到相当多的白色定式瓷。如最近在东北辽坟中得到的有飞天的定瓷，如就北京近郊地面找寻辽金旧址得来的定瓷，或将来从开封地下得到的白色定式瓷，都可以解决一些问题，并提出一些新问题。定州的红瓷、金花瓷，也必需从这些方式来解决的。

至于吴越接越窑后到五代又有秘色瓷，和秘色瓷中的金银钿器，因为是世代大地主钱家占据吴越时烧造的，当时江浙生产力特别发达，钱氏又是为向赵匡胤献媚特意加工烧造的，所以可能越瓷已达到的艺术成就特高，可能在釉色上也有了些变化，更可能是用金银刻镂装饰到瓷器上。这种瓷器传说多，实物却不多。故宫去年陈列的一个鼠灰色水注，目下知识看来，却是米氏哥窑，不是秘色瓷。近于秘色瓷还是陈万里先生《越器图录》中有几件浅青釉色器物。

至于金银钿瓷器，即在瓷上装饰金银，若照后代流传的青器和定器金银钿说来，只是在盆碟边缘，包上一道极窄的边。如照一部分黑釉留边，和青瓷留下边缘空处看来，这种金银边又必然要宽些，方合古代漆器上的金银钿传统作风。有关这一点，也还是一个待解决的问题，必须从地下或其他方面较多新的发现来证明的。

北方系瓷器，上承汉代青器，下启明代祭红、祭蓝、清代有色釉瓷，在国际上曾经有过一时期代表过中国宋代有色瓷最高成就的，是在河南禹州烧造的钧窑瓷器。为宋初即烧造。因在钧台地方烧造而得名。又作钧窑。一般常见瓷釉为烟熏青釉，釉色较浅即为天蓝。因为火候而使釉色不同。多烧造花盆水仙盆和莲子式盏、鼓式炉、洗、有足皿，为钧窑通常格式。底面多有单数字，如

"五""七""九"等等。特点是紫胎，硬度高，胎厚实。和细薄之定瓷恰相对照。釉厚不到底，因受火融化下垂，多有滴聚如鼻涕。因之俗名鼻涕釉。釉聚处且多变色。釉色成蓝的，釉面且多深色牛毛纹。一般习惯判断钧窑为宋代或元代烧造，多用胎质和釉色作准。紫泥胎或缸沙胎，多认为宋代。黄泥胎或灰白胎即认为元。胎质紧厚为宋，松散即为元。据近三十年地下零碎发现报告，却把这个时代问题暂作保留，因胎泥松散还是宋代均瓷，不一定尽是元代作品。钧窑之所以特别为世所知，又学人对之无多大知识，都由于宋、明人笔记而来。明、清人对均瓷兴趣，集中在窑变。窑变有两种：一、器物全变，如入窑时只是一堆碗盏，出窑时成为另外一种器物。近于神话，不可思议。二、器物不变，只是就中部分器物局部釉色大变。釉色在玩古之徒看来以为极贵重的是变紫，紫玫瑰或者其他羊肝紫。从这个釉色启示，到明代全部釉即变成为有计划生产的宣德祭红、豇豆红、胭脂水、羊肝紫、郎红。局部红釉则成为成化、康熙、雍正的釉里红。这种红和宋民间器物红彩不同处，为钧红钧紫都是釉着火而成。至于宋红彩，只是红料研末绘上，这种红彩到明代虽为明五彩先驱，且变而为明豆彩，为康熙硬彩，为粉彩，为道光时盖雪（即全着珊瑚红色，惟画部分空出，如近世剪纸空花），彩为油红（单用红绘，多在胎釉上另加，不入胎骨），配青花则成为青花加紫。钧窑价值因十八世纪以来，帝国主义者对中国作殖民地式侵略下出口日多而著名。惟变紫类钧窑实多伪仿。江苏宜兴、广州石湾、湖南长沙，都以仿钧著名。景德镇器，清初且曾正式从当时的清政府内库取样仿制。如从北京市郊辽、金、元以来旧址所得碎片检查，钧式釉瓷似占相当数量，多天蓝和烟熏青两种。可知在这几个时代，钧釉瓷应用实相当广泛（此外为景德镇影青瓷、定白瓷及龙泉系粗青瓷）。

北方系青白瓷有几种在著录上虽知名，实物上较少见的，如元魏时在河南烧造的京洛窑，应当是什么形式，从无一定论断，现在因地下资料发现较多，或者可根据河南信阳擂鼓台发现的东汉永元十一年坟中发现的青瓷，和河北景县封家十八乱冢所发现的青、黄、杂釉陶瓷，得一些启发。京洛窑可能和这些发现有些相近，在造形上，在敷釉方法上，都应当相去不多。又如唐邑窑、宋河南南阳烧、邓州窑、河南邓州烧、关中窑、陕西西安咸阳烧、秦窑、甘肃秦州烧、耀窑、西安耀州烧、榆次窑、西窑、山西榆次县烧、平阳窑、山西太原平阳府烧，除山西平阳窑黑釉式器物，在形态上常常是拙而秀，相互揉和，或黑釉剔花，为特出，其地窑器吾人尚无具体知识可以提出。又南方窑还有以地方不同而特别著名的，如四川邛州有邛窑，多水青式盏。也有越式青釉，多细红胎。福建建宁府建阳县的建窑，宋代以黑釉兔毫盏著名，明代德化出白瓷器，也名建瓷。又湖南岳州还有岳窑（米黄釉），安徽凤阳府宿州窑，又有泗州窑，宣州窑。江西除景德镇，尚有吉州窑。一般玩古者意，常有把吉州窑称为南定的。从普通常识区别定瓷和吉州窑，定多粉白，立器多瓶类，平器盏和洗花……

关于陶和琉璃问题[1]

史传“舜陶于河滨”与出土之陶

截至目前，中国陶器的发展，如何把古代史传说，如舜陶于河滨诸问题，和地下所得材料彩陶、黑陶结合起来，作一些合理解释，还没有人敢于尝试。它的原因如下：从旧史部学观点来说，多以华北河南、陕西、河北、山东诸省作中心，也就是说它不仅是古代历史中心，并且还是文化摇篮。一切制度器物的发明和完成，都不离乎这一片土地，就中虽把帝舜放到西南，其他的古代史场面，大都是放在华北排出的。因此自然也就不免照旧方法、旧观点释史，一切发明不是古代史中的人君，就是古代史中的名臣。

近代人说的“史前陶”，旧人却把它分别来说。照《吕氏春秋》说的，尧命质作缶，本来是汲水、贮水用器，《吕览》则说尧命质以麋輅蒙口，作鼓用（后世的土腔花腰鼓，应即是仿之而来）。《诗》称“坎其击缶”。《史记》称赵王、秦王会于渑池，秦王令赵王鼓瑟，赵臣蔺相如即令秦王击缶。因此可知古代实有用陶缶作乐器的。

又《韩非子》称尧舜饭土熘、啜土铏，如淳注以为是饭器。

1 “文化大革命”期间，本文稿件曾被查抄，现存原稿不连贯，且无标题。当前标题沿用《沈从文全集》第28卷编者为本文所拟标题。

《韩诗外传》也说到过舜"饭乎土篮，啜乎土铏"。周代百工各事其事，制陶也分了工。《考工记》称旊人为簋，簋即是瑚。百事从简略而起始。

《礼记》称有虞氏发明"尊"。《考工记》称虞即用瓦棺。舜作瓦棺，梁天监时曾发现于丹阳山南，高五尺，围四尺，上锐下平如盒，沈约称为罋盉，死则坐葬。也就是《檀弓》所谓夏后氏的堲周。又称甒大。这种瓦棺近代发现的式如陶仓，两合而成。形如下：B。

《韩诗外传》称舜始作甑，《考工记》称陶人作甗，搁鬲上蒸饭用，燕下都发现的战国以前器，有孔作 的，有孔作○式的。后来铜器还仿作 ，古称甑箅，可见本来是仿竹制箪箕作成的。

旧时人凡遇古瓦器总以为是舜时作，大致是因为《史记》称舜陶于河滨而起。

豆、爵、簋、尊、罍、壶旧人均以为从周制。古人重醋和酱，制造和贮藏是用瓦瓮的。庚为量器，也用瓦，现传有 秦瓦量器，旁印诏版，真伪不可知。夜间照明用灯 ，也用瓦器 。由上式变而为下式，汉代是这样，直到清末煤油灯入中国以前，还是大同小异。《尔雅》称瓯瓵，瓦器之小者 。式多相同。羽觞也有瓦制的 。饮器用瓦，也极常见。

因地方不同，对于瓦器名目各有方言，因此，汉以前瓦器，就史志称呼说来，名目实相当多，实物其实不外烹器、容器和用器。照近五十年地下发现史前或商周以来瓦器知识，名目虽多用旧称，实物和史中所称情形似稍稍不同。

新的认识实推翻了旧说，主要的一点即瓦器发明和发展，是根据先民多年经验积累而来的。一切形式最先都和应用有关，随后一部分即脱离实用而成为装饰。原始用处和烹饪有关。鬲是最古式样，因土质火候的不同，有灰、红、黄各种色质。还有些红陶多夹有蚌壳残渣，后世玩古的称为鱼骨盆，鬲式多，如"舜陶于河滨"的古史为可靠，那么这种红陶恰好可说是舜时制器。但地下材料，这种红陶的分布却相当广，究竟是在什么地方烧造的，还待将来新的更多发现方能明白。

目下所知材料，中国陶的发展，有三个时期表现了三种不同文化：

一即民国十年瑞典人安特生因考查中国地质发现的彩陶，大致分布于甘肃、陕西、山西、河南一带。河北、东北虽也发现，时代似乎晚了些。一般估计它的起源应在河套方面，时代早到公元前三千年，晚到商代前一点。

二即民国十七年后，中央研究院在河南安阳一带发掘殷商旧址古墓，发现的白色有花纹陶。代表了商代的陶的成就。另外还有带釉薄质陶，已启后世瓷器作风。

三即民国廿年中央研究院吴金鼎先生在山东龙山镇发现的黑色陶，特征是色黑、少纹饰、重形态。

更重要的，是在河南小屯地方的发现，白陶文化层下面是黑陶和彩陶，因之总结前人发现，中央研究院专家，提供了我们如下知识：

一、彩陶文化在商代以前，曾大大发展，集中地似在甘肃一带。

二、山东的东夷文化，在商前也已极有高度发展。

三、白陶是继两者而起的。

彩陶特征，是用途多为容器或殉葬明器。红黄细泥胎，经火烧磨光后再作黑画。也有黑泥胎的。发展则成为周到汉的彩绘壶，为汉以来的三彩釉，为唐三彩，为宋红绿彩，为明五彩，为明法花，为明豆彩……

黑陶特征为重形态，不加纹饰，光泽虽如磨光，不是釉泽。但后代的敷釉单色陶器，可以说从黑陶起始具有规模。不仅后代的乌金釉、紫釉从之而来，即汉绿釉，六朝以来单色釉，宋汝、钧、龙泉成等单色釉，都可说是从之发展而来。

白陶的特征为白泥胎，雕刻纹饰，云回纹和三角色蝉纹为主。从燕下都发现的砖瓦和陶器花纹，很显明是有个传统技术的。虽截至现在，周代八百年间这种白质陶似已失传，只间或有一种……

关于陶釉和琉璃

彩釉上瓷，在中国陶瓷史和景德镇瓷业工艺发展史上……都不可不说是一件大事。我们知道，从历史上发展去追溯陶瓷彩绘，它的存在实比铜器发达还早一些（铜的发现还是因烧陶而起的）。它和原始社会进入初期文明是不可分割的。它是工艺和"生产"脱离，最早即具有使生产者从致用以外，作成热情希望幻想……反映到器物上一种具体表现。也同时是当时艺术的最高成就。

但彩陶西来说既是事实，不能完全代表中国制陶的原始装饰风，因此，得从史前中国陶印花、刻花、网状纹、布席纹的灰陶、红陶去检查。殷商白陶的整齐花纹，是有个更早一些时间的生产品作个底子，方能和那个时候铜器要求相合的。陶器上的刻饰花纹，到战国已发达成一种极高度技术的集体生产。例如近在河北易县燕下都的西城发现的燕国陶器，花纹之精工复杂，都可以说无以复加。在造形设计上所达到成就，且使人有后无来者印象。近代浮雕许多种复杂技术及造形设计，当时的陶器就已用到且达到更大效果。正说明这部门工艺制造是有个传统可以取法，且二千年以来，就特别为社会所重视，和日用生活是分不开的。新时代的崭新创造，从传统可以得启发的还极多。

有计划用彩色装饰陶器，就现在已经得到的器物材料说来，是在周代，多用到封建有关的礼器上。常用的是黑、白、朱三色。朱砂红为主色。如陶鼎、陶尊、陶几，都有红、白、黑彩画，间或也还有绿和黄色。带釉如琉璃彩作法，现在所知是西汉末的作品。一

图1　东汉　绿釉陶锺
台北"故宫博物院"藏

单色的，如北平研究院在陕西宝鸡斗鸡台古坟挖出的黄釉器，釉色完全如仿照铜器而成，形态除其中两个坛子形制完全如现代农村用作泡酸菜的覆水坛，其余多照当时（西汉）铜器式样……这种黄釉陶到现在为止，地下材料可以作根据的，只这么一份。照苏秉琦先生的报告，时间约在西汉末王莽时代。

另外还有一种近乎三彩釉陶，殉葬器物中陶仓，是唯一例子。也出陕西，红泥胎，作陶仓形，仓顶用椽头，和绕仓装饰，用绿釉 。来源虽不大明确，惟其他一切条件，都是汉代式样作风，也可能和"北研"黄釉陶时间相差不多。或稍早一些。是否能早到战国？照目下知识说来，技术上可能达到，需要上却为不必要，因之釉陶一般说明实到汉代方起始。

另外还有一种绿釉的陶器，釉色多比较深绿，釉重处多泛真珠光或云母光、银光，一般说来多称引汉书文献，认为这种绿釉陶尊上釉的技术，是西汉武帝时张骞通西域得来的。当时入中国著名的是天马，即所谓汗血马，因为对军事上价值特别大，又为封建帝王特别喜爱。其次是几种果木，如葡萄等。如这种如绿釉陶的敷釉技术，果真是那时传来，无疑是影响中国陶瓷敷釉技术最重大的。因为不仅仅到较后河南信阳发现的东汉永元十一年的绿釉瓷器，是受它的影响，三国以来浙江绿色瓷受它的影响，即此后唐三彩和唐、宋北方有色瓷器中最重要的柴、汝、官、钧，南方的越、秘色、龙泉、哥弟，明代的霁红、霁蓝，清代的郎红、娇黄，都是由此而来的。这就是说，这种深绿釉外来是可能的。它的发展和历史有如此联系。

如从绿色釉药本质加以研究，照明代宋应星所著《天工开物》所说，是"无名异"，中国各地都有（广西特别好）。既可就地取材，中国的制陶工艺又在史前即得高度发达，加上有个近千年长时期的青铜器时代，即用高温度炼铜技术，因此我们可以假定说，有种种可能都应当可以在汉代以前即早发现过这种釉色，并能加以有效地控制它到陶器生产上。其所以不用它，有如下几种原因，都十分重要，值得提出：

一、当时细质陶在花纹上、炼泥上，都因经验积累，有极高成就，用力处和它的价值观，还不在釉色上起作用。换言之，即釉的有无不足为陶器成就增减价值，因此不必加釉（例如燕下都所得遗物）。

二、当时封建头子大地主，日用器物是铜、玉、漆，少数或用金银，在实际需要上，不必要再从陶上加釉。

因此，陶上加釉问题，来源必从其他方面探索。有如下几种可能：

一、从文献说，是张骞通西域时带回来的。先用到某种一定用器上，在日用品为绿尊，多作猎壶式，腰部装饰作带式，有盘口、平口。颜色较深，深至于泛黑。在殉葬品为楼屋，三层楼为常见。为仓屋、猪圈。为秦乐俑，为短耳半匏式瓢。

二、从社会生产发展说，因为用铜是封建社会某一部分较高级统治者的专用物。但到战国或西汉初时，一般因商而致富的，因有关统治机构而特别发财的（如管盐、铁、酒榷等税收人员），以及没落的封建王孙公子，和有钱无爵的地主，为追求和古代品级有关的应用铜器享受，因此促进了陶器著釉的工艺技术。尤其是阶级社会上的阶级僭越意识，促进了这个技术。

三、封建统治用儒家厚葬学说，使一般中层统治者都因丧事而破产，或耗损生产大半。又因时代变乱时，世无不发掘坟墓。盗墓已成风气，厚葬之风一时又不能完全去掉，因杨王孙等提倡裸葬，儒家一部分也以为多藏厚亡，无益于死者，因此提倡节葬。应在东汉初年，社会现实和社会传统既有矛盾，在矛盾中，发明了或广泛的应用到殉葬用陶器上。

四、青瓷即外来，最先用于中国，也多在较粗质陶上。这一点特别值得注意。即青瓷胎在造形上为仿铜也为退化，比起战国时燕下都所见有花纹陶器，则大体是退化的、落后的。比如碗类、豆类，碗多用网纹加水纹饰边——这说明仿铜是有意的；胎厚，造形上也属于民间性。用在死者或生者身上，代替了铜器一般釉色为灰青，恰和青铜器相合。底心实，用指螺纹作记号。必经过高温度方完成。从时代说，还是比当时细质陶为劣。

如这个说法可以成立，即可知，有色釉陶即或发明较早，到普遍应用，大约还是东汉中叶以后，虽应用到各方面，初期却代替不了本色陶及漆器的位置。由于两者在本质上实在都还比绿釉陶高明适用。必汉末才比较可能有广泛需要和由此而来的进步，因需要方进步。必铜的应用不是受限制转到武器和钱币方面，漆又因战事阻隔，生产受影响，青瓷的进步和发展，都是不可能的，也是不必要的。

总之，照目前已得的材料而言，青色釉陶或瓷，是在东汉末才应用到墓葬中，占的数量也比较多。而且一直延续到隋、唐，变化不大。最大变化或在晋六朝，青绿能有效控制，白色釉瓷也在这个时代试验成功。直到宋代，北方有名的几种绿釉瓷，还是从传统取法，因封建统治需要，加料加工，方突破了过去生产。且同时还是陶瓷并用。大体分别，应用器皿和烹调用火接触的，多属陶类，极少着釉。陈列于几案间的，起始有了绿釉瓷的位置。这从民国十年北京午门博物馆专家挖信阳擂鼓台的汉坟所得可以看出。

釉色的进步，不是孤立的。必和其他问题、其他工艺生产联系起来看，方不孤立。魏晋以后则和当时的琉璃制造有相互关系。

绿色釉或杂釉，用到建筑上，照傅××先生意见，以为起于三国曹丕时，是用六朝人著《拾遗记》的叙述。如照北平研究院关于斗鸡台的黄釉陶的报告，至少在西汉末王莽时代，就已有计划能用到陶衣上（和另一种出土地不明白的陶仓上）。但迄今为止，东汉或三国时代陶釉中的琉璃陶如何发展，方进而到北魏时三彩式的陶俑，是无什么可靠材料说明的。琉璃的发生，过去也总以为只是西汉的外来物，到北魏方大规模使用。文献上说到的多指璧琉璃一类，换言之，即原始玻璃，用到璧或半璧制品上。照目下所得遗物看来，多白或青色。但近三十年的发现，如河南安阳殷商旧址古坟的发现，长沙战国时代或汉时代墓中的发现，朝鲜乐浪汉代坟墓中的发现，都说明烧制琉璃的生产，实和铜器同时存在。长沙发现的蓝料装饰品（据商承祚先生《长沙古物见闻记》）在当时即已十分精美。北魏时新的作法，从外传来，不久即可大量制造。且说明自造的虚脆不贞，可知指的大致是用器。一九四九年后，河北省人民在河北景县封氏墓中挖出的殉葬物品中，除陶瓷外就还有琉璃碗一件。或应当叫云母碗，玻璃碗。它的特征是极薄，泛绿蓝色，闪真珠、云母光，下部用网状纹饰。和这种品质形式大致相同的琉璃碗、杯，目下在高丽也发现过，时代多在魏、晋之际，可知这种品质、形态大致相同的琉璃器，是当时一般统治社会上层所珍重的。因器物的稀少，可以推测它的经济价值，是比铜、瓷为高的。可能是当时服药用的药碗，因方士说而见得时髦和珍贵。

史志上说隋时中国已失琉璃作法，当时巧匠何稠，因用绿瓷仿作，得到成功，这里说的琉璃，指的应当是玻璃类器物，不会是琉璃釉有色陶器。到唐代，政府特别设治署，专门掌管融制各所需琉璃珠料，这种珠料的大量生产，也必然是这时候。因这种工艺的发达，装饰上周、汉以来用玉的方式，也随之大有变化。玉再不成为主要装饰，只成为诸杂宝石、璎珞珠串中一种东西。至于琉璃釉在陶器上，则从六朝到唐，都成为殉葬明器的必需装饰。这时节，一般用器除金银外，漆器平脱是代表上层社会的需要。瓷器中，灰白胎、米灰釉的双螭尊，和成套的品质相同的灰白釉瓷茶具，似已成通行用具。又因中唐以后中国人喝茶的风气流行，茶具的需要刺激了瓷业的生产，到陆羽著《茶经》时，即已见出有区域性的生产，即同是饮茶用具，也是风格独具，各有不同的。《茶经》所说唐代诸瓷，最著名的计三种，即北方白瓷系的邢瓷，南方青瓷系的越窑，影响到宋代瓷工艺生产特别大。又因杜甫诗提起四川大邑白瓷，蜀窑或邛窑也因之特别著名。但照目下国内公私收藏和地下发现说来，南方的越窑，因陈万里先生二十年努力，和日本人的对于旧窑的考查，尤其重要的是一九三六年绍兴三千古墓青瓷的发现，张拯亢先生在《文澜学报》发表的报告，让我们对于这个区域从三国以来到唐、宋青瓷，有一个明白认识。也因此把五代的……

玻璃工艺的历史探讨 [1]

中国玻璃或玻璃生产，最早出现的年代，目下我们还缺少完全正确具体的知识。但知道从周代以来，在诗文传志中就经常用到如下一些名词："璆琳"、"球琳"、"璇珠"、"珂玻"、"火齐"、"琉璃"、"琅玕"、"明月珠"和晋六朝记载中的"玻瓃"、"瑟瑟"，后人注解虽然多认为是不同种类的玉石，如联系近十年古代墓葬中出土的丰富实物分析，这些东西事实上大部分是和人造珠玉发生关系的。这种单色或复色、透明或半透明的早期人造珠玉，后来通称为"料器"。古代多混合珠玉杂宝石作妇女颈部或头上贵重装饰品，有时还和其他细金工镶嵌综合使用。如同战国时的云乳纹璧，汉代玉具剑上的浮雕子母辟邪、璲和珥、云乳纹镖首等。也有仿玉作殓身含口用白琉璃作成蝉形的。汉代且更进一步比较大量烧成大小一般蓝绿诸色珠子，用做帐子类边沿璎珞装饰。武帝的甲乙帐，部分或即由这种人造珠玉作成。到唐代才大量普遍应用到泥塑佛菩萨身体上，以及多数人民日用首饰上，和部分日用品方面。至于名称依旧没有严格区分。大致珠子或器物类半透明的，通称"琉璃"，透明的才叫"玻璃"。事实上还常常是用同类材料做成的。又宋代以后，还有"药玉"、"罐子玉"或"硝子"、"料器"等名称，也同指各色仿玉玻璃而言。外来物，仅大食贡物即有

---

1 本文曾发表在 1960 年 1 月《美术研究》。

"玻璃器""玻璃瓶""玻璃瓮""碧——白琉璃酒器"等名目。而彩釉陶砖瓦，这时也已经正式叫做琉璃砖瓦。《营造法式》一书中，且有专章记载它的烧造配料种种方法。

图1　西汉　蜻蜓眼玻璃珠

　　在中国西部发掘的四千年前到六千年间新石器时代晚期墓葬中，已发现过各种琢磨光滑的小粒钻孔玉石，常混合花纹细致的穿孔蚌贝，白色的兽牙，编成组列作颈串装饰物。在中国河南发掘的约三千二百年前青铜器时代墓葬中，除发现大量精美无匹的青铜器和雕琢细致的玉器，镶嵌松绿石和玉蚌的青铜斧、钺、戈、矛等兵器，同时并发现许多釉泽明莹的硬质陶器。到西周敷虾青釉的硬质陶，南北均有发现。这时期由于冶金技术的进展，已能有计划地提炼青铜、黄金和铅，并学会用松绿石镶嵌，用朱砂做彩绘。由于装饰品应用的要求，对玉石的爱好，和矽化物烧造技术的正确掌握，从技术发展来看，这时期中国工人就有可能烧造近于玻璃的珠子。至晚到约二千九百年前的西周中期，有可能在妇女颈串装饰品中发现这种人造杂色玉石。惟西周重农耕，尚俭朴，这种生产品不切于实用，因而在农奴制社会中要求不广，生产品即使有也不会多。到二千四五百年前的春秋战国之际，由于铁的发现，和铁工具的广泛使用，生产有了多方面的进步，物质文化各部门也随同发展。襄邑出多色彩锦，齐鲁出薄质罗纨，绮缟细绣纹已全国著名。银的提炼成功和鎏金、鎏银技术的掌握，使得细金工镶嵌和雕玉艺术都达到了高度水平。金银彩绘漆器的大量应用，更丰富了这一历史阶段工艺的特色。在这时期的墓葬中，才发现各种品质纯洁、花纹精美的珠子式和管状式单色和彩色玻璃生产。重要出土地计有西安、洛阳、辉县、寿县、长沙等处。就目前知识说来，内容大致可以分成三大类：

1. 单色的：计有豆绿、明蓝、乳白、水青各式。

2. 复色的：计有蓝白、绿白、绿黄、黑白两色并合及多色并合各式，近于取法缠丝玛瑙和犀毗漆[1]而作。特别重要的是一种在绿蓝白本色球体上另加其他复色花纹镶嵌各式。这一品种中又可分平嵌和凸起两种不同的技术处理。

图2、3 东周 料珠
美国大都会艺术博物馆藏

---

1 犀毗漆又叫犀皮漆、菠萝漆，并不是犀牛皮，而是特指中国古代漆器制作中的一种装饰工艺。其斑纹有光怪陆离、变幻莫测的美感。

3.棕色陶制球上加涂彩釉，再绘粉蓝、银白浅彩的。这一类也有许多种不同式样。这些色彩华美鲜明的工艺品，有圆球形或多面球形，又有管子式和枣核式。圆球形直径大过五公分以上的，多属第三类彩釉陶球，上面常用粉彩作成种种斜方格子花纹图案，本质实不属于玻璃。一般成品多在直径二三公分。其中第二类加工极复杂，品质也特别精美，常和金银细工结合，于金银错酒器或其他器物上（如青铜镜子），做主要部分镶嵌使用。或和雕玉共同镶嵌于金银带钩（图4）上，或单独镶嵌于鎏金带钩

图4　东周　鎏金嵌料珠龙纹青铜带钩
美国大都会艺术博物馆藏

上（如故宫所藏品）。也有用在参带式漆器鎏金铜足上的（如历史博物馆藏的奁足）。但以和金玉结合作综合处理的金村式大罍和镜子艺术成就特别高。从比较材料研究，它在当时生产量还不怎么多。另有一种模仿羊脂玉做成的璧璜，和当时流行的珍贵青铜玉具剑剑柄及漆鞘中部的装饰品，时代可能还要晚一些；早可到战国，晚则到西汉前期。品质特别精美纯粹，则应数在河南和长沙古墓出土的蓝料喇叭花式管状装饰品。过去以为这是鼻塞或耳珰，现已证明还是串珠的一部分，时间多属西汉。又长沙曾出土一纯蓝玻璃矛头（图5），还是战国矛头式样。广东汉墓又发现两个蓝料碗和整份成串纯净蓝色珠子，其中还有些黄金质镂空小球。

图 5　西汉　玻璃矛
湖南博物院藏

　　近年来这部门知识日益丰富，二千年前汉人墓葬遗物中玻璃装饰品的出土范围越加普遍。除中原各地，即西南的成都、南方的广州、东南的浙江以及中国东北和西北边远的内蒙古、新疆、甘肃各个地区，都有品质大同小异的实物出土。小如米粒的料珠，也以这个阶段中坟墓中出土的比较多。惟第二类复色的彩料珠，这时期已很少见。至于彩釉陶珠则更少。原来这时节中国釉陶用器已全国使用，如陕洛、河北、山东之翠绿釉，广东、湖南之青黄釉，长江中部各地之虾背青釉，以及长江下游江浙之早期缥青釉都达到成熟时期。并且有了复色彩釉陶，如陕西斗鸡台出黄釉上加绿彩。出土料珠一般常是绿蓝水青单色的。其中具有代表性的应数长沙和洛阳出土，长度约三公分小喇叭式的蓝色料器和一九五四年在广州出土的大串蓝料珠子。

　　湖南出土的品质透明纯净玻璃矛头，和广东出土的二玻璃碗，格外重要。因为可证明这时期工人已能突破过去限制，在料珠以外能烧成较大件兵器和饮食器。

　　由于海外文化交流的发展，汉代或更早一些时期，西北陆路已经常有大量中国生产的蚕丝和精美锦绣，外输罗马、波斯和中近东其他文明古国，并吸收外来物质文化和生产技术。这种玻璃生产品，除中国自造外，技术进展自然也有可能是由于外来文化交流的结果。并且还有可能一部分成品是从南海方面其他文明古国直接运来的。因《汉书·地理志》载黄支[1]、斯调[2]诸国事时，就提起过"武帝时曾使人入海市明珠璧琉璃"，又《西域传》也有"罽宾国出琉璃"语，《魏略》则称"大秦国出赤、白、黄、青、绿、缥、红、紫十种琉璃"。但从出土器物形式，如作云乳纹的璧、白料蝉、浮雕子母辟邪的剑饰、战国式的矛头等看来，可以说这部分实物，是只有在国内才能生产的。晋南北朝以来翻译印度佛经，更欢喜用"琉璃""玻璃"等字句。因此过去中国历史学者，受"中国文化西来说"的影响，多以为中国琉璃和陶器上釉的技术，都是外来物，而且时间还晚到汉魏时代。近年来新的殷周有釉陶器的发现，和晚周及汉代大量精美玻璃实物的出土，和数以万计墓葬材料的陆续出土，已证明旧说见解实不正确。

现在我们可以比较肯定的说，中国工人制造玻璃的技术，由颗粒装饰品发展而成小件雕刻品，至晚在二千二百年前的战国末期已经完成。再进一步发展成日用饮食器物，二千年前的西汉也已经成功。战国古墓中，已发现有玉色琉璃璧和玉具剑柄，以及剑鞘上特有的玻璃装饰物品。汉代墓中并有了死者口中含着的白琉璃蝉，广东汉墓并且已经发现琉璃碗（图6）。魏晋时人作的《西京杂记》《汉武故事》《飞燕外传》和三国《胡综别传》，如记载还有一部分可靠性，则早到西汉，晚到三国时期，还使用过大片板状琉璃作成的屏风。虽然这时期小屏风做蔽灯用的还不过二尺见方（见《列女仁智图》）；用于个人独坐的，也不过现在的三尺大小（见彩筐冢所得彩漆筐上绘孝子传故事）。然而还是可以说明板玻璃已

1　古国名。一般以为在今印度马德拉斯西南的甘吉布勒姆。

2　古国名。一般以为在今斯里兰卡，一说为今印度尼西亚爪哇岛东南的一岛。

图 6　西汉　蓝玻璃碗
广州博物馆藏

能有计划烧出。换言之，即中国板玻璃的应用，时间有可能也早过二千年前。三国以后诗人著作中，已经常提起琉璃器物，如著名叙事诗《孔雀东南飞》就说及琉璃榻，傅咸文中曾歌咏琉璃酒卮，其他还有琉璃枕、琉璃砚匣、笔床各物。又著名笔记小说《世说新语》内容多是辑录魏晋人杂传记而成，其中记"满奋畏风，在晋帝坐，北窗作琉璃扉，实密似疏，奋有寒色"。又记王济事，称济为人豪侈，饮馔多贮琉璃碗器中。石崇、王恺斗富为人所共知，如为三尺高珊瑚和数十重锦步障，其实也谈起琉璃碗事。可知西晋以来已经有相当多的产量。惟记载未说明出处，是来自南海或得自西域，抑或即本国工人烧造，未可得知。

西晋末年，因西北羌胡诸游牧氏族侵入中国汉族文化中心的长安、洛阳，战事并继续发展，中国国土因此暂时以长江为界，分裂成两个部分，即历史中的南北朝时期。在长江以北，游牧民族军事统治者长时期的剧烈斗争，使重要的生产文化成就，多遭受严重破坏。琉璃制造技术，也因此失传。直到北魏拓跋氏统一北方后，才又恢复生产。《北史》称："琉璃制造久失传，太武时天竺国人商贩至京（指洛阳）自云能铸五色琉璃。于是采砺山石于京师铸之。既成，光泽美于西方来者。乃诏为'观风行殿'，容百余人。光色映澈。观者见之莫不惊骇，以为神明所作。自此中国琉璃遂贱，人不复珍之。"由此可知彩色琉璃的烧造技术在北方确曾一度失传。到此又能大量烧造平板器物，直接使用到可容百人行动的大建筑物中。这类活动建筑物虽然已无遗迹可寻，但在同时期墓葬中，却有重要实物发现。建国后河北景县封姓五座古墓发掘中，除得到大量具有时代特征的青釉陶瓷外，还得到两个玻璃碗，一个蓝色，一个浅绿色，现陈列于北京中国历史博物馆。这种碗当时似为服长生药所用，晋代人有称它做"云母碗"的。

图 7　北魏　玻璃壶
大同市博物馆藏

这时期南中国生产已有进一步发展，绿釉瓷的烧造也达到了完全成熟期。薄质丝绸和新兴造纸，更开始著闻全国。文献记载中虽叙述过用琉璃做种种器物（如庾翼在广州赠人白碢，似即白色料器），由于制作技术究竟比较复杂，并且烧造技术仅掌握在少数工人手里，成品虽美观，还是远不如当时在江浙能大量生产的缥青色釉薄质瓷器切合实用。又因政治上经过剧烈变化，正和其他文化成就一样，玻璃无法进一步发展，关于实物品质形式的知识我们也知道不多。惟这个时期正是中国佛教迷信极盛时期，统治者企图借宗教来麻醉人民的反抗意识，大修庙宇，照史书记载，北朝统治者曾派白整督工七十万人修造洛阳伊阙佛寺。南朝的首都金陵相传也有五百座大庙，北朝的庙宇则有一千三百多个。此外还有云岗、敦煌、麦积山、天龙山、洛阳、青州、巩县等石窟建筑群。这时期的佛像以土木雕塑而成，而且都经常使用各色珠玉、宝石、琉璃作璎珞装饰物。试从现存洞窟壁画雕塑装饰，如敦煌壁画近于斗帐的华盖、藻井部分边沿的流苏来看，还可想象得出当时彩琉璃珠的基本式样及其应用情形。隋代政府收藏的书画卷轴，照史志记载，也有用各色琉璃作轴头的。隋仁寿时李静训墓中几件水绿色玻璃器（图 8），是目前为止出土文物中最能说明当时生产水平的几件实物。《隋遗录》记载中提及的宫中明月珠，有可能即为如宋人笔记小说所说的一种白色新型大琉璃灯。所不同处，只是隋代还当成宫中奇宝，宋代则已为商店中招徕主顾之物。《隋书·何稠传》称曾发明绿瓷，历来学者多据这点文献材料，说绿瓷成于何稠。如以近年出土文物判断，则绿釉瓷北方早可到东汉永元，惟白瓷倒只在隋代初次出现，透明绿琉璃也在这一历史阶段达到成熟期。

唐代由于社会生产力的发展，琉璃制作也有了新的发展。庙宇殿堂雕塑装饰更扩大了彩色琉璃的需要，根据《唐会要》和《唐六

图 8　隋　绿琉璃盖罐
中国国家博物馆藏

典》记载，除由政府专设"冶局"主持全国庙宇装饰佛像的琉璃生
产外，日用器物中琉璃的使用，也日益增多。唐诗人如李白等，每
用豪迈愉快感情歌颂现实生活时，提及西凉葡萄酒必兼及夜光杯
或琉璃钟，此外琉璃窗、琉璃扉也常出现于诗文中。惟多近于从
《艺文类聚》中掇拾《西京杂记》等文作辞章形容，不是事实。因
直到晚唐苏鹗《杜阳杂编》记元载家红琉璃盘，还认为是重要宝
物，可知珠玑易烧，大件瓶、盘还不多见。又《唐六典》卷四说：
"平民嫁女头上金银钗许用琉璃涂饰。"《唐六典》完成于天宝时
代，可知当时一般小件琉璃应用的普遍程度。不过作器物的特种彩
色琉璃，依旧似乎不怎么多。直到宋代，真腊贮猛火油和其他外来
蔷薇露，还特别记载是用玻璃瓶贮藏，记大食传入中国贡品时，也

图 9　隋　碧琉璃瓶
中国国家博物馆藏

曾提及许多种玻璃器。可知中国工人还不熟悉掌握这种烧造技术。
这问题如孤立地从技术发展上来认识，是不易理解的，甚至于因此
会使人对于战国、汉代以来琉璃生产的成就产生怀疑。但是如联系
其他部门生产情形看，就可知道这种情况倒十分自然的事。唐代瓷
器的烧造，品质已十分精美。河北邢州的白质瓷器，和江南越州的
绿釉瓷器生产品不仅具全国性，并且有大量成品向海外各国输出。
又中国丝绸锦缎，原来就有一个更久远的优秀传统。发展到唐代，
薄质纱罗由汉代的方孔纱到唐代的轻容、鲛绡，更有高度的进步。
生产的发展和社会多数应用的要求有密切关系，玻璃和陶器比较，
技术处理远比陶器困难，应用价值却又不如陶器高，这是当时透明
琉璃不容易向应用器物发展的原因。玻璃和薄质纱罗等纺织物比

较，也是如此。薄纱中"轻容"，诗文中形容或称"雾縠"，显示质地细薄，已非一般人工可比。由于这类轻纱薄绢的生产，既结实又细致，甚至于影响到中国造纸工业的进展。例如五代以来虽有澄心堂纸的生产，在绘画应用上，却始终不能全代替细绢的地位。一般作灯笼，糊窗隔子，用纱罗早成社会习惯，而且在使用时具有种种便利条件，价值更远比玻璃低贱，这是使平板玻璃在唐代不容易得到发展的又一原因。因此直到晚唐《邺侯家乘》称代宗时岭南进九寸琉璃盘，又权臣元载家有径尺红琉璃盘，都认为是难得宝物。唐代重灯节，每到正月元宵，全国举行灯节。当时政府所在地的长安灯节，更是辉煌壮观。据《朝野佥载》叙述，睿宗和武则天时灯有高及十丈延续百丈的。这种成组列的灯彩，个体多作圆形或多面球形的骨架，用薄纱糊就，画上种种花纹，灯旁四角还点缀种种彩色流苏珠翠。琉璃的使用，是作为灯旁装饰，灯的主要部分还是用纱。借此可知某一部门的生产，常常和其他

图 10　唐　八瓣团花描金蓝琉璃盘
法门寺博物馆藏

部门生产相互制约，有些还出于经济原因。唐代镜子工艺可说是青铜工艺的尾声，然而也是压轴戏，许多作品真可说近于神工鬼斧，达到金属工艺浮雕技术最高水平。并且已经大量使用金银薄片镶嵌在镜子背面，制作了许多华丽秀美的高级艺术品外，还曾用彩色琉璃镶到镜子背上，得到非凡成功。可是却没有工人会想到把这种琉璃磨光，设法涂上磨镜药，即可创造出玻璃镜子。这种玻璃镜子直到一千年后才能产生出来，结束了青铜镜子延长约二千三百年的历史使命。仔细分析，还是受条件制约限制，即当时铸镜工艺优秀传统，已成习惯，而且十分经济，才不会考虑到还有其他更便宜的材料可以代替。

图 11　清　绞胎琉璃鼻烟壶
美国大都会艺术博物馆藏

漆器与 / 螺甸

螺甸原属于镶嵌工艺一部门，主要原料是蚌壳。一般多把蚌壳切磨成薄片、细丝，或切碎成大小不同颗粒，用种种不同技术，镶嵌于铜木漆器物上，和漆工艺进展关系且格外密切。但应用和作法以及花纹图案，却又在不断发展变化中，因此于历史各个阶段里，各有不同成就。

漆工艺问题 [1]

　　中国文化发展史，漆工艺占了个特别位置，重要处不下于丝和瓷，却比丝和陶瓷应用广泛而久远。且在文化史分期过程中，作过种种不同光荣的贡献。

　　史前石器时代，文化中的蒙昧期，动物或植物的油脂，照需要推测，很可能就要用到简单武器的缠缚和其他生产工具实用与装饰上。到彩陶文化占优势时，这些大瓶小瓮的敷彩过程，红黑彩色是否加过树脂，专家吴金鼎先生的意见，一定相当可靠。吴先生不幸早死，有关这一点我们浅学实不容易探讨。山东龙山镇发现的黑陶片上，有刻画古文字明白清楚，"网获六鱼一小龟"，时间稍晚，安阳殷墟商代王公古墓中，又有无数刻字龟甲，虽不闻同时有成形漆器或漆书发现，惟伴随青铜器发现的车饰、箭镞，当时在应用上，必然都得用漆涂饰。使用范围既广，消费量自然就已加多。当时生产方式及征集处理这种生产品情形，虽少文献可以征引，但漆的文化价值，却能估计得出。

　　到文字由兽骨、龟甲的刻镂，转而在竹木简札上作历史文件叙录时，漆墨首先即当作主要材料，和古代史不可分，直到纸绢能完全代替竹木简札的后汉，方告一个段落。然即此以后二千年，墨的制造就依然离不了漆。其他方面且因社会文化一

1　本文写于 1948 年秋冬。

般发达，在日用器物上，生和死两件大事，杯碗和棺木，都少不了漆。武器中的弓箭马鞍，全需要漆。所以说，一部漆的应用小史，也可说恰好即是一部社会发展简史。

它的意义当然不只是认识过去，还能启发将来。据个人愚见，漆工艺在新的社会中，实有个极光辉的前途，不论在绘画美术上，在日常器物上，它是最能把劳动和艺术结合到应用方面一种，比瓷器更容易见地方性和创造性的，在更便利条件下能产生的。

《尚书·禹贡》称：

> 荆河惟豫州……厥贡漆枲绵纻。
> 济河惟兖州……厥贡漆丝。

可知当时中原和山东均出漆。《韩非子·十过》篇说：

> 尧禅天下，虞舜受之，作为食器，斩山木而财之，削锯修其迹，流漆墨其上，输之于宫，以为食器。诸侯以为益侈，国之不服者十三。舜禅天下，而传之于禹，禹作为祭器，墨漆其外而朱画其内，觞酌有采而樽俎有饰。殷人食器雕琢，觞酌刻镂。

古史传喜称尧舜。商以前事本难征信，不尽可靠，惟漆器物的使用在远古，却是事实。人类文明越进步，漆的用处就越加多。《周礼·夏官·职方氏》记河南之利为林漆丝枲。漆林之征二十而五。或纳贡，或赋税，大致在周初，国家有关礼、乐、兵、刑器物，已无不需要用漆调朱墨作彩绘，原料生产且补助过国家经济。不过世人习惯漆的故事，或者倒是《史记》所记赵襄子漆智伯头作饮器雪恨，及豫让报仇、漆身为癞等等，因为是故事，容易记忆。

战国时有名思想家庄周，尝为漆园吏，专管漆的生产。《续述征记》称古之漆园在中牟。《史记·货殖列传》称：

> 陈夏千亩漆……皆与千户侯等。
>
> 通邑大都……木器髤者千枚，铜器千钧，素木铁器若
> 卮茜千石……此亦比千乘之家，其大率也。

记载虽极简单，已可见出当时漆树种植之富和制器之多。《考工记》记百工，均分门各世其业，更可知运用这种生产的漆工艺，早已成为专门家的工作。生产原料和制作成品，多到一个相当数目的人，都可得官，或者说经济地位近于那种官。

更可知在当时漆器加工和铜、铁的比价，实在相当高。有千件漆器，不封侯也等于封侯。

漆工艺彩绘上特别进步，当在战国时。封建主各自割据一方，思想上既泛滥无际，诸子竞能，奇技淫巧亦必因之而大有发展。漆工艺的加工，大致出于这个时期。韩非子《说难》……这从现存寿州楚漆板片及长沙出土漆器，也可推想一般状况。且可明白汉漆器的精美，是继承，非独创。

桓宽《盐铁论》叙汉人用漆器事说：

> 今富者银口黄耳……中者舒玉纡器，金错蜀杯。

叙述价值是漆与铜比一抵十。出处多在西川。这事在扬雄《蜀都赋》中也早已说过。廿年来日本人发掘朝鲜汉墓，更证实了那个记载。所谓"雕镂釦器，百技千工"，照漆器铭文记载，每一件器物，的的确确是用个分工合作方式集合多人产生的。

图 1　西汉　彩绘凤鸟纹漆耳杯
上海博物馆藏

目前所知，有铭文器物时代最早的，是汉昭帝始元二年，约公元前八十五年。当时即已分木胎和夹纻[1]底子，除朱、墨绘画外，还有金、银、铜、贝作镶嵌装饰。彩绘颜色多红、黑对照，所作人物云兽纹饰，设计奇巧，活泼生动，都不是后来手艺所能及。中国绘画史讨论六法中"气韵生动"一章时，多以画证画，因此总说不透彻。如果从漆画，从玉上刻镂花纹，从铜器上一部分纹饰来作解释，似乎就方便多了。

漆器铭文中又常有"造乘舆髹……"字样，或可当作皇家御样漆器解。大致当时铜器因为与兵器有关，制造上多出尚方专利。漆

1　夹纻是中国古代漆艺中著名的漆工艺制胎技法。做法是以木或泥做成内胎，再以涂漆灰的纻麻布等裱糊若干层；干实后，去掉内胎，最后在纻麻布壳上髹漆。夹纻漆器造型灵活多变，胎体不易受气候因素影响发生变形和开裂，具有坚固轻便、耐腐蚀等特点。

器则必须就地取材，却得法令认可，所以有"乘舆髹"字样。制造工官位职都不太小，事实上器物在技术方面的进步，也必然和这个有关。当时还有大器，即彩漆棺木。

照汉代制度看来，比较重要的大官，死后即尝得这种赏赐。《后汉书》记载：

> （梁竦）改殡，赐东园画棺、玉匣、衣衾。
>
> （梁商）及薨……赐以东园朱寿之器、银缕、黄肠、玉匣、什物二十八种。
>
> 袁逢卒，赐以朱画特诏秘器。

漆工艺的堕落，和其他工艺堕落，大约相同，当在封建政治解体，世家子、地主、土豪、群雄竞起争天下的三国时代。汉代蜀

图2　战国　彩漆龙凤纹盾
湖北省博物馆藏

锦本名闻国内外，有关当时西蜀经济收入，是国家财政一环。《左慈传》曾称，曹操派人入蜀市锦，因慈钓于堂前坎埳中一举得鲈鱼，拟入蜀购紫芽姜，并托多购锦二匹。曹丕文中却以为蜀锦虚有其名。诸葛亮教令，提及普通刀斧军器不中用，一砍即坏，由"作部"定造，毛病方较少。大约战争连年，蜀之工艺均已堕落，中原佳好漆器更难得，所以曹操当时启奏中，常常提及献纳漆器事情，慎重其事的把一两件皮制漆枕或画案，呈献汉末二帝。谢承《后汉书》称郭泰（林宗）拔申屠子陵（蕃）于漆工之中，欣赏的可能只是这个人的材能器识，未必是他的手工艺。

到晋代后，加工漆器似乎已成特别奢侈品，也成为禁品。有两份文件涉及这个问题。

晋令曰："欲作漆器卖者，各先移主吏者名，乃得作。皆当淳漆著布骨，器成，以朱题年月姓名。"可知已恢复了汉代旧规矩，作漆器要负责任，乱来不得。又《晋阳秋》说："武帝时，御府令（又作魏府丞）萧谭承、徐循仪疏：'作漆画银槃（一作漆画银带粉碗），诏杀之。'"不得许可作来竟至死罪。《东宫旧事》载漆器

图3　西汉　彩绘云凤纹漆椭圆奁
湖北省博物馆藏

数十种，就中有"漆酒台二，金涂镶钿"，可知汉银钿器制式尚留存。又《续齐谐记》称"王敬伯夜见一女，命婢取酒，提一绿沉漆榼"，可知彩漆不止朱墨。（绿沉另有解。）《世说》称"王大将军（敦）如厕，既还，婢擎金漆盘盛水，玻璃碗盛澡豆"，可知当时金漆实相当贵重。宏君举食檄有"罗甸碗子"，可知漆嵌罗甸还本汉制。《东宫旧事》又载有"漆貊炙大函一具"。释名称"貊炙，全体炙之，各自刀割，出于胡貊之所为也"。可知当时仿胡食烧烤时髦餐具，也有用漆造的。《邺中记》则记石虎有漆器精品："石虎大会，上御食，游槃两重，皆金银参带，百二十盏，雕饰并同。其参带之间，茱萸画微如破发，近看乃得见。游槃则圆转也。"

正和韩非《说难》所称战国时人为周王画筴记载相合。若将古代碾玉冶金技术进步比证，这种精美漆画是可能的。

漆工艺入晋代日益的衰落，或和社会嗜好有关。晋人尚语文简净，影响到各方面，漆器由彩饰华美转而作质素单色，亦十分自然。世传顾恺之《女史箴图》，一修仪理发人面前漆奁，边缘装饰尚保留汉代规式，已不著花纹。《东宫旧事》所提若干种漆器，都不涉及花样。又南方青瓷和白瓯，当时已日有进步，生产上或比较便宜，性质上且具新意味，上层社会用瓷代漆，事极可能。王恺、石崇争奢斗富，酒宴上用具，金玉外玻璃琉璃，尝见记载，惟当时较摩登的，或反而是山阴缥青瓷和南海白瓯。尤其是从当时人赠送礼物上，可见出白瓯名贵。从史传上，一回著名宴会，可以推测得出所用酒器大致还是漆器，他物不易代替，即晋永和九年三月，王羲之邀集友好，于山阴会稽兰亭赋诗那次大集会。仿照周公营洛邑既成羽觞随波应节令故事，水边临流用的酒器，大有可能还是和汉墓中发现的漆耳杯相差不多。这种酒器，就目前发现，已知道有铜、瓷、瓦、玉、铅、漆，各种多由于仿蚌杯而来。惟漆制的特别精美，纹样繁多。

晋六朝应用漆器名目虽多，已不易从实物得一印象。只从记载上知道佛像已能用夹纻法制造，约在第四世纪时，当时最知名的雕刻家戴逵，即在招隐寺手造五夹纻像。随后第六世纪，从梁简文帝文章中，又可见曾令人造过丈八夹纻金薄像。这种造像法，唐代犹保存，直延长到元朝大雕塑家刘元，还会仿造。当时名叫"持换脱活"，即抟泥作成佛像坯子，用粗麻布和油灰黏上，外面用漆漆过若干次后，再把泥沙掏空即成。后来俗名又叫"干漆作法"，在佛像美术中称珍品。

至于殉葬器物，则因汉末掘墓和薄葬思想相互有关，一般墓葬，已不会有汉乐浪王盱、王光墓中大量漆器出现，在南方绍兴古坟已多的是青质陶瓷，在北方，最近发现的景县封氏墓，也还是瓷器一堆。所以说陶瓷代替了战国时铜器、汉时漆器，成为殉葬主要

图 4　唐　四鸾衔绶金银平脱镜
陕西历史博物馆藏

物品不为过分。

但是到唐朝，漆器又有了种新发展，即在漆器上镶嵌像生金银、珠贝花饰，名"平脱"。方法旧，作风新。这从日本正仓院和其他方面收藏的唐代乐器、镜奁、盒子等等器物可以知道。唐代艺术上的精巧，温雅，秀丽，调和，都反映到漆工艺中，得到了个高度发展。惟生产这些精美艺术品的工师姓名，在历史上还是埋没无闻。

到宋代，方又一变而为剔红，堆朱，攒犀，等等。惟当时上层社会极奢侈，国家财富多聚蓄于上层社会，日用器物多金银，所以代表上层统治者宴客取乐的开封樊楼（丰乐楼），普通银器竟过万件，足供千人使用。不曾提漆器。加之当时开封、定州、汝州、瓷器制作，由国家提倡，社会爱好，官窑器已进入历史上的全盛时代，精美结实都稀有少见，从工艺美术言来，漆器虽因加工生产过程烦琐，依然为上层社会重视，就一般社会说来，似乎已大不如当时官窑青瓷和白定瓷有普遍重要意义了。所以到北宋末年，徽宗知玩艺术而不知处理政治，为修寿山艮岳，一座独夫个人享受的大园子，浪费无数人力物力，花石纲弄得个天怒人怨，金人乘隙而入，兵逼汴京，迫作城下之盟，需索劳军物品时，公库皇室所有金银缴光后，还从人民敛聚金银器物，一再补充。《大金吊伐录》一书，曾有许多往来文件记载。当时除金、玉、珠宝、书籍外，锦缎、茶叶、生姜都用得着。惟瓷、漆器和字画不在数内。宋朝政府有个答复文件，且说到一切东西都已敛尽缴光，朝廷宴饮只剩漆器，民间用器只余陶瓷。一可见出当时漆器多集中于政府；二可明白到南宋，北方漆、瓷工艺必然衰落。到元朝蒙古人入主中原时，两种工艺必更衰落无疑。从史志记载，得知北宋漆工艺生产在定州，南宋则移至嘉兴及杭州。《武林旧事》称临安各行业时，即有金漆行一业。元代虽有塑像国手刘元，还能作脱活漆像，本人且活到七十多岁，据虞集作的刘正奉塑像记，当时却被禁止随便为人造作。漆的应用到宋代，已有过一千五百年历史，试就历代艺文志推究，或可在子部中的小说与农家中早有过记载；惟直到宋代，才有朱遵度作一部《漆经》，书到后来依然散佚不存。仅从现存宋代剔红堆朱器物，还可看出这一代器物特点和优点。元、明二代漆艺高手集中嘉兴西塘、杨汇地方，多世擅其业。个人且渐知名，如张成、杨茂、杨埙，或善剔红，或善戗金，知名一时。仅存器物亦多精坚华美，在设计上见新意，自成一格。杨埙因从倭漆取法，遂有"杨倭漆"之名，明、清以来退光描金作小花朵器物，霏金飘霞作法，似即从杨传入而加以变化。张成有儿子张德刚，于明成祖时供奉果园厂，作剔红官器，另外有个包亮还能与之争功。明代漆器的发展水准，因之多用果园厂器物代表。个人著名的应当数黄大成，平沙人，世人因此叫他作"黄平沙"。作品足比果园厂官器。且著有《髹饰录》二卷，为中国现存仅有关于漆工艺生产制造过程专书。明末扬州有个周某，发明杂宝玉石象牙镶嵌，影响到清乾隆一代，产生应用器物插屏、立屏、挂幅作风。清初有卢葵生，工制果盒、沙砚，精坚朴厚，足称名家……

就发展大略作个总结，可知一部有计划的漆工艺史，实待海内学者通人来完成。这种书的编制，必注意两点方有意义：一是它的生产应用，实贯串中国文化史全时期，并接触每一时代若干重要部门问题，由磨石头的彩陶时代起始，到现代原子能应用为止，直接影响如绘画、雕刻，间接影响如社会经济。我们实需要那么一本有充分教育价值和启示性的著述，作一般读物和中级以上教育用书。可是到目下为止，它的产生似乎还极渺茫。

原因是：从史学研究传统习惯上说来，历史变与常的重点，还停滞在军事政治制度原则的变更上，美术史中心，也尚未脱离文人书画发展与影响。换言之，即依然是以书证书，从不以物证书。漆之为物，在文化史或工艺美术史方面的重要贡献，一般学人即缺少较深刻认识，求作有计划有步骤研究，当然无可希望。

中国漆器工艺 [1]

　　漆对于中国文化发展史，实占了个特别位置，重要处不下于丝与瓷，却比丝和瓷应用广泛而久远，且在文化发展史分期过程中，作过种种不同的贡献。因此一本合乎理想的中国文化史，每一章子目中，似乎都必然应当有点关于漆的应用叙述。一本近乎理想的漆工艺史，也必然是纵贯中国文化史全时期，并触及若干问题、若干部门。我们实需要完成那么一本有意义的著述。可是至今为止，还无人注意。原因十分简单，即对于这个重要问题，在纯历史学传统研究习惯上，唯心、唯制度原则、唯文章重视情形下，美术史又尚未脱离窄范围单纯文人书画史转述情形下，漆之为"物"，在文化史或工艺美术史方面的重要贡献，即根本尚缺少认识，求学人作有计划、有步骤的研究，自然就更说不上了。秦汉以前文字记录本难征信，惟从现存实物一段战国时楚彩漆板片，即可证实漆的应用及加工精美处，在二千三百年以前，已极惊人。然而二千年来，除朱遵度一部《漆经》（已佚），即仅仅明代漆工艺名家黄大成（平沙）著一部《髹饰录》，并由另一名家杨明作注，留传日本，经近人朱启钤抄回，阚铎加注，始刊行于××堂丛书中。又《工艺美术家征略》，始将各地方志，及元、明杂著中所载宋、明以来漆工艺名手事迹，稍加纂辑。郑师许氏，始著一简单中国《漆器考》，

1　本文写于1949年夏，系作者病中所写。

作为《上海市博物馆丛书》之一。有关漆器名称讨论，只近人陆树勋氏参校前人著录，佐以近年日本学人意见，写作《釦器》与《犀毗》二小论文（见《考古学丛刊》七、八两期）。除商承祚氏于抗战期著有一《长沙所见漆器》，使国内学术界得知楚系铜器以外漆器大略情形，另有蔡先生著一《缯帛书》提及一些楚漆器报告。至于其他战国漆器在寿县、长沙等处的发现，汉漆器在朝鲜、蒙古、绥远[1]等处的发现、整理研究工作，多由东邻学人越俎代庖，致力用心。研究报告出版后，中国学人在文史问题上虽间有商讨，在工艺美术方面，竟从不闻启发过何等浓厚情感。事情显然，这和传统学术观有关。各大学历史系主持人历史观或美术史认识，如缺少一个新立场、新态度，这种停滞落后现象还将继续延长下去，不易改造。这个新立场态度，即必需能深会马列主义与毛泽东对马列主义的中国方式应用人民革命思想，方能把握得住问题。更需要的还是由少数知识分子手中产生的"文史"和由万千劳动者手中产生的"器物"，知兼爱并重，使之打成一片，看成整体。有关文物保存，如果还单纯并重如过去情形，书籍搁在图书馆，古物搁在博物馆，各立门户，各不相关。学校历史研究，还照例是右文而轻物，研究侧重理解制度上的礼乐兵刑，却不注意制度下的一切物，及社会经过长时期发展，残余卜的一点物——还如何可以贯串过去，影响未来？文与物既游离不相粘附，少有机联系，因此文的知识既不完备，物的知识也极空疏，尤其是物的知识以及保存物的用意，便不免受影响，停顿于赏玩古董意识上，无从前进一步。国家特种文物收藏，尽管越来越丰富，却无从真正丰富年青学人和那个更大多数普遍群众多少文化知识，并启发那一点新的创造心。有关这件

1　中国旧省级行政区，简称绥，省会归绥（今呼和浩特市），包括今
　　内蒙古自治区中部、南部地区。1954 年被撤销。

事，如与东邻学人近三十年工作成就比较起来，我们会觉得凡有心人都不免自愧，因为用任何理由解释，在文化知识普及与提高两事上，我们的研究态度研究成绩都还是落后了一步。我们许多事能作而不肯作，如陶瓷史、雕刻史、铜器史，他人多已占先，一一代为作过了。他人终究隔了一层，作来成绩虽未满人意，但是目下谈历史考古，谈工艺改良，教学与应用，差不多依然还离不开他人整理的材料。即仅就这个情形说来，也就不能不要有个彻底变更，老的帮助年青的，年青的鼓励老的，团结合作，急起直追的努力，方不至于长远落后！更何况一个崭新的社会，一个劳动群众领导的、新民主主义国家，新史观固然离不了物，新史学又那能再和物分开？

有关史学系改变事，自然并不简单，有待全国专家学人，作各方面研讨，分部门，分问题，分时期，在一个分工合作方式下进行，将来自可望异途同归，完全改观。个人却认为希望值得有人就工艺范围内，汇萃前人意见，史志叙录，实物印象，从漆工艺美术问题上，先作个尝试探讨。这本是个"举鼎绝膑"[1]的工作，难于见好是意中事，这个工作的进行，实期有三方面的指正和帮助：一、从史志的叙录上，要知道更多的书；二、从物的制作过程，及形态涉及相关美术品的解释上，要明白更多的事；三、把文与物结合，应用到一个新的社会科学新的美术观时引叙文件上。三方面总不能不有错误，必需指正和补充。这正如一个小学生的习作，敢于从事涂抹，是从"由空想到证实"一个名词、一个文件得到启发和鼓励方着手的。更大希望还是一句老话"抛砖引玉"，由此不久就可读到国内有心学人一部充实有分量有见解的巨著。以个人愚见，新中国必需要有这样一种著作，在新的时代、新的社会产生。对过去，可以作个总结，足以解释这部门工艺，万千劳动群众、无名艺

1　原意指双手举鼎，折断胫骨；比喻能力小，不能负担重任。

术家，于文化史上所作成的光荣伟大贡献，在美术史上应占定一个正当位置。并由理解遗产在技术上、设计上多方面的应用与发展，启示将来，扶助目下业已十分衰落的漆工艺，如何再造、重振。尤其是鼓励年青艺术家，赶快从学校走出，用一个崭新学习态度，转向国内现存的漆工艺长老师傅，好好学习，把新的广博知识和旧的优秀技术重新结合，于新的工艺美术创造上，恢复发扬漆工艺本来的光荣，并扩大新的绘画范围和器材的应用。

这个工作的较多方面整理编辑，也许最好还是由清华大学营建学系、中国营造学社、北大博物馆、历史博物馆、故宫博物院，各方面合力同工，来设法完成它。向人民靠拢原则虽比较抽象，美术史教学要一本新书，却明明白白搁在眼前。

漆工艺美术简史提纲 [1]

第一章　绪论

1.漆的发现和应用的发展推测

由于生产工具和生活用具的利用，在各种不同树木液汁中，发现了漆的功能。

2.史志记载古代漆工艺

《尔雅》。《韩非子·十过》篇叙述漆工艺的进展。《禹贡》叙出产。《周礼·载师》叙漆林之征，证原料由政府掌握了大部分。产地。

3.艺术特征

和竹编物、彩陶装饰关系。

第二章　商周

1.奴隶社会制下漆工艺的成就

侯家庄发现彩绘，辉县发现……盾和鼓。

2.封建社会制下漆工艺的进展

《考工记》：车制。《礼记》：丧葬制中车制。戈钺嵌镶，山西出土仿编织花纹，楚……

1　本文写于1961年夏，是作者协助国内工艺美术教师编写专业教材时草拟的纲目之一。

3.漆工艺在文化史上的位置和工艺史上的特别成就

信阳器，寿县器，辉县器，长沙器，金银综合使用。

第三章　秦汉

1.国营官工业的分工和艺术上的新成就

工制，产品，金银釦与玉带器，夹纻器。

2.艺术风格的变化

现实主义和浪漫主义的结合。

3.历史变革中和社会其他生产制约中，工艺的停滞和衰退

《上杂物疏》名目和问题。殉葬陶器仿漆的大量出现。

第四章　晋南北朝

1.新的成就——绿沉漆，金银镶嵌，杂玉石镶嵌

《东宫旧事》《邺中记》，弹韦朗奏，《晋令》《南齐书·舆服志》记载诸问题，乳炙盘等新器物。

2.新的应用和技术进展，夹纻脱胎漆造像

戴逵与《洛阳伽蓝记》记载。

第五章　隋唐五代

1.新的应用范围的扩大——鞍具，家具，屏风，几案，乐器，建筑装饰和镜子，镜奁。

2.金银珠玉平脱

3.襄阳库路真

《朝野佥载》《吴越备史》见特殊，兵器见普遍应用。

4.夹纻大像，和金银装龙凤船舶、银装器械

第六章　宋元明清

1.金漆和犀皮的流行

一《会要》鞍制记载。

二《梦粱录》分行。

三《仪卫志》广泛应用。

2.剔红

宋、元直接材料和比较材料。

3.螺钿与雕填的新成就

4.艺匠名工——张成、杨茂、张德刚、包勇、杨埙、周翥、江千里、方信川……

5.地方不同成就——北京果园厂，嘉兴西塘、杨汇，庐陵，福州，苏州，温州，宁波，广东，云南，贵州，绛县。

6.《辍耕录》《碎金》《髹饰录》和作者

总结不同加工作法。

7.倭漆与倭式漆

用《天水冰山录》记载证名目和品种。

第七章　结尾

衰落和新的发展。

我们从古漆器可学些什么 [1]

　　近十年来，出土文物古代工艺品中使我们视野开阔，计五个部门，即金属加工、陶瓷、漆器、丝绸和雕玉。特别是漆器上的彩绘，丰富了我许多知识，除明白它的工艺图案艺术特征外，还藉此明白它和在发展中的社会历史的密切关系。

　　北京荣宝斋新记，新近用彩色套印木刻法，试印行了十种漆器图案，在美协会场随同其他木刻画展出。凡看过的人都同声赞美，对于二千二三百年前楚漆工的优秀成就，感到惊奇爱好外，还对于现代木刻表现的高度艺术水平尊重和钦佩。这些漆器大部分是从"楚文物展"和"全国出土文物展"中的漆器选印的。数量虽然不算多，却可以代表近年来中国古代漆器的新发现。特别重要是长沙楚墓出土的战国漆器。把这类漆器的花纹用现代彩色木刻套印，在国内还算是首一次，是惟有政权在人民手中的今天，政府和人民才会同样重视这种古代文化优秀遗产，把它来当作研究、学习和鉴赏对象的。

　　楚漆器的出土，最重要是三个地方，即安徽寿县、湖南长沙和河南信阳。起始于一九三三年前后，安徽寿县"李三孤堆"楚王坟的盗掘，除发现近千件青铜器外，还得到一片有彩绘云纹的残漆棺。这片残棺是后来去作调查的李景聃先生，在附近一个农民人家

1　本文写于 1955 年 7 月。

猪圈边偶然看到，知道是从墓中取出，才花了点点钱买回的。漆棺壮丽华美的花纹，让我们首次对于战国时代的漆画，得到一种崭新深刻的印象。上面装饰图案所表现的自由活泼的情感，是和战国时代的社会文化发展情形完全一致的。但是注意它的人可并不多，因为一般学人还是只知道从带铭文青铜器证文献，一片孤立棺板引不起什么兴趣。

两汉书常提起少府监所属东园匠工官，当时专造"东园秘器"，供应宫廷需要及赐赠王公大臣死后殓身殉葬。共计事物约二十八种，中有"东园朱寿之器"，或"砂画云气棺"，同指彩绘花纹漆棺。旧俄时代"科斯洛夫考查团"，在蒙古人民共和国诺音乌拉汉代古墓中发现的彩绘云气纹残棺，上面保存的云中鸿雁花纹，是目下有代表性和说明性的重要遗物，没有它，东园匠所造"朱寿之器"制度是不得明白的。因楚漆棺的出土，和科学院后来在河南辉县发掘，得到一片作黼绣纹图案的残棺，我们才藉此明白，汉代流行的丧葬制度，原来多是根据周代旧制加以发展的结果，并非凭空产生。即朱绘棺木，也并非从汉创始。辉县棺上彩绘的花纹，更为我们提出黼绣纹一项重要参考材料，修正了汉代以来说的"两弓相背"的注疏敷会，得出了它的本来面目。

长沙楚墓漆器的发现，比寿县器物出土稍晚一些，在抗日战争初期，因商承祚、陈梦家二先生的介绍，才引起部分学人的注意。旧中央博物馆筹备处方面，才当买古董一样收集了几件漆杯案。但是对于它的历史问题和比较知识，还是知道不多。出土有用材料多分散各地私人手中，由于保存不善，大都逐渐干毁。大批特别精美的器物，并且早被美帝国主义者的文化间谍，用种种狡诈无耻的方法，盗运出国。因此国内多数历史学者和美术史专家，直到一九四九年前后，还很少有人知道，楚漆器的发现在新的学术研究方面，具有何等新的意义。

中华人民共和国成立以后，由于人民政府保护文物政策法令的实施，一方面把国内私人重要收藏，陆续购归国有；另一方面又学习苏联先进经验，在全国工业建设地区，经常配合一个文物工作组，清理出土墓葬遗址文物。材料日益增多后，战国时期楚文化的面貌，就越加明确，自从前年楚文物在北京历史博物馆举行展出后，许多人才认识到楚文化形象和色彩，实在丰富惊人。反映于文学作品中，曾产生爱国诗人屈原的诗歌，反映于工艺美术，还有当时楚国金工所铸造的青铜镜子，青铜加工兵器，木工作的大型彩绘雕花错金棺板，弓工作的便于远射鱼鸟的弓弩和矰缴，以及漆工所作的各种色彩华美造形完整的漆器，特别具有代表性。文学和这些工艺品本来是两种完全不同的成就，却有一个共同的特征，就是"热情充沛，而色彩鲜明"。其实我们应当说，爱国诗人屈原的文学作品的背景，计包括三种成分：一个是土地山河自然景物的爱好，另一个是社会政治在剧烈变化中人民苦难的现实，第三个是劳动人民在物质文化方面创造的辉煌成就。屈原文学作品的风格，是综合了这一切的忠实反映。又汉文化受楚文化影响极深，文学上的关系，比较显著，前人已经常有论述。至于工艺生产方面的影响，由于这些新的发现，才进一步给我们许多启发。

楚漆器加工部分，大约可以分作四类：一、多色彩绘，如漆盾和人物奁具；二、朱墨单色绘，如羽觞和圆盘；三、素漆针刻细花，如大小奁具；四、浮雕罩漆，如大小剑匣。楚漆器花纹特征，从总的方面来说，是主题明确，用色单纯，组织图案活泼而富于变化。表现技术从不墨守成规，即或一个漆羽觞的耳部装饰，也各有匠心独运处。在器物整体中，又极善于利用回旋纹饰，形成一种韵律节奏感。例如图录中的龙凤云纹漆盾（图1）和新出土的凤纹羽觞，都得到同样高度艺术成就。构图设计，还似乎未臻完全成熟，却充满了一种生命活跃、自由大胆的创造情感，处处在冲破商、周以来造形艺术

图 1　战国　彩绘云龙纹漆盾
湖南博物院藏

旧传统的束缚，从其中解放出来，形成一种新的发展。最显明的是用三分法处理的圆式图案，本出于殷商青铜和白陶器中的"巴纹"，当时在彩绘木雕上镶嵌的圆泡状的蚌片，也有同样花纹。春秋战国时新流行的玉具剑的柄端，也常使用这个圆式图案：或错金，或嵌松绿石，或嵌一片白玉，多用三分法加工。但是因为面积小，变化就不怎么多。在楚漆器中，奁具和盘子类需要范围极广，每一个套奁里外，常用到五六种不同装饰图案，绘画的表现又比雕刻、镶嵌简便，因此这种图案，竟达到丰富惊人的美术效果。经过汉代再加以发展，如在他处发现之三辟邪奁里装饰和三熊盘，设计妥贴周到处，在中国工艺图案史的成就上，也应当占有一个特别地位。

楚漆器的花纹，大部分是用龙凤云纹综合组成，却并不像铜器花纹的凝固。从个别优点而言，如本图录中的漆案，因为平面空间比较大，红黑二色对照调子鲜明，即或只用几道带子式花纹作间隔装饰，经常也作得特别美观。羽觞造形不必受定型限制，材料处理伸缩性大，能把完整造形秀美花纹结合成为一体，更容易见出古代楚漆工的大胆和巧思。彩绘大漆盾同墓出土共四件，现存比较完全的计二件，虽大小形式相同，可是每一盾上的装饰图案，都表现出不同风格和性格，图案的综合变化，真是无比巧思。狩猎纹漆奁花纹，和战国以来一般金银错器花纹，显然一脉相通，也就为我们初步提供了许多物证，明白同式图案的发展，长江流域荆楚、吴越工人实有大贡献。这时期金银错和刺绣花纹，其实都是由漆器花纹发展而出。

图 2 西汉 云龙纹漆盘
湖南博物院藏

这些东西值得我们重视，不仅因为它是"战国漆器"，更重要还是"战国时代装饰艺术的作风"。种种花纹图案当时无疑还曾反映到造形艺术各部门，特别是建筑彩绘装饰上，具有那个时代风格的特征。

图 3　汉　云龙纹漆耳杯
甘肃省博物馆藏

汉代漆器在材料应用和图案设计两方面，都进一步有了新的成就。首先是特种漆器的制造，已成国家特种手工业生产一个重要部门，除政府所在地的长安洛阳，少府监所属工官东园匠，经常大量生产各种"乘舆髹器"，此外"西蜀"、"广汉"和"武都"各地，也特别设立工官，监造各种精美漆器，并把成品分布到国内各个地区去。这些金银加工漆器，通名"金银文画钿器"或"叠带金银钿器"，艺术价值既高，同时也是当时货币价值极高的特种工艺品。

这种金银加工漆器，在器材应用上的新发展，是用麻布、丝绢作胎的夹纻器，多加上金银及铜鎏金附件，通例是平面部分用柿蒂放射式图案（多如水仙花式），腰沿部分则作三带式，另加三小熊作脚。这么一来，既增加了器物的坚固结实，同时又增加了华美。图案沿用旧形式部分，也有了充实和变化，如圆式图案利用三分法表现，因为需要范围日益广大，就创造了许许多多种好看新样子。又从魏武《上杂物疏》和《东宫旧事》记载，结合汉墓出土陶、漆器看来，得知汉代以来当时还盛行径尺大小长方形"巾箱"、"严具"、"方蓝"和收藏文具药物的筐匣，都需要用长方式和带子式装饰。圆筒形的奁具，边沿也需要带子式装饰，因此更促进了这一式图案的多样化，打破了战国以来龙凤云纹反复连续的规律，并打破了图案组成的习惯，代替以种种不同的新画面。一个时代的艺术，内容必然反映出一定程度的社会思想，汉代统治者重儒术，企图利用孝道来巩固政权，孝子传故事就成了漆器中的主题画。汉代现实生活喜骑射游猎，狩猎图反映到各种工艺品装饰图案中，漆器

图 4　西汉　双层油彩漆妆奁
湖南博物院藏

也有份。汉代宫廷方士巫觋最善于附会神仙传说，影响政治、文化各方面，到东汉《挟书律》废除解禁后，这类信仰并且逐渐由宫廷流行到广大民间。例如云气纹中的四神及其他杂鸟兽作主题的装饰，一切工艺品上无不加以反映，彩绘漆更作成多种多样的发展，云气纹中还常有羽人、仙真夹杂其间。传说中最普遍的西王母，在造形艺术青铜砖石各部门都有表现，在漆器上无例外也占了一个特别位置。由于造形艺术上的西王母形象普遍反映是在东汉，我们就有可能把几个过去认为是六朝人伪托的汉代小说，产生时代提早一些，因为两者都不会是孤立产生的。

汉代由于铁冶生产发展，提高了农业和手工业生产，加以文、景两朝数十年间，政治上对于人民压迫比较缓和，知道节用惜物，在这个劳动人民生产物质积累基础上，帝国大一统的局面，到武帝刘彻时代才逐渐完成。这时期国境四方的军事活动，郊天封禅仪式的举行，都不惜大规模使用人力物力，表示统治者政治上的大排场和成功的夸侈。更因神仙传说的浸润，长安宫廷园囿中，根据《史记》《汉书》《三辅黄图》《汉旧仪》等记载，向上拔举的土木建筑，多已高达数十丈，神明台还相传高达百丈，云雨多出其下。每年祀太乙岁星时，还必用太祝率领三百名八岁大童男女，各穿锦绣衣裳，在台上歌舞娱神！为仿效方士传述的海上三神山景象，在长安挖掘了个昆明池，池中作成蓬莱、方丈、瀛洲三山，上面还放下各处送来的黄鹄白鹿、奇花异草，建筑更极华丽无比。气魄雄伟正是这个时代的特征，这点特征也反映到漆工艺的装饰设计上。这时期最有代表性的纹样，多是山云华藻起伏绵延中，有羽人、仙真往来其间，鸿雁麋鹿，虎豹熊罴，青鸬白兔，野羱奔兕驰骤前后。图案来源或从两个矛盾部分综合而成：一个是纯粹社会现实享乐生活的写照，另一个却是对于神话传说的向往。汉代宫廷文人司马相如等，曾分别用富丽文辞来形容铺叙的问题，在日用漆器上，常常结合成为一个画面，而加以动人表现。

汉代金银加工的特种漆器，文献上如《汉书·贡禹传》的《奏议》，《盐铁论》的《散不足篇》，《潜夫论》的《浮侈篇》，早都提起过，近三十年全国范围内汉墓均有精美实物出土，已证明历史文献记载的完全正确。从朝鲜民主主义共和国和蒙古人民共和国出土有铭刻文字的汉代漆器，更得知当时生产分工已经极细，一件小小羽觞，由作胎橐到完成，计达七八种不同分工。绘画向例由专工主持，这种画工必须具体掌握生物形象的知识，能够加以简要而准确的表现，还必须打破一切定型的拘束，作自由适当的安排，不论画的是什么，总之，都要使它在一种韵律、节奏中具有生动感。齐梁时人谢赫，谈论画中六法时，认为画的成功作品因素之一，是"气韵生动"。过去我们多以为这一条法则，仅适宜于作人物画好坏的评判。如试从汉代一般造形艺术加以分析，才会明白，照古人说来，"气韵生动"要求原本是整个的，贯串于绘画各部门——甚至于工艺装饰各部门的。一幅大型壁画的人物形象，可以用它来作鉴赏标准，一个纯粹用静物组成的工艺图案，同样也应当符合这种标准。最值得注意一点，即大多数工艺图案，几乎都能达到这个要求。汉代漆器图案，"气韵生动"四个字，正是最恰当的评语。

还有一个问题，也值得附带一提，就是这种工艺图案，还另外为我们保留了一点汉代社会史的材料。《三国志·魏志》，记载中国名医华佗事迹，曾提起过他常教人古代导引养生之术，即所谓"熊经鸟申却行返顾五禽之戏"。这种"五禽之戏"，极明显是从西汉以来就曾经被海上方士当成延年益寿的秘密方技传授的。以熊、鹿为主的五禽名目，史传上虽有记载，形象活动世人却少知识。研究中国医药卫生史的人，也还少注意到。可是我们如果试从汉代漆器多留点心，就会发现漆器图案中的鸟兽名目行动，竟多和《华佗传》中说起的"熊经鸟申"大致相合。这绝不会是一种偶然的巧合。熊、鹿活动形象变化之多，古代方士注意它的运动规律，用来当作锻炼身体的模仿学习对象，正是十分自然的。

《华佗传》所说的"五禽之戏"，也就是鱼豢著《魏略》，记邯郸淳初次会见三国名诗人曹植时，曹植解衣科头，朗诵俳优小说数千言后，当面表演的"五椎锻"。"五椎锻"原属于卫生运动技术一类，也就是古代的导引法，是"熊经鸟申却行返顾五禽之戏"。传习来处，当时或得于郗俭、左慈诸方士，还有可能和古代印度、波斯文化交流有些渊源。

我这点推测，可能是完全不对的，但是从这么一个问题说来，也就可见从实物出发，对于中国物质文化史的研究探讨，还是一条新路，值得有人向前迈进一步。在全国范围内数量以十万计（将来还会以百万计）的出土文物，对于今后文史研究的影响，也是极明显的。多数人如依旧照过去对于古文物情形，只把它当成古董看待，货币价值既不高，很多又缺少美术价值，保存文物的重要性将不容易明确。惟有能够把它当成古代物质文化发展史的地下材料看待，才会觉得这里有丰富的内容，值得我们用一种新的态度来发现，来研究，来理解！依个人浅薄私见，历史科学能否成为一种科学，就决定于研究者方面，对于新的材料的认识态度而定。我们业已理解到，如孤立片面的，从文献学出发，贯串史料，对于古代社会的面貌，文献不足征处，将永远成为空白；如相反，善于把这百十万件分布全国各个不同地区的地下文物，好好地和历史文献结合起来，从一个更全面更扎实的认识基础上，学习运用马列主义，进行新的分析探讨，就有可能，把许许多多的问题，逐渐明白清楚，文化史的空白处，也都可望逐渐充实填补起来。正犹如我们对于古代漆器一样，本来只是从文献上知道一些名目，并且由于宋、明以来《三礼图》《三才图会》等书中半出于猜想的图画，对汉以前事多附会曲解，所得印象更不可靠。通过了近廿年多数人的劳动，在一定时间中，把出土材料分析综合，并联系其他出土材料作进一步比较，就可由"完全无知"进而为"具体明白"。并且由几件乍一看来，平凡普通，破烂皱缩的漆器上的残余花纹，因此明白了从战国到汉末，前后约六百年时间中的彩绘装饰艺术的作风，而这种艺术作风，原来和社会各方面关系，又还如此密切！因此让我们深深相信，必然还有许许多多历史问题，出土文物可以帮助我们具体解决。

螺甸工艺试探[1]

这个草稿应属于古代漆工艺史部分，举例虽较简略，还有代表性，提法也较新，可供漆工艺史或工艺史参考。

作陈列说明，某一时漆器或镶嵌器也应分明白它前后有什么联系，从发展上说，才有道理，孤立即无话可说。

——作者题于原稿封套

一、螺甸工艺的前期和进展

近年来，工艺美术品展览会中，观众经常可见到一种螺蚌类镶嵌工艺品，一般多使用杂色小螺蚌，利用其本来不同色彩，及不同种类拼逗粘合而成花鸟山水；有的从赏玩艺术出发，作成种种挂屏、插屏、盘盒；有的又从日用目的出发，专作烟灰碟和其他小玩具，或精工美丽，或实用价廉，在国内外展出，都相当引人注意，得到一定好评。我国海岸线特别长，气候又温和适中，螺蚌种类极多，就原料说来，几几乎取之不尽，用之不竭。因此由广东到东北，沿海各都市工艺美术研究所，对于这一部门工艺生产，如何加以发展，是个值得注意研究的问题。特别是这种取之无尽的原料，

---

1 本文写于1963年。

如能较好地和沿海几个都市同样富裕的童妇劳动力好好结合起来，它的前途实无限美好。将在旧有的螺甸工艺中，别出蹊径，自成一格，在赏玩艺术、实用艺术和玩具艺术生产中，都必然有广阔天地可供回旋。

在新的工艺品展览中，在文物艺术博物馆中，在人大礼堂各客室和其他公共花园及私人客厅里，我们又经常可看到用薄薄蚌片镶嵌成种种山水、花鸟、人物故事画面的挂屏、插屏、条案、桌椅、衣柜、书架及大小不同的瓶、盒、箱、匣，不论是家具用具还是陈设品，花纹图案多形成一种带虹彩的珍珠光泽，十分美丽悦

图1　清　螺钿[1]人物纹漆盘　盘底中心嵌"千里"两字
南京博物院藏

1　作者原文写作"螺甸"。根据《现代汉语词典》（第七版）应写作"螺
　　钿"，故本书图注采用此用法。

目。总名叫"螺甸"器。作的特别精美的，上面还加有金银，或和金银综合使用，则名叫"金银嵌软螺甸"。若系径寸大切磨略粗蚌片镶嵌面积较大花纹到箱柜上的，名叫"硬螺甸"。这种蚌片或在玉石象翠杂镶嵌占有一部分位置，则称"杂宝嵌"。前者多精细秀美，后者却华丽堂皇，各有不同艺术成就。这些工艺品产生的年代，一般说来，较早可到唐代，已达高度艺术水平；最多的为明、清两代，是全盛期也是衰落期。这个以蚌片为主的工艺品种，照文献记载，虽成熟于唐代，其实源远流长，属于我国镶嵌工艺最古老的一种。但是又和新近出现的嵌贝工艺，实同一类型，关系十分密切。因为同样是利用海边生物甲壳作为原料，来进行艺术加工，成为赏玩、陈设美术品或日用品的。它不仅丰富美化了人民文化生活的内容，也代表我国工艺品一部门艺术成就，在世界美术博物馆镶嵌工艺陈列品中占有一定地位，十分出色，引人注目。

螺甸原属于镶嵌工艺一部门，主要原料是蚌壳。一般多把蚌壳切磨成薄片、细丝，或切碎成大小不同颗粒，用种种不同技术，镶嵌于铜木漆器物上，和漆工艺进展关系且格外密切。但应用和作法以及花纹图案，却又在不断发展变化中，因此于历史各个阶段里，各有不同成就。即同一时代，也常因材料不同，器物不同，艺术要求不同，作成各种不同艺术表现。例如同属明代螺甸器，大型家具如床、榻、箱、柜、椅、案，和案头陈设插屏，及大小盘盒，就常常大不相同。有时甚至于把这些东西放在一处，即容易令人引起误会，以为"螺甸"若指的是这一种，其他就不宜叫做螺甸。也有器物大小差别极大，加工技法艺术风格又极其相近的。前者或出于地方工艺特征，例如山西、北京、苏州、广东生产就不一样。即或采用的是同一主题画，山西用大蚌片在木制衣箱柜门上镶嵌大折枝牡丹图案，地子不论红黑，一般多不推光，花样也以华丽豪放见长。至于苏式条案，这一丛牡丹花却多作得潇洒活泼，具迎阳含露清秀媚人姿态，漆面且镜光明彻可以照人。至于用小说戏文故事题材作的小件盘盒，艺术风格不同处就格外显明。但也有由于个人艺术成就特别突出，影响到较多方面较长时期生产，令人一望而知这是某某流派的。

例如明代苏州艺术家江千里，一生专以作金银嵌软螺钿小件器物著名，小只寸大杯子，三寸径小茶碟，大不过径尺插屏合子。并且特别欢喜作《西厢记》故事（有的人且说他一生只作《西厢记》故事），由于艺术精深，影响到明、清两代南方螺钿制作风格，大如床榻、桌案，小如砚匣、首饰箱、杯盘，形成"江千里式"。和张成、杨茂作的剔红漆器，杨埙作的描金倭漆，都同样起着极大影响。除此以外，还有个时代因素，也影响到生产器物和艺术风格。比如唐代铜镜背面和琵琶、阮咸背面，都有螺钿作成的，以后即少见。清代到乾隆以后，玻璃镜子和其他小幅插屏画绣，都流行用广

图2　明　黑漆嵌螺钿人物故事（西厢记）图葵口盘
美国大都会艺术博物馆藏

作螺甸框子，因此京、苏也多仿效。道光以后，卧室堂房家具流行红木嵌螺甸，因此广东、苏州产生大量成份螺甸家具。从镶嵌工艺应用范围说来，我们还没有发现历史上另外尚有比螺甸工艺在应用上更广泛的。

我们若想知道这部门工艺美术品种较详悉，明代漆工艺专书《髹饰录·坤集》内中曾记载下许多不同名目，反映得相当具体。明代权臣严嵩被抄家时，还留下个家产底册，名叫《天水冰山录》，也列举了好些螺甸家具材料。若把这两个文献记载，结合故宫现有大量螺甸器，和其他大博物馆收藏实物，以及被帝国主义者豪夺巧盗流失海外实物图片加以综合，有关这部门工艺美术知识，显然即将丰富扎实许多。

螺甸工艺的起源和进展，与蚌器的应用分不开。由应用工具进而为艺术装饰，又和玉石情形大体相同，都可说是"由来已久"。所以在镶嵌工艺中，名称虽不古，事实上出现却较早于其他镶嵌工艺。因为蚌器的应用，是在新石器时代，已成为某些地区、某些部落当成利于刮削简便合用辅助工具的。锯类的出现，有两个来源：在西北某些地区为细石片镶嵌于骨柄上作成；中原或南方某些地区，最早便是用蚌壳作成。由于原料易得，因此在新石器时代，成为辅助生产工具。由于光泽柔美，且容易处理，因此在青铜时代，有机会和玉石同样，转化为镶嵌装饰工艺原料，施用于建筑和其他器物方面。这自然只是一种"想当然尔"的说法，惟和事实相去必不太远。

试从出土古文物注意，我们即得知，殷商时由于青铜工艺的进展，雕文刻镂的工艺，也随同工具的改变而得到长足进展，代替了延长数千年的彩绘艺术，而作出许多新成就。青铜器母范[1]代

---

1 青铜器在铸造之前，需对其造型和纹饰进行整体的构思与规划，并通过泥模反映出来。模又称母范，是用于翻制外范的原始模型。

表了当时刻镂工艺的尖端。此外骨类的刻镂成就，也比较突出。玉石用双线游丝碾的作法，也是划时代成就（且直到战国，技术上犹并未超过）。为进一步追求艺术上的华美效果，利用各种不同原料的综合镶嵌艺术，因之应运而产生，反映到工艺各部门，特别是几个主要部门，成为奴隶社会制上层文化美学意识的集中反映。较原始的情形，我们还无知。我们能接触到的，还只是青铜文化成熟期，在青铜器上的镶嵌工艺。主要加工材料是松绿石、美玉和骨蚌片。可能还有些其他混合油漆矿物粉末彩料。为什么恰好选这几种材料作镶嵌原料？试加分析，即可知这也并非偶然事情。玉和骨蚌的性能，都是古代工人由于工具利用十分熟习的材料，而绿松石却是青铜原料一部分。这些材料有时综合使用，有时单独使用，全看需要而定。比如玉戈、玉矛、玉斧钺、玉箭镞，多是主要部分挑选青、白美玉，却用青铜作柄，柄部即常嵌松绿石颗粒拼成的花纹图案。反映漫长石器时代已成过去，因而从石料中挑选出光泽莹润温美难得的玉类，加以精工琢磨，作为象征性兵器而出现。这种兵器一部分在当时也有可能还具实用价值。正如《逸周书·克殷篇》所叙述，武王当时得反戈群众和西南八个兄弟民族共同努力打败了纣王，纣王在鹿台自杀后，武王还用玄钺、素钺亲自动手把这个大奴隶主的头砍下悬旗示众，表示天下归于姬周。但一般只是象征尊贵与权威，制作美丽重于实用却十分显明。还有一类主要部分全用青铜，只器身和柄部花纹图案用松绿石镶嵌的，除上述的几种兵器外，尚有一种弓形带铃器（可能是盾类装饰），随身佩带小刀及车马具，和部分礼器与乐器。就中又还有完全把玉石退缩到附属地位，和松绿石蚌壳位置差不多的，例如有种大型青铜钺（图3），刃面阔径将达一尺，中心部分有个二寸大圆孔，孔中即常镶嵌一个大小相等小玉璧，璧中有一小孔，孔中又再嵌一松绿石珠，其他柄部刃部有花纹处

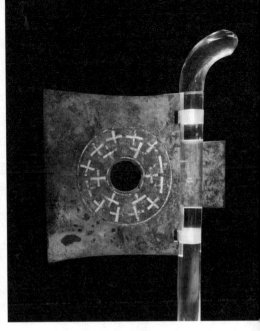

图 3　商　嵌绿松石钺
　　中国国家博物馆藏

图 4　夏晚期　镶嵌十字纹方钺
　　上海博物馆藏

也满嵌松绿石。这类兵器，照文献记载，是历来为最高统治者或主兵权的手中掌握，象征尊严和权威的（汉代将帅的黄钺和后来的仪镼，都由之而来）。蚌类和青铜器结合，也只是在这类斧钺中发现过。最多是在另一方面，和漆木器物的结合。

从比较大量材料分析，商代青铜镶嵌工艺，主要材料是用松绿石作成的（部分可能使用油漆混合其他矿物粉末彩料填嵌。因为兵器类有许多凹陷花纹，还留下些残余物质）。所得到的艺术效果，实相当华美鲜明。很多器物虽经过了三千多年，出土后还保存得十分完整。至于焊接药料是和后来金工那样，用明矾类加热处理，还是用胶漆类冷处理？这些问题尚有待金工专家进一步作些探讨。青铜斧钺孔中也还有用揿入法镶嵌可以活动的，从开孔内宽外窄可以知道。

从青铜器镶嵌工艺看来，它是个重点工艺，却不是唯一的孤立存在的事物。铜陶石刻容器的成形，或本于动植原形，如爬尊兕觚；或本于竹木器，如簠簋笾豆。除容器外，当时竹木器应用到各方面也是必然事情。兵器必附柄，乐器得附架，礼器、食器势宜下有承座而上有盖覆。此外收藏衣物和起居坐卧用具，都得利用竹木皮革，由于青铜工具的出现，竹木器物工艺上更必然得到迅速进展，扩大了彩绘刻镂加工的范围。镶嵌工艺使用到竹木器上，也必然随同出现或加多。用青铜作为附件的用具也会产生。至于骨蚌类用于竹木器物上增加艺术上的美观，自然就更不足为奇了。我们说骨蚌类使用于青铜器方面虽不多，一起始即和漆木器有较密切的联系，这种估计大致是不会太错的。在来源不明的殷商残余遗物中，经常发现有大量方圆骨片，一面打磨得相当光滑，一面却毛毛草草，且常附有些色料残迹。另外有种骨贝情形也多相同。若非全部都是钉附于衣服或头饰上遗物，有可能当时是胶合粘附于器物上的。而且它当时并非单独使用，是和其他彩绘刻镂综合应用的。

安阳侯家庄大墓出土遗物中，还留下二十余片高尺余、宽近二尺的残余彩绘花土（图5），上面多用朱红为主色，填绘龙纹兽

图5 商 殷墟漆器雕板印影 纵约12厘米，横约90厘米
河南省安阳侯家庄第1001号大墓出土

纹，图案结构龙纹和铜盘上情形相似，多盘成一圈，兽纹则和武官村墓大石磬虎纹极其相近（记得辉县展览时，也有这么一片朱绘花纹，时代可能比安阳的早一二世纪）。在这类材料花纹间，就还留存些大径寸余的圆形泡沤状东西，或用白石或用蚌片作成，上刻三分法回旋云文（即一般所谓巴文），中心钻一小孔，和其他材料比较，且可推知小孔部分尚有镶嵌，若不是一粒绿松石，便是其他彩料。因为一般骨笄上刻的鸟形眼孔，和青铜钺上玉璧中和蚌泡中心，加嵌松绿石具一般性。

这种径寸大泡沤状圆形蚌饰，在古董店商代零散遗物中相当多，由于习惯上少文物价值，所以无人过问。既少文物经济价值，也不可能作伪。究竟有什么用处，还少专家学人注意过。考古工作者既未注意，一般谈工艺美术的又不知具体材料何在。事物孤立存在，自然意义就不多。但一切事物不可能会孤立存在。试从商代青铜器、白陶器作的尊、罍、敦、簋、盘、斝、爵等略加注意，会发现几乎在各种器物肩部，都有完全近似的浮沤状装饰，三分法云文虽有作四分的，基本上却是一个式样，才明白这个纹样在商代器物上的共通性。这些蚌片存在也并非孤立。从形状说最先有可能仿自纺轮，从应用说较早或具有实用意义，把带式装饰钉固到器物上，增加器物的坚固性。特别是在木器上使用时，先从实用出发，后来反映到铜陶上才成为主要装饰之一部门。从铜陶上得知这类圆形蚌器曾用在圆形器物的一般情形，从朱绘花上又得知用在平面器物上情形，从青铜斧钺上且知道还使用到两面需要花纹的器物上情形。

尽管到目前为止，有权威性专家，还抱着十分谨慎的态度，不能肯定那份朱绘残痕为当时彩绘漆器证明，且不乐意引用《韩非子·十过》篇中传说的朱墨相杂的漆器使用于尧舜，对于商代有无漆器取保留态度。但事实上漆的应用，却必然较早于商代，而成熟于新石器时代，由长时期应用而得到进展的。

在新石器时代或更早一些，人类和自然斗争，由于见蜘蛛结网得到启发，学会了结网后，捕鱼狩猎加以利用，生产方面显然得到了一定进展。用草木纤维作成的网罟类，求坚固耐久，从长期经验积累中，必然就会发现，凡是和动物血浆接触，或经过某种草木液汁浸染过的，使用效能即可大增。这类偶然的发现，到有意识的使用，成为一定知识，也必经过一个时期。此外石器中由小小箭镞到大型石斧，都必需缠缚在一种竹木附件上，使用时才能便利，求缠缚坚固，经久不朽，同样要用血浆和草木液汁涂染。漆的发明和应用，显然即由于这种实际需要而来。

至于成为艺术品还是第二步。这也正和我们蚕桑发明一样，如《尔雅》叙述，古代曾经有个时期，为驯化这种蠕虫，桑、柞、萧、艾等不同草木均曾经利用过。后来野生蚕只有柞蚕，家养蚕以桑蚕为主，同样是经过人民长时期共同努力的结果，不可能是某某一人忽然凭空发明。漆的发明过程也不例外。

所以我们觉得，在青铜文化高度发达的商代，还不会使用漆器，漆工艺还不能得到相应进展，是说不过去的。它的发明与应用只能早于青铜工艺成熟期，而不可能再晚。

商代这种圆泡状蚌饰，大致有两种不同式样，一种作 ⬭ 式，一种作 ⬬ 式，形状不同由于应用不同。前者多平嵌于方圆木漆器物上，或平板状器物上，后者则嵌于青铜钺上。现存故宫和其他博物馆这类蚌器，在当时使用，大致不出这两个方面。这是目前所知道的较早螺甸。

这个工艺在继续发展中，从辛村卫墓遗物得知，圆泡状蚌饰还在应用，另外且发现有嵌成长方形转折龙纹的。又这时期当作实物使用的蚌锯、蚌刀已较少，只间或还有三寸长蚌鱼发现，和玉鱼相似，或直或弯，眼部穿孔，尾部作成薄刃，有一小切口，还保留点工具形式，事实上只是佩带饰物。玉鱼到春秋战国转成龙璜，蚌鱼便失了踪。失踪原因和其他材料应用有关，和生产进展有关。

文献中材料涉及螺甸较重要而具体的，是《尔雅》兵器部门释弓矢，说弓珥用玉琱为饰。考古实物似尚少发现。从其他现存残余文物中，也未见有近似材料可以附于弓珥的。事实上蚌类器材饰物在春秋战国时已极少使用，主要是由于社会生产进展，工艺上应用材料也有了长足进展。金属中的黄金，在商代虽已发现薄片，裹于小玉璧上，到这时，却已把这类四五寸阔薄片，剪成龙凤形象，捶成细致花纹，使用于服饰上。又切镂成种种不同花纹，镶嵌于青铜器物上，较早还只在吴越特种兵器上出现，随后则许多地方都加以应用，大型酒器也用到。人民又进一步掌握了炼银技术，作成半瓢形酒器，或和黄金并用产生金银错工艺。又学会发明了炼砂取汞的技术，因此发明了鎏金法。并能把金银作成极细粉末，用作新的彩绘原料。雕玉方面则由于发现了高硬度的碾玉砂，不仅能切割刻镂硬度较高光泽极美的玉石，且能把水晶、玛瑙等琢磨成随心所欲的小件装饰品。到战国以来，由于商品交易扩大范围，中原封建主为竞奢斗富，不仅能用南海出的真珠装饰于门客的鞋上，并且还可以由人工烧造成各种彩色华美透明如玉的琉璃珠，作为颈串或镶嵌到金铜带钩及其他日用器物上去。有的且结合种种新发现材料，综合使用，作成一件小小工艺品，如信阳、辉县等地发现的精美带钩，见出当时崭新的工艺水平。相形之下，蚌类器材在装饰艺术中，可说已完成了历史任务，失去了原有重要位置，由此失踪就十分平常而自然了。

二、螺甸工艺的进展

螺甸工艺在美术中重新占有一个位置，大致在晋南北朝之际，而成熟于唐代，盛行于唐代。特别是在家具上的使用，或在这段时期。直延续到晚清。

照文献记载，则时代宜略早一些，或应在西汉武帝到成帝时，因为用杂玉石珠宝综合处理，汉代诗文史传中均经常提起过。宫廷用具中如屏风、床榻、帘帷、香炉、灯台和其他许多东西，出行用具如车辇、马鞍辔……无不有装备得异常奢侈华美价值极高的。出土文物中，也发现过不少实物可以证明。例如故宫所藏高过一尺半、径过一尺的鎏金大铜旋（图6），器物本身足部和承盘三熊器足，就加嵌有红绿宝石和水晶白料珠子等。其他洛阳各地出土器物，镶嵌水晶、绿松石和珠玉的也不少。前几年，江苏且曾发现过一个建筑上的黑漆大梁板，上嵌径尺青玉璧，璧孔加嵌一径寸金铜泡沤，上还可承商代斧钺衔璧制度；联系近年洛阳西汉壁画门上横楣联璧装饰，可以对于《史记》《汉书》常提到的汉代宫殿布置"蓝田璧明月钉"叙述，多了一分理解，得到些崭新形象知识，为历来注疏所不及。汉代官工漆器物中，除金扣黄耳文杯画案外，又还有剪凿金银薄片成鸟兽人物骑士舞乐，平嵌在漆器上的。金银、珠玉、绿松石、红宝石、水晶、玛瑙，以及玳瑁，均有发现，惟蚌片实少见。主要原因不是原料难于技术加工，可能还是原料易得，不足为奇。

杂宝嵌工艺在晋、南朝得到进展，大致有三个原因：一出于政治排场，晋《舆服志》《东宫旧事》《邺中记》《南齐书·舆服志》，即有一系列关于这方面的记载。二出于宗教迷信，由《三国志·陶谦传》到《魏书·释老志》《洛阳伽蓝记》和王劭《舍利子感应记》，及南北史志、传中许多记载，都提到这一历史阶段，由于南北统治者愚昧无知，谄佞神佛，无限奢侈靡费情形，魏晋时托名汉人遗著几个小说，和时代相去不多的《神仙传》《拾遗记》，内容所载人物事迹虽荒唐无稽，美而不信，但记载中有关服食起居一部分东东西西，却和汉代以来魏晋之际物质文化工艺水平有一定联系，不是完全子虚乌有，凭空想象得出。三为豪门贵族的竞奢斗富

图6　东汉建武二十一年（公元45年）斛

斛和承盘下各具三熊足，上嵌杂色宝石，现多数已失。

故宫博物院藏

的影响。如《世说·汰侈篇》及南北史志、传记载，和当时诗文、歌咏，无不叙述到这一时期情形。西晋以来，工艺方面进展的重点似均在南方。如像绿色缥青瓷的成熟，绿沉漆的出现，纺织物则紫丝布、花练、红蕉布、竹子布，无不出于南方。北方除西北敦煌张骏墓的发掘，传说曾出现过大量玉器，且有玉乐器、玉屏风等物出土，此外似只闻琉璃制作由胡商传授，得到新的进展，大有把玉的地位取而代之之势。夹纻漆因作大型佛像，也得到发展。其余即无多消息。关于雕玉，南方更受原料来源断绝影响，不仅无多进展，且不断在破坏中。如金陵瓦棺寺天下闻名三绝之一的玉佛，后来即不免供作宫廷嫔妃钗钿而被捶碎。加之由于神仙迷信流行，用玉捣成粉末服食可以长生的传说，成为一时风气；葛洪启其端，陶宏景加以唱和，传世玉器因此被毁的就必更多！（这也就是这一时期南北殉葬物中均少发现玉器另外一个原因。）当时琉璃已恢复生产，而且得到进一步发展，由珠子和小件璧环杯碗而作成屏风，和能容百余人的"观风行殿"，也可说即由于代替玉的需要而促成。当时豪族巨富如石崇，虽说聘绿珠作妾，用真珠到三斛。另一妾翾风，则能听玉声、辨玉色，定品质高下。但和王恺斗富争阔时，提及的却是紫丝布、珊瑚树一类南方特产。且力趋新巧，以家用待客饮食器物，能够全部是琉璃作成为得意。（这种琉璃碗有时又称云母碗，专为服神仙药而用。近年在河北省景县封氏墓曾出土两件。）

外来文化的影响，也起了一定作用。因为许多杂宝名目虽然已经常在汉代辞赋中使用，至于成为一般人所熟习，还是从佛经译文中反复使用而来的，六朝辞赋中加以扩大，反映虽有虚有实，部分大致还是事实。例如常提到的兵器、鞍具、乐器和几案屏风的各种精美镶嵌，大致还近事实。使用材料且扩大到甲虫类背甲、翅膀，日本收藏文物品中，就还留下个典型标本。蚌片镶嵌既有个工艺传统，且光彩夺目，原料又取之不尽，且比较容易技术加工，和漆工艺结合，并可得到较好艺术效果，螺钿重新在工艺品中占有一个位置，就不是偶然而是必然了。

它产生、存在，而实物遗存可不多，大约有三个原因：一、由于和日用漆木器结合，保存不容易。二、由于和宗教结合，历史上好几次大规模毁佛，最容易遭受毁坏。三、由于当时生产即属特种工艺品，产量本来就不大。七弦琴多称金徽玉轸，事实上琴徽最常用的是螺钿，这种乐器恰好就最难保存，何况其他特别精美贵重器？《北史》称魏太后以七宝胡床给和尚，照佛经记载，"七宝"

中必包括有"车渠",车渠即大蚌类。

唐代把螺甸和金银平脱珠玉工艺并提,一面征调天下名工,作轮番匠至长安学习传授技术,一面又常用法律加以禁止,认为糜费人工,侈奢违法。两者都证明这个工艺品种是属于特种高级工艺而存在的。在一般制造为违法,宫廷生产却无碍。特别是用法令禁止,恰好证明它在民间还有生产,而且相当普遍,才需要用法令禁止!

从现存唐代镶嵌工艺品比较分析,和部分遗存唐代实物螺甸镜子(图7、图8)、乐器和其他器物艺术成就分析,我们说在这个历史阶段是中国螺甸工艺成熟期,大致是不错的。正仓院几件遗物和近来国内出土几件镜子和其他器物,证实了我们这个估计。和当时佞佛关系密切,杂宝镶嵌的讲经座,《杜阳杂编》即叙述得天花乱坠。这个书记载虽多美而不信,但从另外一些文献,如韩愈《谏迎佛骨表》及间接形象反映,如敦煌壁画初唐到晚唐各种维摩变讲经座,各种佛说法图经座中镂金布彩情形看来,《杜阳杂编》有关这部分叙述,倒不算过分。实物材料之难于保存,还是和前面说到的几个原因分不开。主要大致还是其中第二个,会昌毁佛和五代毁佛,几次有意识的大变动,因之保留不多。

有关这一阶段的螺甸花纹,过去可说无多知识。不过一切东西不可能是在孤立情形下产生的,螺甸花纹图案也不例外,必然与其他镶嵌工艺有一定联系。如鸾含长绶,串枝宝相,雀踏枝,高士图,云龙,一般工艺图案都惯常使用,螺甸也不例外。唐代镶嵌工艺图案有它活泼的一面,也有它板滞的一面,镜子是个最好的例子。金铜加工由于处理材料便利,就显得格外活泼;螺甸受蚌片材料限制,不免容易板滞。这自然也只是相对而言。克服由于材料带来的困难,得到更新的进展,似在宋、明间,特别是明代四百年,江南工人贡献大而多。

图7　唐　螺钿花鸟纹八出葵花镜
陕西省考古研究所藏

图8　唐　高士宴乐纹嵌螺钿铜镜
中国国家博物馆藏

这个工艺进展若从分期说，应说是第三期。清初百年宜包括在内。

三、螺甸工艺的全盛期

宋代生产上的进展，影响到工艺普遍进展。许多日用工艺品不一定比唐代精，可是却显明比唐代普遍，陶瓷是个显著的例子。其次是丝绣。再其次就是漆工艺。唐代漆艺以襄州所产"库路真"为著名，照《唐六典》记载有"花纹"和"碎石纹"两种。"库路真"究竟是某种器物名称，如鞍具或套具？还是漆器中某种花纹（如犀皮中剔犀或斑犀，或如东邻学人推测，与狩猎纹有关）？是个千年来未解决的问题。但唐人笔记同时还说到，襄样漆器天下效法。既然天下效法，可见后来已具普遍性，技术加工和艺术风格，总还可从稍后材料中有些线索可寻。敦煌唐画有作妇女捧剔犀漆画雕剑环如意云的，是否即其中之一种？又传世画宋人《会乐图》，从装束眉眼服装看来为唐元和时装，筵席间也有近似玳瑁斑漆器。从各方面材料加以分析，"库路真"器有可能和犀皮漆、描金漆两种关系较深。宋代临安漆器行中即有金漆行与犀皮行，可说明两个问题：一是分行生产，反映生产上的专业化。二是产量必相当多，在当时已具有普及性，不是特种工艺。

至于螺甸，则大致还属于特种产品。两宋人笔记和其他文献记漆事的甚多，有三个记载特别重要：一是《大金吊伐录》中几个文件，有个关于金军围城向宋政府需索犒军金银，宋政府回答，宫中金、银用器已聚敛尽罄，所用多漆器。说明当时宫廷中除金、银器外，必大量使用漆器。另一文件是贿赂金兵统帅礼物的，中有珍珠嵌百戏弹弓一具。证明正仓院藏唐代百戏弹弓，宋代还有制作，并

图9　元　黑漆嵌螺钿梅鹊纹八方盘
美国大都会艺术博物馆藏

图10　清　黑漆嵌螺钿博古图碟
美国大都会艺术博物馆藏

且是用珍珠镶嵌而成。二是《武林旧事》记南宋绍光时高宗到张俊家中时，张家进献礼物节略，较重要的除织金锦明明为特种高级纺织物，还有两个螺甸盒子，用锦缎承垫。其所以重要或不仅是螺甸器，可能盒中还贮藏珠玉宝物。但特别指出螺甸，可见必然作得十分精工。三是南宋末贾似道生日，谄佞者进献螺甸屏风和桌面，上作贾似道政绩十事，得知当时寿屏已有用本人故事作题材应用的。详细内容艺术安排虽不得而知，但从宋、明屏风式样，唐代金银平脱琴螺甸镜人物故事处理方法，和元、明间螺甸漆门几案插屏柜等布置人物故事方法，及宋、元人物故事绘画习惯，总还可得到一种相对知识。

至于唐、宋以来螺甸重新得到抬头机会，重新在美学上产生意义，另外有个原因，即由于珍珠在这个时期已成艺术中重要材料。宋代宫廷从外贸和南海聚敛中收藏了大量珍珠，照《宋史·舆服志》记载，除珠翠作凤冠首饰，椅披到踏脚垫子也用珍珠绣件。有个时期将多余珠子出售于北方时，数量竟达一千多万粒。珍珠袍服、衣裙、马具也常见于记载。直到元代，贵族还常赐珠衣。珍珠既代表珍贵和尊贵，在美学上占有个特别位置，螺甸因之也重新在工艺品中得到位置，而且应用日益广阔。

元、明间人谈漆艺较具体的为《辍耕录》。《辍耕录》叙漆器作法，计四部分，黑光、朱红、鳗水、戗金银诸法，而不及螺甸。《髹饰录》坤集，"填嵌"第七中即将"螺甸"列一专目，称一名"蜔嵌"，一名"陌蚌"，一名"坎螺"。又有"衬色蜔嵌""雕镂"第十又另有"镌蜔"，既属雕镂，则可知还是从唐代作法而来。又"编斓"第十二，子目中还有综合作法，如"描金加蜔""描金加蜔错彩""描金错洒金加蜔""描漆错蜔""金理钩描漆加蜔""金双钩螺甸""填漆加蜔""填漆加蜔金银片""螺甸加金银片"，等等不同作法。

《天水冰山录》所载漆家具器物中属于螺甸的有"螺甸雕漆、彩漆大八步等床""螺甸大理石床""堆漆螺甸描金床""嵌螺甸有架亭床"。仅仅床榻大器即有这么许多种，其他可知。

通俗读物《碎金》，也记载有许多名目，不及螺甸。《格古要论》里也说及一些问题。作者曹昭虽在明初，补充者王佐时代实较晚。王佐曾官云南，因之有关云南剔红漆艺较熟悉。谈螺甸品种较详细的还是《髹饰录》里坤集中部分记载，由此得知，明代实螺甸漆制作全盛期。但现在部分时代不甚明确遗物，却显明有些实由宋、元传来。

明人笔记称，元末明初南京豪富沈万三家中抄没时，有许多大件螺甸漆器多分散于各官司里，大案大柜的制作，不计工本时日，所以都特别精美。又《天水冰山录》记权臣严嵩被抄家时，家具文物清单中，也有许多螺甸屏风床榻。当时实物虽难具体掌握，但从现存故宫一个大床和几个大案，历史博物馆几个大柜和长案木器等看来，还可知道明代螺甸家具艺术上基本风格。技术上加工不外两式：有用大片蚌片嵌大丛牡丹花树的，多不加金银，通称硬螺甸；历史博物馆所藏的几个大黑漆木箱，可以作为代表。黑漆不退光，黯沉沉的，花朵布置也比较犷野，装饰气魄和元、明间青花瓷图案还相近，制作时代可能亦相去不多远。数量不怎么多，生产地有说出于山西绛州，无正面可靠证据，但也缺少反面否定证据。另有一式即历博所藏大柜大案，和故宫在一九四九年后接收的一架大床，和另外收购几个长案，多用金银嵌细螺甸法，通称软螺甸，作人物故事、楼台花鸟，精工至极。部分且用漂霞屑金蚌末技法，并用大金片作人物身体。构图布置谨严细致，活泼典雅。八尺立柜，丈余长案，人物不过寸许，不仅富丽堂皇，也异常秀美精工，可称一时综合工艺登峰造极之作。惟时代过久，因之部分金片多已脱落，修补复原不免相当困难。

传世江千里金银嵌软螺甸，作小插屏匣盒及茶托、酒盏，加工技法或即从之而出，时代则显明较晚。这些大件器物其中一部分，是否即明人所说元、明间沈万三家中物？或同样出于江西工人所作，原属严家器物？实有待进一步从器物中花纹图案，特别是人物故事题材设计加以分析比较。但有一点可以肯定，即这类工艺进展，显然和南方工艺不可分。因为《髹饰录》作者生长地嘉兴西塘杨汇[1]，是南方漆工艺集中处，工匠手艺多世传其业，这个书的写成，乾集部分内容虽可能本于宋人朱遵度《漆经》，坤集作法品种实反映元、明成就。

从加工技术说，剔红、斑犀、刷丝、戗金、雕填、螺甸，各有不同特征。比较上，金银嵌软螺甸工艺特别复杂，因此传世遗物也较少。惟从艺术成就而言，则比明代宫廷特别重视的果园厂剔红成就似乎还高一些。

四、十八九世纪的商品生产

到十七八世纪由康熙到乾隆的百年时间，漆工艺普遍得到进展，惟重点或在四个部门：剔红、泥金银绘、五彩戗金雕填和剔灰。主要是宫廷中的剔红器，料精工细，成就就格外显著。大件器物且有高及丈余的屏风和长榻大案。其次是描金和雕填，大如屏风，小如首饰箱、镜匣、盘盒，也无不作得异常精美。特别是泥金用"识文隐起"法制作的盘盒类，达到高度艺术水平。花纹图案和器形结合，成就格外突出，为历史所仅见。第三即犀皮类多色"斑

---

1 《髹饰录》的原著作者黄成是安徽新安平沙人，这里说的作者指后来为《髹饰录》作注的漆匠杨明。

犀"和"绮纹刷丝"，和雕填描金相似，举凡《髹饰录》坤集中所提到的各种综合加工品目，差不多都在试制中留下些精美遗产，现在大部分还收藏于故宫。第四是产生于明、清之际一种"剔灰"漆，以大件屏风和条案占多数，中型圈椅、交椅、香几，则多反映于明、清之际画像中。一般多黑漆剔出白地，主题部分山水人物花鸟为常见，也作博古图，边沿则用小花草相衬。北京、山西均有制作。技术流传到如今还有生产，多供外销。

至于螺甸漆，在和明代或清初成品比较下，工艺成就不免有些下降，并未突破江千里式纪录。但有了一点新的发展，为其他漆工艺所不及，即和其他新的工艺结合，以新的商品附件而出现，生产数量日有增加，生产品种也随之越来越多。并由此应用风气，重新扩大到家具方面，成为十九世纪高级家具主流。例如由于玻璃镜子的出现，结束了使用过两千多年圆形铜镜的历史使命，出现了一二尺长方挂式银光闪闪的玻璃镜，和七八尺高屏风式大穿衣镜。较早还只限于贡谀宫廷而特制，过不多久，即成高级商品。这类新产品的镜框座架，一般多用紫檀、瀙鸂、花梨、红木等镶螺甸作成。自鸣钟来自海外，不多久广州、苏州均能仿造；外边框盒部分，除鎏金和广珐琅装饰，也流行用螺甸装饰。此外用平板玻璃作材料，在反面用粉彩画人像或山水花鸟画，以及时间稍晚，用百鸟朝风作主题画的广东绣双座案头插屏，和其他陈设品，几几乎无不使用硬木螺甸框架。

总之，到了十九世纪初叶，凡是带一点新式仿洋货的工艺品和高级用品，用得着附件时，即有螺甸出现。即通常日用品如筷子、羹匙，也有螺甸漆木制成的。从数量品种说，实达到了空前需要。至于装饰花纹，广式串枝花为常见，附于贵重器物上为宫廷特别制作的，间或还具清初工艺规格，用金银嵌软螺甸法。至于一般性商品制作，即不免结构散乱，花叶不分，开光折枝艺术性也不怎么高，有的且相当庸俗。主题画面采用明、清戏文故事板画反映的，由茶盘发展而成烟盘，工艺精粗不一，章法布局已不及明、清间同样主题画精细周到。这也正是一切特种工艺转成商品后的必然情形。道光以后，这部门工艺又发展到一般中上层家庭使用成堂成套硬木家具上，成为达官贵人家中一时时髦事物。这类硬木家具，多用灰白大理云石或豆沙色云石作主要部分镶嵌，边沿则从上到下满嵌螺甸，大如架子床、带玻璃镜衣橱、条案、八仙桌、杨妃榻、炕床、梳妆台、独腿圆桌、两拼圆桌、骨牌凳、太师椅、双座假沙

图 11　清康熙　瓷胎黑漆嵌螺钿花石蝴蝶纹瓶
美国大都会艺术博物馆藏

发，无不使用到。北京颐和园和历史博物馆，就还各自留下许多这类家具器物，代表这一时代工艺成就。且有为当时新式特别会客厅专用、高及一丈五尺、宽过二丈开外镜橱，除八面方圆镜子，其余全部镶嵌螺甸花鸟草虫的。

此外即由于帝国主义的侵略，有意毒化全中国人民，鸦片烟在中国流行后，约半世纪中，在贵族客厅，达官衙署和有帝国主义借通商为名强占的租界区内，新式旅馆和大商号中，社会风气无不用鸦片烟款待客人，邀请客人上炕靠灯，几几乎和一九四九年前敬奉客人烟茶情形相似。吸烟必有一份烟具，除枪灯外，即搁置备用烟斗，高二三寸、长约尺余的斗座，和承受一切烟具的长方烟盘，比较讲究的，也无不用硬木螺甸器作成……

由于生产各部门对于螺甸器的需要，因此这部门工艺，在十九世纪中国逐渐进入半殖民地化过程中，百业凋敝不堪情况下，反而得到广大市场，呈历史空前繁荣。部分关心特种工艺的朋友，谈及螺甸工艺进展时，常以为进入十八世纪，这部门生产即因原料供应不及而衰落，若所指仅限于明代特种高级工艺品江千里式金银嵌软螺甸器，是不怎么错的；若泛指一切螺甸器，却大是把这种种全忽略过去了。事实上三千年来螺甸应用上的广泛，和数量上增多，十九世纪的生产，可说是空前无比的！这是螺甸工艺的尾声，也反映帝国主义者侵略势力打进中国大门以后，中国特种工艺生产所受影响格外显著的一个部门。它的真正衰落与结束，则和延长数千年的封建腐朽政权一道，于太平天国反帝反封建革命到辛亥革命三四十年中。

五、螺蚌类在其他方面的应用

　　螺蛳、蚌壳和贝类，在螺甸镶嵌工艺以外，作为珍贵难得材料加以利用，历史上比较著名的一件事情，是《逸周书》中提起过的"车轮大蚌壳"和有朱鬣的白马，同认为天下难得之物，当时作为贿赂，把周文王救了出来，免遭纣王毒手，在政治史上起过一定作用。商代遗物中则经常发现有一二寸径花蚌蛤，上面用棕红粉白颜料，绘画些齿纹、水纹图案，这些东西在当时是纯粹玩具，还是一种内贮油脂类化装品用具，已不得而知。《周礼》称古代贵族埋坟，必用蜃粉封闭，即烧制大蛤作灰而使用。实际材料似乎还少发现。惟近年来出土楚墓多有在棺椁外用一厚层白膏泥作封土的，隔绝了内外空气和其他有机物浸蚀，墓中许多文物因之而保存下来，或即循古礼制一种代替材料作法。汉代人则用"车渠"琢成各种器物。车渠是一种甲壳极厚的大蚌，琢成器物多作哑白色，切割得法打磨光莹也有闪珍珠光泽的。直到明、清，还流行用来制作带钩（图12）和帽顶，并且清代还成为一种制度，官僚中较低品级必戴车渠顶。唐代人欢喜饮酒，又好奇，因此重视海南出产红螺杯、鹦鹉螺杯，诗人即常加以赞美。明、清到近代还继续使用，惟一般多改作水盂和烟灰碟，再也想不到这东西过去就是诗人所赞美的贵重酒器了。又本于印度佛教习惯，举行宗教仪式，常用大玉螺作为乐器，通称"法螺"（图13）。敦煌唐代壁画即有反映。后来藏传佛教沿袭使用，且成为重要法器；明、清以来制作精美的，边沿还多包金嵌宝。左旋螺则因稀有难得而格外贵重。由于宗教迷信，和其他几种器物并提，通称"八吉祥"或"八宝"。除实物在宗教界看得十分重要，还反映到千百种工艺品装饰纹样中。又兄弟民族中也有把这种法螺代替号角，用于军事上和歌舞中的，如唐代白居易诗记骠国乐，乐队中就有吹玉螺的。

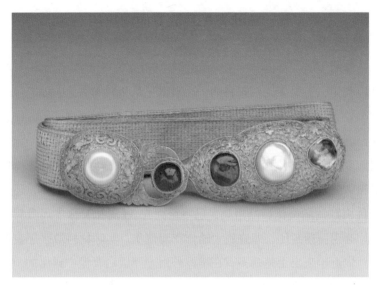

图 12　清　金嵌珠宝带钩凉带
台北"故宫博物院"藏

图 13　清乾隆　法螺
台北"故宫博物院"藏

贝类，商、周除天然产外，还有骨、玉、铜和包金的种种。或作为商品交换中最早的钱币，或用于死亡者口中含殓，或作为其他人身装饰品和器物镶嵌使用。古诗中有"贝胄朱綅"语，则显然在周代还有用红丝绳串连装饰在武将甲胄上，表示美观象征权威尊严的。从近年发现云南滇人遗留文物中大量贝类的发现，又得知西南地区，到西汉时还用它作为货币使用。直到晚清，南方小孩子所戴风帽，用贝作为坠子，也还常见。蒙藏妇女，则至今还有把小贝成串编排于辫发上，当成难得装饰品的。汉代又流行一种贝制卧鹿形玩具，用大玛瑙贝作鹿身，用青铜作鹿头脚，大耳长颈，屈足平卧，背部圆润莹洁，且有点点天然花斑，十分秀美。《史记·封禅书》说，汉代方士喜宣传海上三山，上有白色鸟兽，长生不死。乐府诗亦有仙人骑白鹿语。金银错器上还有仙人驾双鹿云车反映。这类用大贝作的鹿形工艺品，可能也即产生于武帝时代，由于仙人坐骑传说而成。

三国时曹植和其他文人均作有车渠碗赋，文字形容显得光泽明莹，纹理细密，和缠丝玛瑙极相近。近年山东鱼山曹植墓出土文物中除一个金博山冠饰外，还有分玉佩，一个青精石器，一个小小圆盏式玛瑙佩饰，和文章形容极相合。可证明前人说车渠为宝石之一种，还有一定道理。用海蚌类作车渠时代必比较晚些。

展品／说明选

青铜器的制造技术和装饰艺术，到西周有了显明变化。从合金技术说，铜质多泛黑，原料中铅铁类成分或有增加。从器形说，部分还采用殷代式样，如爵、簋、鼎，部分有发展……

丝织物和玉、铜、漆、陶诸器（九则）

丝织物说明

　　我国养蚕织丝起源极早。春秋战国以来，彩色锦绣已经有极大发展，侯王贵族必衣锦绣，老年平民也可衣帛。山东、河南出产的高级丝织物，已通行全国。汉代统一后，在齐设"三服官"，监督织造政府所需要的四季绸缎。长安另设东西二织室，由"织室令"主持生产。（到东汉以后，西蜀锦才著名。）当时全国许多地区生产绢帛麻布，妇女都得按人口纳税，年缴二匹。同时西北生产的毛织物或毡毯，如罽、氍毹，西南生产的"筒中布"（麻布）、兰干、白叠布（木棉布），也十分精美珍贵。彩色锦绣更得到高度发展。当时帝王侍从武官必著虎豹纹裤，高级法官著绣衣（有时贵族奴仆也著绣衣）。锦绣花纹多作山云卷草，中有虎豹熊鹿鸿雁奔驰飞跃，活泼壮丽。又有加织文字的，如"登高""韩仁"等，从文字推测，前者或成于武帝刘彻登泰山封禅，后者是人名。《范子计然》一书中曾说起过："齐细绣文上估匹值二万，中一万，下五千。"至于当时普通绢帛，一匹却又只值七八百钱，可知上等锦绣价约高绢帛二十五倍。当时西北匈奴诸胡族，也欢喜衣著锦绣，汉政府每年

1　这一组展品说明写于20世纪50年代前期，为北京历史博物馆通史陈列所拟。

即赠给八千匹。张骞通西域后，并有大量锦缎生丝由西北运往大秦（罗马）诸国，建立了"丝路"，这部门生产的成就，作成中西文化交流的先遣队，丰富了世界物质文化的内容。

玉器说明

图1 西汉中晚期 鸟兽纹玉剑璏
台北"故宫博物院"藏

中国琢玉的工艺，世界上是无可比拟的。从石器时代即得到发展，商代玉已使用浮雕、透雕、圆雕种种方法。在周代，因和封建社会制度结合，君子必配玉，更特别受重视。到晚周，上层社会对于玉的爱好，竟达到病态惊人程度。工艺技术也达到高峰。剑是晚周新兵器，用玉装饰的玉具剑，常值千金。和氏璧价值连城的传说，也产生于这个时代。汉代玉从这个基础上，继续发展。又因西北交通，和阗来玉极多，玉门关因此得名。当时宫廷中建筑也用玉装饰。汉玉特征约有三点：一、已大量使用羊脂白玉，浮雕辟邪（螭虎）是当时常用图案。二、和同时铜器连系，线刻法得到各种发展。三、受儒家学说影响，礼器中圭、璋、璜、璧，有一定尺寸。殉葬玉豚晗（蝉）也有了定型。成系列玉佩制度已打破，带宗教迷信的小件佩玉，如刚卯、翁仲、子辰环，因之产生，后人玩汉玉，就多指这类小玉器而言。

西周青铜器说明

图 2　西周　毛公鼎
台北"故宫博物院"藏

青铜器的制造技术和装饰艺术，到西周有了显明变化。从合金技术说，铜质多泛黑，原料中铅铁类成分或有增加。从器形说，部分还采用殷代式样，如爵、簋、鼎，部分有发展，如连座敦和囗戟尊彝。装饰花纹以鳞状云纹、山形或波状云纹，和凹下弦纹，及无地纹的盘龙纹，有代表性。花纹特征为简朴雄壮，和殷代末期之过度繁缛精细不同。又器物铭刻文字益多，记载问题益详明，为历史研究提供了丰富具体材料。

金银错铜器

金银错铜器通常多称做商嵌。或以为起于商代，或以为即夏商器物。近四十年安阳遗址和其余各地有计划发掘及偶然发现，才明白商代青铜器上镶嵌，主要用的是孔雀绿石；玉器中戈、矛、斧、钺则系由实用兵器，转成政治仪式权威象征，还是玉作主体，铜是附件。惟小玉璧嵌于商代青铜大钺上，见出玉成附庸情形。金银错铜器则起于春秋战国之际，现伟大祖国艺术展中一错金剑及二戈，是代表作品。战国时得到高度发展，洛阳金村出土遗物，可以证明。多用于小件青铜器上，如剑、戈、矛、削、车轊、辕头、镦、带钩等等。也使用到较大容器上，如壶、尊、罍、小鼎。并有加嵌珠玉的。一面反映当时封建诸侯的奢侈，另一面也看出古代工艺的伟大成就。这里陈列的多是车器，精美纹案和秀拔构图，作风时代性异常鲜明。出土地和玉器同在辉县。就中银质鎏金镶玉珧师比带钩[1]，镶法出于商代，带式出于战国时胡人制度，玉的纹样实战国作风，说明古代工艺上的发展，常常是善于从优秀传统学习，而又不免受外来影响，但依然有它的时代创造性，这一点，是中国艺术永远活泼有生命的原因。

1　师比，即带钩，古代束在腰间皮带上的钩。

漆器说明

图3 元 黑漆锡扣嵌螺钿莲瓣盒
美国大都会艺术博物馆藏

漆的发明和使用，是在史前用树脂保护工具学来的。到商代，应用范围扩大，兵器中的弓箭和书写文字，都要用漆。周代已用法律制定，把原料一部分收为国有。竹木用器中，簠、簋、笾、豆都涂漆。战国时，彩绘漆器已特别流行。汉代因国家特设工官，主持生产，分工明确。通称"釦器"，系指用金、银、铜带式装饰的漆器而言。近年西北新疆、绥远、北京和蒙古国、朝鲜，都发现过许多，有的并且著有年款、作工人名和生产地。主要生产地在如今四川。花纹极精美活泼，可反映汉代工艺和绘画。近年长沙古墓更有大量漆器的发现，因此我们得进一步明白，作法有椎木胎，旋木胎，竹胎，麻布夹纻胎。加工法有红、黑绘，彩绘，线刻填彩，堆绘，浮雕。唐代的平脱、螺甸；宋元明的犀皮、剔红、雕填、戗金，种种精美漆工艺，都是在这个优秀传统基础上发展而来的。

战国陶器说明

战国以来，制陶技术和装饰艺术都有了新的进展。长江以南出现了印花硬纹陶，多作网状方格加夔龙纹，罍形器有代表性。还有河南辉县、洛阳出七彩绘陶及硬花暗纹陶，河北易县出土刻花陶，多使用壶、鼎、豆形器及洗类上。湖南长沙出土墨绘陶双鱼高足盘，部分花纹如铜器纹样，部分作几何纹，充满民间艺术天真健康作风，并反映出这一时期不同地区的不同艺术风格。

秦砖瓦说明

图 4　秦汉砖瓦
宁夏回族自治区博物馆藏

　　春秋战国建筑才用砖瓦。出土遗物具代表性的，计有河北易县燕国下都宫殿建筑的大型印花砖瓦，山东临淄齐国花。瓦当都作半圆形，用鸟兽、山云、树木作图案。辉县战国古墓上层出土大小瓦，还作绳纹。秦统一六国后，在长安大兴土木，并于咸阳北坂仿造六国宫室，置歌舞伎乐。新造砖瓦有个特征，即用文字代替鸟兽花纹图案，或作歌功颂德语句，或记宫殿名称。

汉代陶器说明

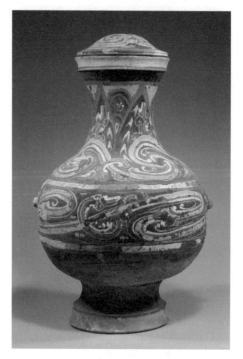

图5　西汉　云气纹彩绘陶壶
美国大都会艺术博物馆藏

　　汉代陶器艺术加工，有了新的进展，彩绘陶五色鲜明，多作云气中鸟兽奔驰形象，和当时一般装饰图案相通。翠绿釉加工技术已成熟，为后来绿色瓷打下基础。浮雕装饰主题常作狩猎虎豹熊鹿花纹。黄绿两色釉陶，创始于王莽时代，已在陕西斗鸡台汉墓中发现，最能代表新成就。薄灰陶有涂朱的，多系仿漆器作成。

汉釉陶展品专柜说明

中国陶瓷上釉技术，过去多认为是张骞从西域带回来的。其实早至三千年前商代坟墓里，就已经发现过一种灰黄釉薄陶器。但因技术失传，在周代墓葬中，却没有继续发现。直到汉代，釉料才普遍使用到日常陶器中。约在汉武帝（公元前一四一年—前八七年）时代前后，我国的优秀陶瓷工人，就已经能够正确掌握配釉技术，有计划烧造出翠绿釉、酱黄釉、浅青釉各种陶器，而且能作两色釉陶器。东汉（公元二五年—二二〇年）以来特别发展了青釉，或和橅仿铜器有关。但早期釉陶的生产价值，可能比普通铜器还高一些。因为青绿釉陶兼有铜、玉的美丽，影响到以后八九百年时间的生产，绿色釉成为中国唐、宋二代陶瓷主要色泽。杂色釉则发展了唐三彩，且为明、清琉璃陶指示了一个正确发展方向。

陶瓷展品说明卡（四则）[1]

东汉墓中青瓷器

出土地　河南信阳擂鼓台王墳窪

年　代　东汉永元十一年（公元一百年）

發掘者　北京历史博物馆

說　明　1921年得到這些青瓷，和有年代墓碑，這分瓷器的重要性，是能够修正陶瓷史幾個問題：

一、把青瓷產生時間，由晋代提到漢代。

二、明白南北青瓷發展相似而不同，各自成一系列。南方為乙嚴德清上林湖、章龍泉、修田司，處州諸窑。北方則為景縣封比墓瓷及柴、汝宜钧，諸窑。就目下所得可靠材料說来，信陽青瓷窑仍先由勞動人民手中產生。

——作者手迹

1　这一组四则说明卡片产生于 20 世纪 50 年代前期，是作者为北京历史博物馆所拟并亲自抄写的展品说明。

东汉墓中青瓷器

出土地　河南信阳擂鼓台王坟洼

年　代　东汉永元十一年（公元一百年）

发掘者　北京历史博物馆

说　明　1921年得到这些青瓷，和有年代墓砖。这分瓷器的重要性，是能够修正陶瓷史几个问题：

一、把青瓷产生时间，由晋代提到汉代。

二、明白南北青瓷发展相似而不同，各自成一系列：南方为九岩、德清、上林湖、章龙泉、修内司、处州诸窑；北方则为景县封氏墓瓷，及柴、汝、官、钧诸窑。就目下所得可靠材料说来，信阳青瓷实占先由劳动人民手中产生。

中国陶器上釉，多以为是张骞通西域时传来方法，现存的亮绿釉陶尊壶，可作代表。特点是釉色厚重，或变成银釉即如镀银器物。至於绿瓷，连晋代方起始。民国十一年本馆於河南信阳县擂鼓台王坟窑发掘汉墓，得到一些青瓷。方明白东汉扎元时（公元九十年）已有青瓷。这里陈列的一壶一洗，即当时坟中出土东西。官的特点是胎质坚硬，釉色淡青。上承绿釉陶。下启晋绿青瓷和北方青瓷。在瓷器史上实十多重要。且像我们知道，将近一千九百年前中国即有这么进步完美的陶瓷工艺，还劳动人民手中产生，又经不断的研究，改进，到后来在世界上方得到瓷国光荣稱呼。如何保持道种光荣，并发扬它，更在新的时代更优秀的艺术，和劳动人民优秀技术好。结合。来共同完成。

沈从文四七重写 乙五夏将於历史博物馆

——作者手迹

中国陶器上釉，多以为是张骞通西域时传来方法，现存的亮绿釉陶尊壶，可作代表。特点是釉色厚重，或变成银釉，即如镀银器物。至于绿瓷，从晋代方起始。民国十一年本馆于河南信阳县擂鼓台王坟洼发掘汉墓，得到一些青瓷器，方明白东汉永元时（公元九十年）已有青瓷。这里陈列的一壶一洗，即当时坟中出土东西。它的特点是胎质坚硬，釉色淡青，上承绿釉陶，下启晋缥青瓷和北方青器，在瓷器史上实十分重要。且让我们知道，将近一千九百年前，中国即有这么进步完美的陶瓷工艺，从劳动人民手中产生。又经不断的研究、改进，到后来在世界上方得到瓷国光荣称呼。如何保持这种光荣，并发扬它，实在新的时代更优秀的艺术，和劳动人民优秀技术好好结合，来共同完成。

北朝墓中青瓷

出土地　河北省景縣

年　代　北魏正光

發掘人　景縣地方羣众

說　明　1947年景縣地方人民苦掘
封氏十八亂堆，得到這分陶瓷，还有
幾方墓志，因此知是封家墓坟。這分瓷
器重要性是上接東漢永元青瓷，下和
隋代卜仁墓瓷器相近，前後五百年間。
因這種發現方明白北方青瓷原来有个
一貫風格。由於發掘無一計畫時代有混
淆處，今後希望莫再一隨意發掘免夫
考古價值。

　　　　　　　　　　　　——作者手迹

北朝墓中青瓷

出土地 河北省景县

年　代 北魏正光

发掘人 景县地方群众

　　说　明 1947年，景县地方人民发掘封氏十八乱冢，得到这分陶瓷，还有几方墓志，因此知是封家旧坟。这分瓷器重要性，是上接东汉永元青瓷，下和隋代卜仁墓瓷器相近，前后五百年间，因这种发现，方明白北方青瓷原来有个一贯风格。由于发掘无计划，时代有混淆处。今后希望莫再随意发掘，免失考古价值。

北朝墓中釉陶器

出土地　河北省景縣

年　代　北魏

发掘人　景縣地方群众

說　明　這些陶器形式和釉色，
很顯明上接漢代黃綠釉陶，下和
隋唐三彩陶是一個系列。送比較
可以見出唐三彩陶器胎釉竟已不
反前代。

北朝墓中釉陶器

出土地　河北省景县

年　代　北魏

发掘人　景县地方群众

说　明　这些陶器形式和釉色，很显明上接汉代黄绿釉陶，下和隋唐三彩陶是一个系列。从比较，可以见出唐三彩陶器，胎釉实已不及前代。

楚文物展览展品说明（三则）[1]

丝绸

我国妇女在文化史上有过无比伟大的贡献，是养蚕和织绸子。中国养蚕传说起于黄帝时的嫘祖，真实年代难于确定，但至晚到三千年前的商代，我国劳动人民已会织很精美的绸子。周代重农业生产，对于蚕事教育和染织生产，都有了丰富进步经验，并用法令监督推进。春秋战国时，河南陈留襄邑出的美锦，和山东临淄出的细薄绸子和绣花已经全国著名，但实物纹样却流传极少，这部分长沙出土的丝织物，虽只剩下些零碎残余材料，但在纹样中有云回纹、水波纹，和梭子式的重菱纹，以及丝带上的十字锦纹，都是汉代丝织中还见到的。和中国西北及朝鲜友邦古墓中所得汉代丝绸比较，纹样的相近，使我们具体地了解工艺生产上的连续性，和我们悠久的优秀传统。这一片细薄丝绸和绸上彩绘，给中国工艺史和绘画史，更提供了一份重要无比的新资料。到目前为止，这是我国现存一片最古的丝绸和绘画。

1　这一组说明写于 1953 年，系为长沙出土楚文物展所拟。

玉和铜器

我国的雕玉工艺和青铜工艺，早在三千年前的商代，已极成熟。到二千五百年前春秋战国时代，我国社会有了进一步发展，更提高了青铜合金及金银镶嵌技术和雕玉艺术。近五十年从黄河流域的陕西长安，及河南洛阳，和淮河流域的寿县，发现大量的铜玉陶杂新器物，及铜玉结合的玉具剑，已可为充分证明。这个时代在应用器物方面，又新产生了镜子，带钩和剑。关于薄质细花纹的铜镜，考古学者过去多认为是楚文化发展一个象征，但并无充分材料可资证明。长沙新出土的无比丰富的镜子和玉具剑，错金嵌银的器物，铜、玉两镶的戈剑，才扩大了国内外学人的知识，说明这个时代长江流域的吴越、荆楚文化——特别是楚文化，已有高度发展。在青铜兵器铸造中的进步技术，和雕玉中的半透雕、细刻纹样，更重要是镜子类花纹变化丰富异常的图案，所表现出的活泼奔放新风格，均可证明楚文化的特殊性和进步创造性。西汉一代的艺术，就是从这个良好基础上发展的。

漆器

我国很早就发现了漆并制作漆器。古文献叙述百工都少不了漆。周代已征用漆税。战国时人韩非曾说起过古漆器制作，是用红、黑二色作主要装饰的。汉代政府曾在川蜀设立工官，监督生产大量漆器。但二千年后的我们，对于古漆器具体的知识是有限的。近三十年地下材料的陆续发现，才知道陕西、洛阳以外地方，远如朝鲜、蒙古和西北新疆，近如北京，地下都埋藏有无数精美漆器。才明白这部门工艺的特别成就，和它在美术史上的应有地位。长沙楚墓漆器的发现，就给我们带来一种异常深刻的新印象。绘画设计所表现的清新活泼情感，可以说是空前的。把豪放健康和精细秀美极巧妙结合融化而为一的艺术风格，正确反映了楚文化的进步性和发展性。这无疑对于战国一般工艺，和汉代工艺中的装饰纹样、艺术思想，都起了巨大的影响。二漆盾的发现，对于中国古文化史中最辉煌灿烂的一章"战国时代"，更是一种崭新的启示，也可作中国古代漆工艺最好的代表。

汉代展品说明（六则）[1]

漆器

漆工艺盛行于周代，战国时已极精美，楚墓出土漆器提供了我们丰富知识。到汉代，又有了进一步发展。由国家工官督造，在西蜀生产，用金银装饰的夹纻彩画漆器，更极珍贵著名。近年来，陕西、河南、山东、湖南、新疆、绥远、河北、北京等地，及蒙古、朝鲜均有出土，因此得知，鸿雁麋鹿熊虎诸生物和羽人云气，反映于装饰花纹中，是汉代漆器特征。铭文除具体明白生产地和年代外，更说明当时的严密分工生产制度。这也正是古代漆工艺能够保持优秀纪录和不断进步原因。

铜器

青铜器末期有代表性的青铜加工日用品，是铜镜子、博山炉、辘轳灯，和用鸟兽形象雕刻的种种艺术品或装饰品，造形纹样多生动活泼，特别是镜子类花纹，异常丰富，是这个时代青铜琉璃艺术的特征。

1　这一组陈列说明估计写于 20 世纪 50 年代前期。

金银错和鎏金

金银错工艺起始于晚周，盛行于战国，鎏金法秦汉之际才发现。到汉代中期，同有了进一步发展，应用到种种日常器物中，丰富了汉代的美术色泽和花纹。并为六朝隋唐金银平脱和鎏金法技术开了先路。

丝绸

中国养蚕织锦，起源于史前。春秋以来美锦出陈留襄邑，薄质丝绸和精美刺绣出齐鲁。到汉代，川蜀锦缎和西北毛织品也极著名。汉代由国家在山东经营的官工业，年费至五千万钱，生产品且近输朝鲜、蒙古、新疆及南海各属，远及大秦和近东诸国，对世界文化有极大贡献。陈列的实物和花纹图，充分反映出这一时代的特征。

釉陶

黄釉陶早发现于殷墟，比较普遍应用实起于汉代。绿釉的进步或由于仿铜色而得到发展，砑绘陶则规模漆器，狩猎纹和锦纹多印花，前者反映当时神话传说，后者和丝织物纹样相通。三种陶器在技术上的处理，作成后来青瓷和彩绘印花瓷前驱。

玉和琉璃

琉璃的制作，过去多传说汉代始来自海外或西方。近年出土物证明实产生于战国，流行于汉代。长沙、洛阳、寿县、新疆，和友邦朝鲜，古墓均有出土。后世的玻璃料器，是由它发展而成的。

雕玉工艺商代已极精美，周代起始和封建社会紧密结合，应用益广。到汉代，礼制玉中的圭、璋、璜、璧、琮都有了定型，殉葬玉有蝉、豚、玉匣，佩服玉除环、玦外多了翁仲、刚卯、辟邪珮等，作厌胜用。玉马更发展了写实作风。大量用玉于建筑装饰，也是从汉代起始的。

明、清文物说明（八则）[1]

明宣德炉说明

明代青铜工艺重点表现在两个方面：大型铸造，重达数万斤的铜钟，有代表性。小件铸造，铜炉特别精美。宋代以来，由于海外贸易，入口龙涎、沉檀香类品种日多，封建统治阶级焚香摆阔风气

图 1　明晚期　宣德炉
美国大都会艺术博物馆藏

1　这一组展品说明写于 20 世纪 50 年代后期，原稿旁留有作者附注，如："武汉展说明，从文拟，请删改。""院中汉口展出用，馆中陈列可参。"此处"院"指故宫博物院，"馆"指中国历史博物馆。

流行，出于应用需要，因此雕玉、烧瓷和铸铜工师，都创造了许多形式不同的香炉。铸铜香炉著名的，有姜娘子和王吉。明代应用铜器范围广大，在这个基础上，到宣德时，宫廷中大铸铜炉，精炼铜汁，反复过滤，仿古创新，竭尽工巧，产生了数万件不同式样作品。除部分透雕龙凤花纹，多素质不加纹饰，惟在造形和色泽上十分讲究。影响到民间，前后也出了许多高手名工，艺术风格特征鲜明。石叟因嵌银仿古器物知名，胡文明善作锦地浮雕，用鎏金法增加艺术华美。张鸣岐多作红铜手烘炉，以浅刻折枝花鸟制作清雅见长。又有用乌银作的。到清代，造办处制造香炉和文房用具，还常用锦地开光作高浮雕折枝花，部分鎏金，造形秀美，实沿用胡文明作法加以发展的结果。

明、清雕玉说明

雕玉是我国特别著名的一种古代工艺。商代人即已大量用玉雕成种种器物和装饰品，象生鱼鸟作得活泼如生。周代把玉的应用和政治密切结合起来，成为珍贵和权威的象征，敬天礼神、聘问和亲，都不可少。士大夫更必须佩玉。相玉有专工，琢玉有名师。玉在社会上价值日高，雕刻艺术也达到极高水平。汉代通西域后，和阗玉材大量入关，玉门关即由此著名。诸侯王谒见天子必进玉璧，成为一时制度。宫廷建筑，且用玉装饰门墙。

图2　东汉　玉梳
美国大都会艺术博物馆藏

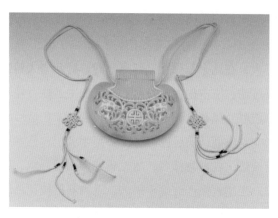

图 3　清　镂雕玉双龙戏珠腰果式香包
台北"故宫博物院"藏

唐、宋雕玉向两个方面发展：文玩器物和妇女首饰佩件。器物多仿古铜器，又因材制器，立体花鸟人形巧作玉亦流行。首饰中玉钗、玉梳，使用比较普遍。明代器物制作朴质，玉带类镂空花还是宋时作法。大件器物多用青白玉，小文玩才用羊脂白玉。清代乾隆时西北来大件玉材日多，工艺上续有进步，充分发展了这一工艺特长。故宫收藏碧玉和白玉，多完成于这个时期。又因缅甸翠玉由云南大量输入，首饰多尚翠玉，作大件器物更显得光泽华美。除北京作工，此外云南、广东、苏州、上海工人，对于这一部门工艺的发展，都各有贡献。又新疆痕都斯坦[1] 回族玉工，特别擅长作薄胎玉器和刀剑玉柄，细碾线浮雕对称宝相花纹，或加嵌金银丝红绿宝石，制作秀美活泼，充满地方风格，有极高艺术水平，通称痕都斯坦玉器。苏州多巧工，文玩小件玉作工著名的，明代苏州有陆子冈，在白玉上作游丝碾，或浮刻

1　指莫卧儿帝国（1526—1858 年）。其疆域包括今日印度北部、巴基斯坦及阿富汗东部，亦有"温都斯坦""痕奴斯坦"等译名。后来乾隆皇帝按照藏语及回语发音，亲自考证，确定译作"痕都斯坦"。

折枝花，独步一时。清代宫廷玉工作白玉牌子，还多取法，世称"苏作"。

明、清景泰蓝说明

图 4　明　景泰年款三足圆炉
首都博物馆藏

景泰蓝的制作，旧说元代传自大食（阿拉伯），也叫"佛郎嵌"。因成熟于明代景泰年中，通称"景泰蓝"。用料质在金铜器物上作镶嵌工艺，中国工人战国时就已发明，使用于带钩和其他工艺品上，创造出许多精美作品。到唐代，政府特设"冶局"，烧造各色琉璃珠子供佛像装饰，平常女性也戴琉璃首饰，因此技术续有进展。到明代，各色料珠已有大量生产，外销南洋各属。翠玉、宝石，都能烧熔石料仿作。又炼铜技术，因制宣德炉而提高。景泰蓝的出现，就是从这原有技术基础上产生的。制法系用铜胎掐丝，作成各种空格花纹，填入各色彩料粉末，加热烧成。主要图案多用串枝莲式龙凤穿花，上下作云水相衬。和同时瓷器锦绣花纹相通。间或又用折枝花、锦地开光处理。也有仿古铜器造型，用夔龙云纹装饰的。料色华美浓厚，造型典重，是明代作品特征。到清代，技术有进一步提高，工精料纯，花纹造型，也能更好结合，形成一个艺术整体。花多用唐式勾莲、五色套晕，和各种龙凤翔舞图案配合，更显得活泼、美丽。优秀成就，达到这一部门工艺美术品最高水平。因此直到现代，北京市景泰蓝生产合作社，还有数千优秀技术工人，继续新的创造。和雕漆、玉、象牙一样，出品在世界上还依旧得到好评。

明、清漆器说明

中国漆器工艺，有个优秀传统，战国以来，以朱、墨二色及金银为主的彩绘漆器，就有了高度艺术水平。汉代发展金银钿器，晋代发展银画绿沉和郁金黄色漆。唐代襄阳出的花纹和碎石纹漆器，引起全国仿效。政府官工更发展了银平脱漆和镶嵌螺钿漆。宋代金银平脱，螺钿镶嵌虽稍衰落，至于定州剔红，以及犀皮和描金各种加工技术，却得到充分发展。南宋临安出售漆器店铺，

图 5 明 剔红八仙庆寿人物笔筒
台北“故宫博物院”藏

犀皮和金漆各有专行，反映产量之大和分工之细。元代在旧有基础上，以张成、杨茂制剔红，和彭君宝作戗金，特别著名。

明代政府于北京果园设厂，由张成儿子张德刚主持，大量生产剔红漆器，形成明代宫廷手工艺最特出一个部门，通称"果园厂器"。图案壮美，刀法圆熟，是其特长。此外北方如山西绛州、甘肃武都，南方如安徽新安、江西庐陵，和苏州、扬州、温州民间作剔犀、斑犀、金银镶嵌、软硬螺钿、描金填彩，大如床榻屏风、桌几、箱匣，小如案头文具，也创造了无数优秀精美作品。福建则以取法倭漆，改进了杂色漆配色技术。清代在这个良好基础上进一步发展，由康熙到乾隆一段时期，成就特

图 6　明　永乐款剔红茶花圆盒
台北"故宫博物院"藏

别突出。剔红技法转趋细巧，锋棱毕露，虽失宋、明旧规，然在造形设计上，却有相当成就。描金、填彩、斑犀、刷丝，及《髹饰录》一书所叙述宋、明以来各种加工技法，均得到恢复机会。图案秀美、彩色鲜明，胎素坚实，作工规矩，更是这一时期工艺特征。

个人制作知名的，明有江千里、蒋回回，作细金银嵌软螺钿器，周翥作杂宝嵌，和杨埙作描金漆，成就重要。清代有卢映之和他的孙辈卢葵生，长于彩料镶嵌作砚匣文具。

琉璃料器说明

图7 元 玻璃莲花托盏
甘肃省博物馆藏

琉璃又名料器，多指用矿石烧成半透明或透明成品而言。我国工人，战国时已能烧造各色精美珠子，作镶嵌装饰用。汉代技术进步，已作得如透明蓝宝石，又能作盘碗大器，近年在广东发现的遗物，还完美如新。唐代政府专设冶署，烧造五色琉璃装饰佛像，平民首饰也用它。宋代已能作白琉璃灯，光明如月。宋、明海外文化交流，文献记载虽还不断有外来金花玻璃器物进贡，但输出品中，却有大量五色料珠出口。料丝灯在国内更著名。假玉、宝石和珍珠，也能配合特种石料烧出，十分逼真。在这个传统优秀基础上，并部分吸收外来技术，到清代初年，更得到长足进展。影响到多数人民生活的，是平板玻璃作镜子、窗子和明瓦，广东工人有极大贡献。各色精制料器，则因鼻烟壶的烧造，成为北京宫廷特种工艺一部门，由于如意馆工师集体努力，创造出千百种不同色泽艺术品，混合料和套料的发明，更丰富了这一部门工艺的内容。

画珐琅说明

图8 清乾隆 铜胎画珐琅花卉小杯
台北"故宫博物院"藏

　　画珐琅又名烧瓷，是景泰蓝一个分支（因景泰蓝又名掐丝珐琅），也是近代搪瓷的前身。同样用铜质作胎，上面平涂珐琅瓷质，再加工彩绘烧成。创始于清初，成熟于乾隆时，前后约百年间，富于创造性的技术工人，大如屏风佛塔，小如烟壶文具，产生许多精美优秀作品，丰富了这一时期特种工艺美术内容。由于画珐琅瓷成就的影响，产生瓷器中的珐琅彩、粉彩、豆彩、泥金，作勾莲和生色折枝花，通称珐琅彩瓷器。共同形成这一阶段艺术风格，图案特别秀美，色彩特别鲜明。

明、清小说

明、清两代是小说、戏剧成为文学主流的时代。

由于城市商品经济的发达，用广大市民层作对象的通俗文学，宋代以来，就得到了相应发展。瓦舍（民间娱乐场所）伎艺人，因讲小说名家的，已经出了许多人才。讲故事分四家，通称"说话人"，故事刊行，名叫"话本"。讲史事，叙人情，有些事件较长，必分段分节，因之又为章回小说打下基础。明代社会经济续有发展，刻书风气流行，长短通俗小说，因此在社会中影响越大。文人从事小说写作的，也日益加多。短篇中著名的有《京本通俗小说》《醒世恒言》《拍案惊奇》等，小部分是宋、元旧作，大部分是新编。长篇中应数吴承恩写唐僧取经故事的《西游记》，和兰陵笑笑生写社会人情的《金瓶梅》，对社会影响极大。此外《东周列国志》《隋唐演义》等，也给广大人民以通俗历史教育。小说文学在封建文学传统中，虽还没有得到应有的位置，但在广大读者群众中，已经逐渐成为不可缺少的精神食粮。清代作品，短篇以蒲松龄作《聊斋志异》，长篇以曹雪芹著《红楼梦》，吴敬梓著《儒林外史》，或用浪漫主义手法谈狐说鬼，讽刺世俗，刻画人情，发展了唐、宋小说的内容；或用现实主义的手法，对旧封建上层家庭的腐败肮脏，和科举制度的空虚、士大夫的虚伪，加以暴露和讽刺，影响社会最为显著。

明、清绘画

明、清两代绘画，工艺装饰画比文人画，还更多保持传统的现实主义艺术风格，而又更富于创造性。

元代近一百年的统治，影响到绘画方面，是宋代以写生为主的现实主义艺术作风，受到极大摧残。以韵味见长的文人水墨写意画，成为一时主流。到明代，社会有了新的变化，政治和经济束缚，都得到一定程度解放，绘画因此也得到多方面发展。花鸟画吕纪、边文进长于写实，敷彩如生。林良、陆治、徐文长，水墨写意，却富有写生效果。山水画戴进、唐寅、沈周、蓝瑛，各有不同成就。人物画仇英、丁云鹏是两个主要作者，才能也是多方面的。陈洪绶则在作品中注入浪漫主义感情较多，实受当时民间木刻影响。到清初，则蒋廷锡一派着色写生花鸟画，又对于当时宫廷工艺装饰画，发生普遍影响，例如陶瓷、螺钿宝石镶嵌、金彩漆、刻丝，显明都起过极大影响。人像写生有禹之鼎、曾鲸，淡着色如西法素描画，在表现上有新意。最值得称道的，还是工艺图案装饰画，反映于特种工艺品中如丝绣、陶瓷、画珐琅瓷、描金漆各部门，大都和色秀美，充满青春生命，一部分也反映了外来文化交流，劳动人民善于吸收，才形成一种崭新风格。最富于创造性的人民艺术，还应数明、清之际部分反映于金银彩绘漆上的作品，不仅情感洋溢，而且充满大胆和巧思。从比较中，我们才明白石涛和尚、八大山人的山水花鸟画，显明是从当时民间工艺画得到极多启发，才形成一种突破传统的艺术新风格，不是凭空产生的。

"联接历史沟通人我"而长久活在历史中

——门外谈沈从文的杂文物研究[1]

张新颖[2]

沈从文的前半生以文学创作成就伟绩，后半生以文物研究安身立命，一生的事业，好像一分为二，两种身份，分属两个不同的领域。但换一个角度，也可以观察到另外的情形：作家也好，文物研究者也好，这两种身份是矛盾和统一在他一个人身上的；文学和文物这两个领域，创作和研究这两种方式，一般人在意和注重的是不同，是相隔，在沈从文那里，却是相通——这不是表面的相通，而是这个人在根子上看待世界和历史，看待人事和自我的意识、眼光、方法上的相通。他独特的意识、眼光和方法，不仅造就了他独特的文学，同样也造就了他在文物研究上的独特贡献。

更多的读者熟悉沈从文这个人和他的文学，不太熟悉他的文物研究，那么我们就试着从他这个人和他的文学出发，逐步地走进他的文物研究的世界。我想说的都是"入门"前的话，却是理解他的"专门"研究的重要基础，不是可有可无的东西。以下简单地谈几个问题：

1　本文首发于 2012 年第 6 期《中国现代文学研究丛刊》。

2　复旦大学中文系教授，沈从文研究专家，主要作品有《沈从文的后半生》《沈从文的前半生》《沈从文九讲》等。

一、他这个人和文物研究是什么关系？

二、他的文学和文物研究如何相通？

三、他的文物研究的观念、方法和成就有什么独特价值？

明白了这几个问题，也许我们还可以反过来思考，从他的文物研究，我们能否得到启发，更好地来理解他的文学和他这个人。

一、远因和选择

沈从文为什么要研究文物？现成的答案：时代转折之际，"不得不"割舍文学而"改行"。来自政治的巨大压力，无论如何强调都不过分。这其中的一些情况，不少人已耳熟能详，我不再重复。我想说的是另一方面：人在巨大压力之下仍然是可以选择的，在看似完全被动、被迫的情形下，其实仍然存在着自主性，当然这种自主性受到严酷的限制，需要付出巨大的代价才能维持。沈从文不是不可能继续当个作家，留在文坛上；事实上一些部门和个人也确实多次表示，希望他继续写作。但他十分清醒，他的文学和新时代所要求的文学是无法相容的，如果他屈从外力的要求而写作，就是"胡写"；而"胡写"，他就"完了"。他是为了保持个人对于文学的挚爱和信念而放弃文学的。放弃文学以后做什么呢？文物研究，这是沈从文的自主选择。这个选择，不是从许多选项中挑了这么一个，而是，就是这一个。这个选择的因由，其实早就潜伏在他的生命里，像埋进土里的种子，时机到了就要破土而出。

我们来看看这颗种子在土里的历程。这个历程的时间还真不短。

《从文自传》是一本奇妙的书，这本书的奇妙可以从多个方面来讲，这里只讲和我们的问题有关的一个方面。这本书是沈从文三十岁写的，写的是他二十一岁以前的生活，他在家乡的顽童时代和在部队当兵辗转离奇的经历。不要说书中的那个年轻人，就是写这本书时候的沈从文，也无法预知自己后半生命运的转折。可是这本书里有动人的段落和章节，很自然地写出了一个年轻的生命对于中国古代文化和文物的热切的兴趣。有谁能够想象，在这个每月挣不了几块钱的小兵的包袱里，有一份厚重的"产业"：一本值六块钱的《云麾碑》、一本值五块钱的《圣教序》、一本值两块钱的《兰亭序》、一本值五块钱的虞世南《夫子庙堂碑》，还有一部《李义山诗集》。要讲沈从文的书法历程，必得从这份早年的"产业"讲起。

《从文自传》倒数第二章题为《学历史的地方》，写他在筸军统领官陈渠珍身边担任书记约半年，日常的事务中有一件是保管和整理大量的古书、字画、碑帖、文物，"这分生活实在是我一个转机，使我对于全个历史各时代各方面的光辉，得了一个从容机会去认识，去接近"[1]。

> 无事可作时，把那些旧画一轴一轴的取出，挂到壁间独自来鉴赏，或翻开《西清古鉴》《薛氏彝器钟鼎款识》这一类书，努力去从文字与形体上认识房中铜器的名称和价值。再去乱翻那些书籍，一部书若不知道作者是什么时代的人时，便去翻《四库提要》。这就是说我从这方面对于这个民族在一段长长的年分中，用一片颜色，一把线，一块青铜或一堆泥土，以及一组文字，加上自己

1　沈从文：《从文自传·学历史的地方》，《沈从文全集》第13卷，北岳文艺出版社，2002，第355页。

生命作成的种种艺术，皆得了一个初步普遍的认识。由于这点初步知识，使一个以鉴赏人类生活与自然现象为生的乡下人，进而对于人类智慧光辉的领会，发生了极宽泛而深切的兴味。[1]

我们在沈从文的整个生命完成多年之后，细读他早年这样的文字，后知后觉，不能不感叹生命远因的延续，感叹那个二十一岁的军中书记和三十岁的自传作者为未来的历史埋下了一个惊人的大伏笔。

从湘西来到北平之后，还不清楚自己未来事业的路在哪里的时期，他摸索读书，其中大多与历史、文物、美术有关："为扩大知识范围，到北平来读书用笔，书还不容易断句，笔又呆住于许多不成形观念里无从处分时，北平图书馆（从宣内京师图书馆起始）的美术考古图录，和故宫三殿所有陈列品，于是都成为我真正的教科书。读诵的方法也与人不同，还完全是读那本大书方式，看形态，看发展，并比较看它的常和变，从这三者取得印象，取得知识。"[2]

抗战后寓居昆明八年，早已确立了文学地位的沈从文，特别留心于西南文物中一些为历史和现代学人所忽略的东西，其中主要是漆器。汪曾祺回忆说："我在昆明当他的学生的时候，他跟我（以及其他人）谈文学的时候，远不如谈陶瓷，谈漆器，谈刺绣的时候多。他不知从哪里买了那么多少数民族的挑花布，沏了几

---

1 沈从文：《从文自传·学历史的地方》，《沈从文全集》第13卷，北岳文艺出版社，2002，第356页。

2 沈从文：《关于西南漆器及其他》，《沈从文全集》第27卷，北岳文艺出版社，2002，第23—24页。

杯茶,大家就跟着他对着这些挑花图案一起赞叹了一个晚上。有一阵,一上街,他就到处搜罗缅漆盒子。昆明的熟人没有人家里没有沈从文送的这种漆盒。有一次他定睛对一个直径一尺的大漆盒看了很久,抚摸着,说:'这可以做一个《红黑》杂志的封面!'"[1]

一九四九年二三月,沈从文在极端的精神痛苦中写了两章自传,其中之一是《关于西南漆器及其他》,描述和分析了美术、工艺美术与自己的深切关系。他说,"我有一点习惯,从小时养成,即对音乐和美术的爱好""认识我自己生命,是从音乐而来;认识其他生命,实由美术而起""到都市上来,工艺美术却扩大了我的眼界,而且爱好与认识,均奠基于综合比较。不仅对制作过程充满兴味,对制作者一颗心,如何融会于作品中,他的勤劳、愿望、热情,以及一点切于实际的打算,全收入我的心胸。一切美术品都包含了那个作者生活挣扎形式,以及心智的尺衡,我理解的也就细而深""而尤其重要的,是这些小市民层生产并供给一个较大市民层的工艺美术,色泽与形体,原料及目的,作用和音乐一样,是一种逐渐浸入寂寞生命中,娱乐我并教育我,和我生命发展严密契合分不开的"。[2]

由爱好和兴趣,发展到对世界、生命、自我的认识和体会,并且逐渐内化为自我生命的滋养成分,促成自我生命的兴发变化,文物对于沈从文来说,已经不仅仅是将来要选择的研究"对象"了。

1　汪曾祺:《与友人谈沈从文》,《晚翠文谈新编》,生活·读书·新知三联书店,2002,第160—161页。

2　沈从文:《关于西南漆器及其他》,《沈从文全集》第27卷,北岳文艺出版社,2002,第20、22、23页。

二、杂文物和普通人，历史的长河和"抽象的抒情"

我一开始就说沈从文的文物研究和文学相通，怎么个相通呢？

先看看他关注什么东西，简单罗列一下他的一些专门性研究：玉工艺、陶瓷、漆器及螺钿工艺、狮子艺术、唐宋铜镜、扇子应用进展、中国丝绸图案、织绣染缬与服饰、《红楼梦》衣物、龙凤艺术、马的艺术和装备，等等；当然还有历经十七年曲折，在他七十九岁问世的《中国古代服饰研究》这一代表性巨著。你看他感兴趣、下功夫的东西很杂，所以他把他的研究叫作杂文物研究；但这些很杂的东西有一个共同的地方——大多是民间的、日常的、生活中的，不但与庙堂里的东西不同，与文人雅士兴趣集中的东西也很不一样，你也可以说，他的杂文物，大多不登大雅之堂。这些杂文物，和他的文学书写兴发的对象，在性质上是统一的、通联的。沈从文钟情的是与百姓日用密切相关的工艺器物，他自己更喜欢把他的研究叫作物质文化史研究，为了强调他的物质文化史研究所关注的与一般文物研究关注的不同，他关注的是千百年来普通人民在日常生活中的劳动、智慧和创造。沈从文的文学世界，不正是民间的、普通人的、生活的世界？这是其一。

其二，沈从文对文物的爱好和研究，"有一点还想特别提出，即爱好的不仅仅是美术，还更爱那个产生动人作品的性格的心，一个真正'人'的素朴的心"[1]。物的背后是人，举个形象的例子，"看到小银匠捶制银锁银鱼，一面因事流泪，一面用小钢模敲击花纹。看到小木匠和小媳妇作手艺，我发现了工作成果以外工作者的情绪或紧贴，或游离。并明白一件艺术品的制作，除劳动外还有更

---

1 沈从文：《关于西南漆器及其他》，《沈从文全集》第 27 卷，北岳文艺出版社，2002，第 23 页。

多方面的相互依存关系"[1]。沈从文年复一年地在历史博物馆灰扑扑的库房中与文物为伴，很多人以为他是和"无生命"的东西打交道，枯燥无味；其实每一件文物，都保存着丰富的信息，打开这些信息，就有可能会看到生动活泼的生命之态。汪曾祺也说："他后来'改行'搞文物研究，乐此不疲，每日孜孜，一坐下去就是十几个小时，也跟这点诗人气质有关。他搞的那些东西，陶瓷、漆器、丝绸、服饰，都是'物'，但是他看到的是人，人的聪明，人的创造，人的艺术爱美心和坚持不懈的劳动。他说起这些东西时那样兴奋激动，赞叹不已，样子真是非常天真。他搞的文物工作，我真想给它起一个名字，叫作'抒情考古学'。"[2] 也就是说，物通人，从林林总总的"杂文物"里看到了普通平凡的人，通于他的文学里的人。

其三，关于历史。文物不是一个个孤立的东西，它们各自蕴藏的信息打开之后能够连接、交流、沟通、融会，最终汇合成历史文化的长河，显现人类劳动、智慧和创造能量的生生不息。工艺器物所构成的物质文化史，正是由一代又一代普普通通的无名者相接相续而成。而在沈从文看来，这样的历史，才是"真的历史"。什么是"真的历史"？一九三四年，沈从文在回乡的河流上有忽然通透的感悟：

> 我们平时不是读历史吗？一本历史书除了告诉我们些
> 另一时代最笨的人相斫相杀以外有些什么？但真的历史却

1　沈从文：《关于西南漆器及其他》，《沈从文全集》第 27 卷，北岳文艺出版社，2002，第 22 页。

2　汪曾祺：《沈从文的寂寞》，《晚翠文谈新编》，生活·读书·新知三联书店，2002，第 191 页。

是一条河。从那日夜长流千古不变的水里石头和砂子，腐了的草木，破烂的船板，使我触着平时我们所疏忽了若干年代若干人类的哀乐！我看到小小渔船，载了它的黑色鸬鹚向下流缓缓划去，看到石滩上拉船人的姿势，我皆异常感动且异常爱他们。我先前一时不还提到过这些人可怜的生，无所为的生吗？不，三三，我错了。这些人不需要我们来可怜，我们应当来尊敬来爱。他们那么庄严忠实的生，却在自然上各担负自己那分命运，为自己，为儿女而活下去。不管怎么样活，却从不逃避为了活而应有的一切努力。他们在他们那分习惯生活里、命运里，也依然是哭、笑、吃、喝，对于寒暑的来临，更感觉到这四时交替的严重。三三，我不知为什么，我感动得很！我希望活得长一点，同时把生活完全发展到我自己这份工作上来。我会用我自己的力量，为所谓人生，解释得比任何人皆庄严些与透入些！[1]

这是一种非常文学化的表述，这样的眼光和思路所蕴含的对历史的选择和取舍，对于承担历史的主体的认识，到后半生竟然落实到了工艺器物的实证研究中。杂文物所连接的物质文化史的长河，同样使他"触着平时我们所疏忽了若干年代若干人类的哀乐"。文物研究与此前的文学创作贯通的脉络如此鲜明清晰，实打实的学术研究背后，蕴蓄着强烈的"抽象的抒情"冲动：缘物抒情，文心犹在。

《中国古代服饰研究》以实物图像为依据，按照时间顺序，叙

1　沈从文：《湘行书简·历史是一条河》，《沈从文全集》第11卷，北岳文艺出版社，2002，第188—189页。

述探讨服饰的历史。在引言中，沈从文有意无意以文学来说他的学术著作："总的看来虽具有一个长篇小说的规模，内容却近似风格不一、分章叙事的散文。"[1] 这不仅仅泄露了沈从文对文学始终不能忘情，更表明，历史学者和文学家，学术研究和文学叙述，本来也并非壁垒森严，截然分明。一身二任，总还是一身。

三、物质文化史研究的观念和方法

中国是一个历史悠久的国家，这是挂在很多人口头上的话。如何看待悠久的历史，从普通百姓到专家学者，在观念上和兴趣上，都存在着有意识和无意识的选择。不论是有意识还是无意识的观念和兴趣，都需要不断反省。现代史学的第一次重大反省发生在十九世纪、二十世纪之交，以梁启超一九○二年写的《新史学》为代表，重新厘定什么是历史。梁启超受当时日本流行的文明史影响，责备中国传统的史学只写帝王将相，大多未将国民的整体活动写进历史；只注意一家一姓的兴亡，而不注意人民、物产、财力；等等。历史只为朝廷君臣而写，"曾无有一书为国民而作者也"[2]。严复此前在《群学肄言》里也说："于国民生计风俗之所关，虽大而不录。"[3] 一百多年前新史学所倡导的引发激烈论争的观念，今天看来也许十分平常，不过如果再看看一百多年来一

1　沈从文：《〈中国古代服饰研究〉引言》，《中国古代服饰研究》，上海书店出版社，2002，第10页。

2　梁启超：《新史学》，《饮冰室合集·文集九》，中华书局，1936，第3页。

3　严复：《群学肄言》，商务印书馆，1981，第8页。

般人的历史观念和兴趣究竟有多大改变，仍然会觉得那些意见未必过时。

沈从文不一定清楚世纪之交那场中国"有史"还是"无史"的辩论，他凭借自己生命的经验、体悟和真切的感情，而不是某种史学理论的支持，二十世纪三十年代在湘西的河流上追问什么是"真的历史"，"一本历史书除了告我们些另一时代最笨的人相砍相杀以外有些什么"。这个强烈的感受，恰恰呼应了梁启超对旧史学的批判，连文字意象都不约而同："昔人谓《左传》为相砍书。岂惟《左传》，若二十四史，真可谓地球上空前绝后之一大相砍书也。"[1]而沈从文心之所系，是那些在这样的历史书写传统之外、被疏忽了若干年代的更广大的平凡人群。在文学写作中，沈从文把满腔的文学热情投射到了绵延如长河的普通人的生死哀乐上；一九四九年正式开始的杂文物研究，已经非常自觉地把产生物质文化的劳动者群体的大量创造物置于他研究核心的位置。沈从文不是理论家，可是他的研究实践却强烈地显示出明确、坚定的历史观和物质文化史观。

在相当长的时间里，这样的研究不是文物研究的主流，不被理解是必然的。通俗一点说，沈从文研究的那些东西，在不少人眼里，算不上文物，没有多大研究价值。二十世纪五十年代，在一次全国博物馆工作会议期间，历史博物馆在午门两廊精心布置了一个"内部浪费展览会"，展出的是沈从文买来的"废品"，还让他陪同外省同行参观，用意当然是让他难堪。什么"废品"呢？如从苏州花三十元买来的明代白绵纸手抄两大函有关兵事学的著作，内中有图像，画的是奇奇怪怪的云彩。这是敦煌唐代望

1　梁启超：《新史学》，《饮冰室合集·文集九》，中华书局，1936，第3页。

云气卷子的明代抄本，却被视为"乱收迷信书籍当成文物看待"的"浪费"。另一件是一整匹暗花绫子，机头上织有"河间府制造"宋体字，大串枝的花纹，和传世宋代范淳仁诰敕相近，花四块钱买来的。"因为用意在使我这文物外行丢脸，却料想不到反而使我格外开心。"[1] 这一事件一方面表明沈从文在历史博物馆的现实处境和政治地位；另一方面，从文物的观念上来说，沈从文的杂货铺和物质文化史，确实不被认同，甚至被排斥，以至于被认为是"外行"而安排如此形式的羞辱。"当时馆中同事，还有十二个学有专长的史学教授，看来也就无一个人由此及彼，联想到河间府在汉代，就是河北一个著名丝绸生产区。南北朝以来，还始终有大生产，唐代还设有织绫局，宋、元、明、清都未停止生产过。这个值四元的整匹花绫，当成'废品'展出，说明个什么问题？"[2]

所以，我们要意识到，沈从文从事物质文化史研究，不仅他这个人要承受现实处境的政治压力，他的研究观念还要承受主流"内行"的学术压力。反过来理解，也正可以见出他的物质文化史研究不同于时见的取舍和特别的价值。

沈从文没有受过正规的（正统的）历史研究训练，他如何着手杂文物研究呢？笨办法：与大量实物进行实打实的接触，经眼，经手，千千万万件实物，成年累月地身在其中，从而获得了踏实而丰富的实感经验，在此基础上展开探讨。历史博物馆管业务的领导和一些同事无从理解他整日在库房和陈列室转悠，以至于说他"不安心工作，终日飘飘荡荡"。他们觉得研究工作就是在书桌前做

---

1 沈从文：《无从驯服的斑马》，《沈从文全集》第 27 卷，北岳文艺出版社，2002，第 381 页。

2 沈从文：《无从驯服的斑马》，《沈从文全集》第 27 卷，北岳文艺出版社，2002，第 382 页。

的。沈从文从一己的经验，体会总结出：文物研究必须实物和文献互证，文史研究必须结合文物。这样的见解和主张，具有方法论的意义。

一九二五年，王国维在清华研究院的"古史新证"课上，提出了以"地下之新材料""补正纸上之材料"的"二重证据法"[1]。沈从文对王国维古史问题探索方法的呼应，不是理论上的选择，而是从自己的亲身实践中自然得出的结论，他相信自己的这种笨方法能够解决很多实际问题；并且，"我们所处的时代，比静安先生时代工作条件便利了百倍，拥有万千种丰富材料"[2]，可以利用的文物数量大大增加，"但一般朋友作学问的方法，似乎依然还具保守性，停顿在旧有基础上"[3]。与他的这种方法相比较，博物馆通行的两种研究方式，他以为都不怎么"顶用"："博物馆还是个新事业，新的研究工作的人实在并不多。老一辈'玩古董'方式的文物鉴定多不顶用，新一辈从外来洋框框'考古学'入手的也不顶用，从几年学习工作实践中已看出问题。"[4]

新的文史研究必须改变以书注书、辗转因袭的方式，充分地利用考古发掘出来的东西，充分地结合实物，文献和文物互证，才能开出一条新路。对这一主张，沈从文相当自信，反复强调。以服饰为例，"中国服饰研究，文字材料多，和具体问题差距大，纯粹由

1　王国维：《古史新证——王国维最后的讲义》，清华大学出版社，1994，第 2 页。

2　沈从文：《文史研究必须结合文物》，《沈从文全集》第 31 卷，北岳文艺出版社，2002，第 312 页。

3　沈从文：《文史研究必须结合文物》，《沈从文全集》第 31 卷，北岳文艺出版社，2002，第 312 页。

4　沈从文：《我为什么始终不离开历史博物馆》，《沈从文全集》第 27 卷，北岳文艺出版社，2002，第 249 页。

文字出发而作出的说明和图解，所得知识实难全面，如宋人作《三礼图》就是一个好例。但由于官刻影响大，此后千年却容易讹谬相承。如和近年大量出土文物铜、玉、砖、石、木、漆、刻画一加比证，就可知这部门工作研究方法，或值得重新着手"[1]。这是《中国古代服饰研究》引言一开篇即提出的问题；接下来所谈，不仅说明仅仅依靠文字之不足，而且指出文字记载有明显的取舍选择，这样的取舍与沈从文的物质文化史研究观念有所偏离："汉代以来各史虽多附有《舆服志》《仪卫志》《郊祀志》《五行志》，无不有涉及舆服的记载，内容重点多限于上层统治者朝会、郊祀、燕享和一个庞大官僚集团的朝服、官服。记载虽若十分详尽，其实多辗转沿袭，未必见于实用。"[2]方法上、内容上都存在可以探讨之处；"私人著述不下百十种……又多近小说家言，或故神其说，或以意附会，即汉人叙汉事，唐人叙唐事，亦难于落实征信""本人因在博物馆工作较久，有机会接触实物、图像、壁画、墓俑较多，杂文物经手过眼也较广泛，因此试从常识出发排比材料，采用一个以图像为主结合文献进行比较探索、综合分析的方法，得到些新的认识理解，根据它提出些新的问题。"[3]事实后来终于证明，沈从文所主张的观念和方法，经过他自己的多年实践，为中国文化史的研究做出了别人无从替代的贡献。

1　沈从文：《〈中国古代服饰研究〉引言》，《中国古代服饰研究》，第 1 页。

2　同上。

3　同上。

四、留给后代的礼物

一九四九年九月，沈从文致信丁玲，表示完全放弃文学写作："有的是少壮和文豪，我大可退出，看看他人表演。头脑用到工艺美术史的探索研究上，只要环境能工作，或可为后来者打个底子，减少后来人许多时间，引出一些新路……且让我老老实实多作点事，把余生精力解放出来，转成研究报告，留给韦护一代作个礼物吧。"[1]在个人处境那么不堪的情形中，他对新的事业却有如此非凡的抱负和强烈的自信：引出新路，留给下一代。

一九五二年一月，沈从文在给张兆和的信中谈到人与历史："万千人在历史中而动……一通过时间，什么也留不下，过去了。另外又或有那么二三人，也随同历史而动，永远是在不可堪忍的艰困寂寞，痛苦挫败生活中，把生命支持下来，不巧而巧，即因此教育，使生命对一切存在，反而特具热情。"[2]沈从文后半生的事业，把特具的热情献给了中国古代物质文化史，献给了历史中留存下来的工艺器物，他的研究也因此成为"联接历史沟通人我的工具。因之历史如相连续，为时空所隔的情感，千载之下百世之后还如相晤对"[3]。

沈从文以研究历史的方式，使自己长久地活在历史中。

1　沈从文：《致丁玲》，《沈从文全集》第19卷，北岳文艺出版社，2002，第52页。

2　沈从文：《致张兆和》，《沈从文全集》第19卷，北岳文艺出版社，2002，第311页。

3　沈从文：《致张兆和》，《沈从文全集》第19卷，北岳文艺出版社，2002，第312页。

编后记

  沈从文是中国文物研究的先驱之一，以《中国古代服饰研究》闻名于世，在多个文物类别都取得了卓越的研究成果。

  本书收录了沈从文关于"玉""陶瓷""玻璃""漆器"等研究主题的主要作品，参考了《沈从文全集》第 28 卷（北岳文艺出版社 2009 年第 2 版）和《沈从文全集·补遗卷 1》（北岳文艺出版社 2020 年第 1 版）等权威版本。在编辑过程中，为了尊重并保持作品的原貌，编者未作大的改动，仅对原版行文中的错漏处进行修订。同时，考虑到读者可能对书中的某些字、词较陌生，编者增添了部分的注音和释义。文中的"□""×"系原稿内容缺失，着重号系原稿所加。若有不妥之处，还望读者指正。

本书编辑

2022 年 11 月 16 日

激发个人成长

　　多年以来，千千万万有经验的读者，都会定期查看熊猫君家的最新书目，挑选满足自己成长需求的新书。

　　读客图书以"激发个人成长"为使命，在以下三个方面为您精选优质图书：

1. 精神成长
熊猫君家精彩绝伦的小说文库和人文类图书，帮助你成为永远充满梦想、勇气和爱的人！

2. 知识结构成长
熊猫君家的历史类、社科类图书，帮助你了解从宇宙诞生、文明演变直至今日世界之形成的方方面面。

3. 工作技能成长
熊猫君家的经管类、家教类图书，指引你更好地工作、更有效率地生活，减少人生中的烦恼。

每一本读客图书都轻松好读，精彩绝伦，充满无穷阅读乐趣！

认准读客熊猫

读客所有图书，在书脊、腰封、封底和前后勒口都有"**读客熊猫**"标志。

两步帮你快速找到读客图书

1. 找读客熊猫

2. 找黑白格子